I0123679

Julius Evola

SÍNTESIS DE LA DOCTRINA DE LA RAZA Y ORIENTACIONES PARA UNA EDUCACIÓN RACIAL

Julius Evola

(1898-1974)

SÍNTESIS DE LA DOCTRINA DE LA RAZA
Y
ORIENTACIONES PARA UNA EDUCACIÓN RACIAL

Sintesi di dottrina della razza, Milano, Hoepli, 1941
Indirizzi per una educazione razziale, Napoli, Conte, 1941

Publicado por
Omnia Veritas Ltd

www.omnia-veritas.com

SÍNTESIS DE LA DOCTRINA DE LA RAZA

INTRODUCCIÓN

De la manera como ha pasado a formar parte de la ideología del Fascismo, la doctrina de la raza, o racismo, no puede ser considerada ni como una disciplina y técnica, en mayor o menor medida vinculada al dominio de la antropología general y de la etnología, ni como un capítulo de la higiene social, a la cual, por diferentes razones de orden incluso contingente, se le ha tenido que dar un particular relieve. La doctrina fascista de la raza debe ser considerada *in primis et ante omnia,* según un preciso valor político propio y en el orden de una nueva concepción general, de una nueva actitud del espíritu. Si esta actitud, es asumida coherentemente, debe reafirmarse en diferentes dominios, muchos de los cuales, hasta ayer, -es decir en el periodo en que primaba la mentalidad racionalista y positivista - se pensaba que no podían tener siquiera ninguna relación de cualquier tipo con problemas similares. La doctrina de la raza tiene por cierto sus aspectos especiales, estrechamente biológicos y antropológicos; pero estos aspectos, debido sobre todo a la manera en la cual el problema de la raza tiene que formularse en Italia, no adquieren su justo valor sino en función de una concepción y de una doctrina más general. Con la doctrina de la raza una concepción del mundo es sustituida por otra, de la cual derivan particulares y bien precisos principios metodológicos para un grupo completo de disciplinas especiales. En su forma más elevada la doctrina de la raza tiene efectivamente el valor de una idea espiritual y culturalmente revolucionaria. Puede también tener el valor de un "mito" en el sentido soreliano, es decir, en el sentido de una idea fuerza, de un centro de cristalización para las energías creadoras y para los instintos de una época.

Sin embargo, si se la considera dentro de esta totalidad, la doctrina de la raza en Italia representa en buena medida algo que todavía espera su pleno desarrollo. Por ahora se ha dado sobre todo relieve al aspecto propagandístico y polémico del racismo, como por ejemplo, según las relaciones que el mismo tiene con el antisemitismo, y luego a alguno de sus aspectos prácticos y profilácticos referidos a la defensa del hombre blanco en contra del mestizaje y contra cualquier mezcla contaminadora. En cuanto al lado positivo, propiamente doctrinal y, en fin, espiritual, por el hecho de que en el período precedente ha faltado una preparación correspondiente y como en tal campo, una competencia y una vocación no se improvisan de un día para el otro, sería difícil indicar por nuestra parte que hasta la fecha se haya hecho algo realmente importante, original y profundo. Es mucho más fácil encontrar, en vez, ejercitaciones de diletantes, formulaciones muy brillantes periodísticamente, pero pobres en cuanto a los principios, artículos y ensayos que, evidentemente, aparecen escritos sólo porque los argumentos racistas hoy son deseados, pero cuyo racismo sin embargo se reduce a repetir un cierto número de veces la palabra "raza" y "estirpe" aun allí donde menos corresponde usarla y en donde termina perdiendo cualquier preciso significado.

Pero sobre todo se muestra entre nosotros aun con escasa fuerza la exigencia de una formulación verdaderamente totalizadora de la doctrina racista, de una formulación original, conforme, sea a nuestra tradición, sea a lo que en general nosotros solemos llamar como espíritu tradicional[1] Y sin embargo esto es lo esencial, si es que se quiere alejar la sospecha -habitualmente alimentada por ciertos ambientes intelectualoides y judaizantes- de que el racismo entre nosotros sea una especie de fuego de artificio, encendido por circunstancias contingentes y, además, una mercadería de importación, producto de una influencia germánica. Es necesario

[1] En lo relativo al "espíritu tradicional" y para una completa comprensión de lo que expondremos en este volumen, remitimos al lector a nuestra obra *Revuelta contra el mundo moderno* (Ediciones Omnia Veritas, www.omnia-veritas.com) y también a R. Guénon, *La crisis del mundo moderno* Ed. Omnia Veritas.

pues ir adelante, llegar a una concepción completa de la raza y clarificar las íntimas relaciones existentes entre ésta, las posibilidades más altas y espirituales de la revolución y de la idea fascista y, en fin, nuestra herencia tradicional.

Hace cinco años tuvimos ocasión de escribir una exposición de todas las principales teorías racistas, a partir del período romántico de FICHTE y de HERDER, hasta los últimos exponentes nacionalsocialistas de tal corriente[2] Esta exposición, la cual, -y éste no es nuestro juicio- es una de las más completas que hasta ahora existan en Italia, siguió el criterio de la más alta objetividad e impersonalidad. Nos hemos abstenido de tomar postura ante las diferentes teorías racistas, hemos tan sólo buscado mostrar su espíritu, dejando en libertad al lector de reaccionar y de juzgar de la manera que él consideraba más oportuna. En otro lugar, en otros libros y ensayos diferentes, habíamos sin embargo proporcionado Jo que bastaba para una orientación a tal propósito: y hemos tratado de dar posteriores y directas precisiones de la doctrina y de la crítica racista en manera más sistemática y comprometida luego de la incorporación oficial y definitiva de la idea de la raza en el Fascismo. Puesto que las cosas, por lo demás, se encuentran en el estado ya mencionado, y en vano hemos esperado que en nuestra cultura se asomaran formulaciones completas y coherentes de la doctrina de la raza, es más, muchas veces nos hemos hallado frente a malas imitaciones de formas extranjeras de escasísima solidez, nos hemos decidido a integrar la exposición ya hecha con un nuevo breve tratamiento. Este tratamiento no pretende ir hasta el fondo de la argumentación o ser un tratado acerca del racismo, sino que quiere tan sólo indicar los puntos de referencia necesarios para quien desee orientarse y saber qué cosa haya que pensar respecto de los diferentes problemas de tal doctrina, de modo de poderse formar una mentalidad conforme a la misma, basada en sólidos principios, alertada respecto de posibles desviaciones o alteraciones, susceptible de ser justificada sobre la base de

[2] J. Evola, *El mito del sangue,* Milán, 1932.

puntos de vista, no de hoy o de ayer, no de este o de aquel pensador o investigador o filósofo aislado, sino que poseen el valor de "tradición" en sentido superior. Partiendo de los elementos precisados por nosotros, quien se sienta llamado y calificado para ello, podrá pues ir más allá y desarrollar sistemáticamente la doctrina en ésta o en aquella rama particular. En realidad de la lectura de este libro cada uno podrá darse cuenta de la amplitud del dominio que está ante nosotros así como de la entidad del trabajo a desarrollar.

Esta obra puede considerase como la segunda parte -al mismo tiempo crítica y constructiva- de nuestro libro *El mito de la Sangre* el cual, como hemos ya dicho, se limitaba a una simple exposición y examen de todos los elementos que han contribuido a la formación del "mito" racista. El lector naturalmente, en cuanto a información, puede ser remitido a ese libro; nosotros aquí no podemos por cierto escribirlo una segunda vez, sino tan sólo resumir, allí donde sea necesario, aquellos temas de una o de otra corriente racista, que pueden servir de base para una crítica discriminativa o contribuir a la precisión de una doctrina de la raza en el sentido ya mencionado, tradicional y fascista.

PARTE PRIMERA

LA RAZA COMO IDEA REVOLUCIONARIA

I. El racismo en tanto antiuniversalismo

Comenzando por el aspecto propiamente político, sería un error considerar al racismo como un elemento heterogéneo que se ha agregado por motivos contingentes a la ideología fascista. Tal doctrina, si es rectamente comprendida, puede en vez representar un potenciamiento y un nuevo instrumento para los fines del Fascismo, comprendido como creador de una nueva civilización antiuniversalista, antiracionalista y antiindividualista. Puede pues significar una nueva etapa de la Revolución, ligada por un nexo de estrecha coherencia con las precedentes.

En efecto, en su aspecto político más genérico y comúnmente conocido, el racismo se empeña en individualizar al tipo humano predominante en una determinada comunidad nacional, en preservarlo de cualquier alteración y contaminación, en potenciarlo, en hacerle corresponder un determinado sentimiento y un determinado orgullo, el cual se dirige a desarrollar, tonificar, hacer más concreto y "orgánico" el principio genérico de la nacionalidad. Se trata así, en primer lugar, de una continuación de todo aquello que el Fascismo desde su advenimiento ha buscado en materia de política y de higiene social y, luego, en tanto escuela de virilismo y de fuerza para el pueblo italiano y sobre todo para sus nuevas generaciones. La conquista del imperio africano ha traído como natural consecuencia un nuevo orden de medidas protectoras y profilácticas, procedentes de análogas exigencias y de la evidente oportunidad de que, en el contacto con pueblos inferiores, el pueblo italiano tuviese el muy neto sentido de las diferencias, de su dignidad y de su fuerza.

En un segundo aspecto de carácter interno el racismo se presenta como una nueva "potencia" del nacionalismo, porque el sentirse de una misma "raza" -aun cuando esta expresión valga más como un mito que como una idea muy precisa- es evidentemente algo más que sentirse de una misma "nación". En tanto mito político, la "raza" es la nación viviente, no encerrada en abstractos límites jurídicos o territoriales, ni agotada en una simple unidad de cultura, lengua e historia. El sentimiento de "raza" va hacia algo más profundo de todo esto, va hacia los orígenes y es inseparable de un sentimiento de continuidad, ella toca cuerdas profundas del ser humano. Es una verdad ésta que se refleja también en la sabiduría popular, en sus modos de decir, como "la voz de la sangre", "la raza no miente", "el que tiene raza", "venganza" o "culpa de la sangre", etc.

A través de tal camino la nueva doctrina reaviva un sentimiento cuyo lugar natural y originario se remite a formas en el fondo pre-nacionales de comunidad, a la comunidad propia de la estirpe, de la *gens,* de la hermandad, de la misma familia patriarcal o patricia, en donde el mismo tenía su correspondencia efectiva y positiva en una unidad verdaderamente común de la sangre. En su concepción moderna, la nación se presenta ya como una unidad de tipo diferente, definida por otros elementos, además de la mera consanguineidad, sea directa como indirecta. Ya esta consideración es suficiente para hacer aparecer claro que, para poder legítimamente pasar del sentimiento de nacionalidad al más energético de "raza", si no nos limitamos al "mito", es decir a una idea válida menos por su verdad y fundamento objetivo que por su poder sugestivo, es necesario llegar a una concepción de la raza sumamente diferente de la elemental, definida por la sangre y, en general, por el elemento puramente biológico, puesto que es necesario tener en cuenta en la misma una serie de otros factores.

En lo que sigue trataremos ampliamente este punto. Por el momento, sobre la base de lo que se ha ya mencionado, diremos que la idea de raza, en cuanto idea política, presenta las mismas ventajas que posee un nacionalismo de tipo demagógico, exclusivista y particularista.

Las ventajas se vinculan a una plena oposición a todo mito igualitario y evolucionista, a la refutación de la ideología demo-masónica e iluminista, relativa a la identidad e igual dignidad de todo lo que posee un semblante humano. De acuerdo a la doctrina racista, la humanidad, el género humano, es una abstracta ficción, o bien la faz final imaginable sólo como límite, pero nunca plenamente realizable, de un proceso de involución, de disgregación, de derrumbe. A nivel normal, la naturaleza humana es en vez diferenciada, diferenciación que por lo demás se refleja entre otras cosas en la diversidad de sangres y de razas. Esta diferencia representa el elemento primario. No sólo es la condición natural de los seres, sino también un valor ético, vale a decir alguna cosa que es bueno que sea y que es necesario defender y proteger. Hay por cierto aspectos según los cuales todos los hombres muestran algo en común. Pero ello no debe inducirnos a un equívoco. El racismo al respecto se presenta como una voluntad -que podría llamarse clásica- de "forma", de "límite" y de individuación. El mismo exhorta a no considerar como esencial todo aquello que, representando lo genérico, lo informe, lo todavía no individualizado, vale en realidad como un "menos", como un residuo de materia aun no formada. Tal como se ha mencionado, todo aquello que es común viene al primer plano, se presenta como "valor" y bajo el aspecto de "inmortales principios", sólo en períodos de regresión y de descomposición étnico-cultural, en donde justamente la "forma" retrocede hacia lo informe. El "universalismo" -comprendido según el empleo por lo demás abusivo, pero sin embargo convertido en corriente de tal palabra, en tanto internacionalismo y cosmopolitismo- a tal respecto no debe ser juzgado como una opinión entre otras, sino como el eco y casi el índice barométrico de un preciso clima de caos étnico y desnaturalización de los tipos. Sólo dentro de tal clima el mismo es "verdadero": es imagen de la realidad.

Que el racismo a tal respecto potencie el nacionalismo en sus aspectos positivos, es ello cosa muy evidente. El uno y el otro representan una saludable reacción contra el mito democrático y colectivista, contra el mito de la masa proletaria sin patria y sin rostro; tienen significado de afirmación de la cualidad contra la cantidad, del "cosmos" contra el caos y, como se ha ya dicho, de la forma contra lo informe. En todos los otros aspectos positivos que iremos individualizando el racismo refleja siempre estos mismos significados y, según ellos, es una doctrina y un "mito" a ser declarado dentro del orden de un punto de vista tradicional. Desde una perspectiva política, el redespertar del sentimiento de la nación y de la raza es una de las condiciones preliminares imprescindibles para la tarea de retomar en un organismo bien articulado todas aquellas fuerzas que, a través de la crisis del mundo moderno, estaban por perderse y por hundirse en el pantano de una indiferenciación mecánico-colectivista e internacionalista. Y esta tarea es cuestión de vida o de muerte para el futuro de toda la civilización europea.

II. El racismo como antiindividualismo. Raza y personalidad

El racismo es además antiindividualismo. Continúa al Fascismo porque, de la misma manera que éste y que cualquier otra concepción política normal, se resiste a considerar al sujeto "en sí mismo", como un átomo que casi de la nada tendría que construir todo aquello por lo cual él vale, sino que considera a cada miembro de una comunidad en relación con el espacio y con respecto al tiempo, como una entidad inesperadamente unida a la continuidad, sea en el pasado como en el futuro, de una estirpe, de una sangre, de una tradición. También por esto en el racismo tienen un particular relieve las leyes de la herencia, de las cuales seguidamente definiremos su significado y verdadero alcance.

Por supuesto que, si no se tiene un justo sentido de los principios, es siempre posible caer en desviaciones peligrosas, y esto es lo que sucede cuando el ataque llevado en contra del individuo tiende a englobar algo muy diferente cual es la personalidad. Pero la personalidad no tiene nada que ver con el "individuo": éste, en su pretensión por ser un átomo suficiente a sí mismo, es una abstracción, una ficción. La personalidad es en vez algo orgánico; todo lo que es sangre, estirpe y tradición son sus elementos constitutivos e inseparables, de modo tal que de la potenciación de estos valores -propiciada por el racismo- también ella resulta potenciada y confirmada. Es verdad que el colectivismo, combatido en el internacionalismo, en el comunismo y en análogas ideologías pervertidoras, busca a veces asomarse incluso bajo la forma racista con la pretensión de que el común denominador representado por la nación-raza y por la sangre constituye el punto último de referencia, más allá de todo valor de la personalidad y de cualquier diferenciación. Pero una concepción coherente, completa y tradicional de la raza, como veremos luego, se mantiene alejada de un error semejante y no imita ciertas tendencias racistas extremistas del otro lado de los Alpes. Por cierto en cualquier caso los valores de la personalidad pueden venir a un primer plano sólo después de haberlos diferenciado de los del "individuo", el cual es lo contrario y casi una caricatura sin alma y mecanizada de la personalidad, que el período del liberalismo y del racionalismo había referido a sí mismo en forma prevaricadora: es exactamente en este sentido que la idea racista debe ser llevada a la acción.

Esta relación entre los valores de la raza y los de la personalidad se encuentra además confirmada por el hecho de que el racismo, así como a nivel político se opone al mito democrático, iluminista e igualitario, del mismo modo, a nivel cultural, se encuadra contra las construcciones y las supersticiones de la civilización laica y profana de las sociedades burguesas afirmando el principio de una virtud, de una nobleza y de una dignidad que no se "aprenden", sino que se poseen o no se poseen, que son insustituibles, que son justamente cualidades de estirpe, de raza, ligadas a una tradición y a fuerzas mucho más profundas que las del sujeto y de su abstracto intelecto. Y son exactamente estas virtudes "no construibles", no comparables, determinativas en todo lo que es carácter, susceptibles de pasar a un estado latente, pero que, salvo casos excepcionales, nunca son destruibles, son éstas las virtudes que pueden verdaderamente propiciar el desarrollo de la personalidad, no sólo sobre el plano "natural", sino -también esto lo veremos- aun sobre el "sobrenatural". Con la doctrina de la raza vuelve pues, a tal respecto, el concepto aristocrático de la herencia y del carácter, en una cierta medida fatal o fatídico, de cualquier más alta cualidad y de cualquier más alto tipo humano. Esta es una instancia que está destinada a actuar en el clima humanitario-democrático y en la nivelación de los valores de la época moderna en manera efectiva y violentamente revolucionaria.

III. El racismo como antiracionalismo. La teoría del ambiente.

El relieve dado a las cualidades innatas de raza, expresadas más en el carácter, en el sentimiento de honor, en el coraje, en la fidelidad, en la íntima actitud con respecto al mundo y a la vida, que en valores intelectualistas, estetistas y "culturales", significa evidentemente, además de antiindividualismo, también antiracionalismo. Aquí la concepción correcta, tradicional de la raza va más allá sea del uno como del otro polo de una antítesis limitativa hoy sumamente difundida: es decir, ella promueve una crítica en contra del elemento racionalista no en nombre de lo que resulta inferior a la razón, sino en nombre de lo que le es superior. No es irracionalismo, sino superracionalismo. Lo veremos seguidamente: ser "de raza" en sentido completo y superior es una cualidad que trasciende sea a las "culturales", sea a las naturalistas de quien se reduce a un conjunto de instintos.

Pasando a un aspecto especial, la doctrina de la raza se contrapone directamente a la teoría de la influencia del ambiente que ha sido un auxiliar cientificista del marxismo y del humanitarismo. Para poder defender el dogma de la igualdad fundamental de todos los seres humanos a pesar de las desmentidas precisas que, en sentido de desigualdad, sea de individuos que de razas, la experiencia y la historia infligen, el marxismo y el liberalismo pusieron mano a la *teoría del ambiente.* Según tal teoría toda diversidad debería remitirse al influjo externo ejercido por las condiciones del ambiente natural, social o histórico. Toda diferencia sería pues tan sólo externa, accidental y contingente y podría siempre ser removida a través de una oportuna modificación de esas condiciones. El corolario de tal visión es el humanitarismo: si hay seres inferiores, indignos o deficientes, ellos no lo son por naturaleza, sino en tanto "víctimas del medio ambiente". Así, por lo demás, respecto de éstos no puede hablarse de una verdadera responsabilidad.

El racismo opone a esta concepción la teoría de la herencia, según la cual las diferencias de los seres poseen una causa no externa, sino interna, no son accidentales, sino esenciales, congénitas, condicionadas por la herencia. Las condiciones externas pueden sí propiciar u obstaculizar el desarrollo de las disposiciones innatas, pero ninguna fuerza del ambiente, ninguna fuerza agente desde lo externo, sea ella de naturaleza material o mural, es capaz de transformar la más íntima esencia del hombre. El caso extremo es aquel en el cual las condiciones externas lleguen a determinar una diferente manera de aparecer de un determinado tipo: forma que sin embargo desaparece cuando las condiciones normales sean restablecidas. Pero si las cosas se encuentran así, el valor de cada uno, sea en el bien como en el mal, lejos de ser el efecto de un ambiente bueno o malo, procede de cualidades heredadas correlativas a una determinada sangre o a una determinada raza y luego, más en particular, a las especificaciones que el uno y la otra padecen en las ramificaciones que conducen hasta el sujeto. Las consecuencias de tal nuevo punto de vista desde el ámbito pedagógico, social y también jurídico son tan manifiestas, que es inútil aquí subrayarlas. Y ésta es la vía que, si es seguida de manera inteligente, puede conducir a una plena superación de muchos mitos aun vigentes y de muchas utopías de la mentalidad democrática, con la confirmación de los valores de la personalidad; estos valores en efecto se evaporan allí donde no pueda hablarse de una responsabilidad, de una naturaleza propia, de un destino interior.

Hemos dicho sin embargo "si es seguida de manera inteligente", puesto que también aquí la experiencia nos muestra que los racistas, cuando faltan los adecuados principios de orden tradicional, pueden terminar en desviaciones peligrosas. Tal es el caso de cuando, a través de la asunción cientificista de las leyes de la herencia y de una interpretación por lo demás unilateral y materialista de la misma herencia, a la acción mecánica del ambiente se le sustituye el fatalismo de la herencia, las "víctimas del ambiente" dejan el lugar a las víctimas y a los herederos gratuitos de determinismos atávicos que se hunden en la oscuridad de los tiempos. Racista habría sido a su manera a tal respecto Lombroso, con su conocida teoría del delincuente nato, irresponsable en tanto sobreviviente de una raza o tipo biológicamente bien definido, atávicamente impulsado hacia acciones criminales. Una concepción completa y coherente de la raza supera esta desviación. Lo veremos puntualmente en lo que sigue, sea al exponer la doctrina tradicional relativa a la doble herencia, sea al indicar los límites de validez de las leyes de MENDEL. Aquí nos limitamos a decir que el concepto de herencia es naturalmente inseparable del de raza y que la concepción moderna de las cualidades raciales no es, como en la vieja antropología, la de características abstractas típicas para un determinado grupo numérico de individuos, sino la de características hereditarias; sin embargo raza y herencia no deben concebirse como determinismos naturales, sino esencialmente como fuerzas, como potencialidades, como energías formativas desde lo interno y, en una cierta medida, incluso desde lo alto. Esta es la condición para que tal doctrina tenga el ya mencionado significado aristocrático, antidemocrático, antiburgués, fascista, valorizador de todo lo que es interior y esencial y diferenciado ante lo promiscuo, lo adquirido, lo "construido".

IV. Raza e historia. El racismo como antievolucionismo

Otro de los mitos preferidos de la ideología cientificista burguesa y demo-masónica era el del evolucionismo. La doctrina de la raza se nos presenta como una decidida antítesis de tal mito. Para la misma, puesto que no existe una "humanidad" en general, del mismo modo no existe ni siquiera la historia en tanto desarrollo automático de esta sustancia humana homogénea según leyes inmanentes o trascendentales, sociales o económicas o "ideales", desde un menos hacia un más de civilización: en dw el "menos" estaría constituido por las civilizaciones de tipo tradicional, jerárquico, sacral y el "más" en cambio por las civilizaciones "sociales", iluminadas, que queman incienso en el altar de los "inmortales principios", del cientificismo y del amoralismo burgués. Desde el punto de vista más inmediato, el racismo ve en vez la historia como el efecto del encuentro, del choque, del ascenso, decadencia o mezcla de las fuerzas de razas diferentes, de sangres distintas; fuerzas, se tenga bien en cuenta, a un mismo tiempo humanas y suprahumanas. Es pues una visión esencialmente dinámica que considera no sólo en los diferentes acontecimientos históricos decisivos, sino también en las grandes ideas históricas, en las diferentes formas de civilización, en los grandes movimientos transformadores de la faz del mundo, en las varias estructuras sociales y, en fin, en la misma fenomenología de las formas de gobierno y del Estado, no realidades autónomas y tanto menos causas, sino los efectos, los signos y casi los símbolos de fuerzas correspondientes a la raza, en ascenso o en descenso, en tanto realidades, simultáneamente étnicas y espirituales.

Se asoma así la posibilidad de mirar la historia con ojos nuevos y de descubrir en ella aspectos insospechados y particularmente instructivos, aun si no siempre reconfortantes. Existen ya intentos de síntesis histórica efectuados partiendo de tales premisas: sin embargo no son nada más que intentos, tan sólo esporádicamente arribados a resultados de algún valor. Es pues un dominio que espera aun ser explotado correctamente y con seriedad. Para ello serán necesarios hombres que, a una especial sensibilidad racial y a un adecuado conocimiento del lado positivo y visible de la historia, agreguen aquella seguridad en materia de ideas tradicionales que hoy en día es rastreable en muy pocas personas.

La doctrina de la raza es antihistoricista y antievolucionista además, en un sentido específico, porque si se quisiera indicar el sentido general aproximado de la historia partiendo de los orígenes, la misma sería más llevada a hablar de involución antes que de evolución. Al constatar que los acontecimientos históricos han conducido a mezclas y a hibridismos crecientes, de modo tal que hoy sería difícil indicar en una nación europea cualquiera, un núcleo de tipos de raza completamente pura, el racismo debe necesariamente considerar como formas más normales y regulares de civilización a aquellas de los orígenes, en donde las mezclas no habían aun llegado a tal límite y en donde se puede legítimamente suponer la existencia de núcleos étnicos primarios suficientemente inalterados. A ello se le agrega la oposición sin reservas de parte de cada forma superior del racismo en el mismo orden de aquella nueva interpretación de los orígenes, que rechaza en pleno la hipótesis-base del evolucionismo, es decir la idea de que en los orígenes viviese un hombre animalesco y salvaje, que descendía de los monos. La nueva visión es que un hombre semejante, o es una invención, o bien corresponde a razas absolutamente inferiores que se extinguieron, por más que éstas, a través de hibridismos, a veces hayan logrado transmitir alguna de sus cualidades al tipo humano verdadero. El origen auténtico y esencial del mismo se encuentra sin embargo en otra parte, en razas superiores que ya en edades prehistóricas poseían una civilización de limitado desarrollo material, pero de notabilísima levadura espiritual, de modo tal de ser designadas simbólicamente, en los recuerdos míticos conservados respecto de las mismas en todos los pueblos, como "razas divinas" o "celestiales". Veremos a su vez todo esto de manera más detallada. El racismo de cualquier forma se opone a la teoría evolucionista, correlato inseparable del universalismo democrático y del racionalismo cientificista, no sólo respecto de la interpretación general de la historia, sino también respecto de la premisa biológico darwiniana, asumida y hecha valer por tal teoría como una especie de dogma.

V. Raza y cultura.
Superación de la concepción neutra de la cultura.

Otra consecuencia de la concepción totalitaria de la raza es el ataque contra la concepción "neutra" acerca de los valores y de la cultura, la que constituye un consecuente aspecto del racionalismo. A la misma se le sustituye una particular acepción del criterio clásico *suum cuique*, "a cada uno lo suyo". La doctrina de la raza reivindica, sea el derecho como la posibilidad de considerar, no sólo las diferentes formas de arte y de literatura, sino también las "verdades" filosóficas o sociales, las variedades del derecho, de la conciencia religiosa, de la misma ciencia, no de manera abstracta, según un criterio universal de validez, sino en la referencia a aquello que siendo adecuado para una determinada raza y saludable y creativo para ella, puede dejar de ser así para otras razas y actuar en éstas, en vez, en manera deletérea y desnaturalizadora. Se combate así el mito de los valores "neutros", se tiende a considerar a cada valor no como una entidad autónoma y abstracta, sino en primer lugar como expresión de una determinada raza interior -se verá el sentido preciso de tal expresión cuando expondremos la doctrina de los tres grados de la raza- y en segundo lugar como una fuerza a ser estudiada respecto de sus efectos concretos, no sobre el hombre en general, sino sobre los diferentes grupos humanos, diferenciados por la raza. *Suum cuique:* a cada uno su "verdad", su derecho, su arte, su visión del mundo en ciertos límites, incluso su ciencia (en el sentido de ideal de conocimiento) y su religiosidad: nueva expresión del amor clásico por la "forma", por la diferencia y por el límite que inspira la doctrina de la raza en sus aspectos más característicos.

Naturalmente que, una vez que se ha asumido este punto de vista hay que cuidarse de terminar en el error del puro relativismo, en una torre de Babel en la cual la lengua hablada por una raza se convierte en incomunicable e incomprensible para cualquier otra. Esta vía errada ha sido efectivamente seguida por ciertos ambientes racistas, influidos por ideas protestantes, las cuales, acentuando el momento de la desigualdad y de la pluralidad, no han podido hacer a menos de profesar un irracionalismo y un particularismo no pocas veces unido a un preciso sentimiento antiromano: las razas y aun las misma naciones se convierten como en mónadas, como tantos mundos cerrados en sí mismos y siendo cada uno medida extrema con respecto a sí mismo. "Toda raza", se dice, "es para sí el valor supremo". Estos excesos, de parte de una doctrina tradicionalmente encuadrada en principios racistas, deben ser evitados, reconociendo la posibilidad de integrar el concepto de la desigualdad y de la diferencia, que proceden de la raza también sobre el plano cultural, con el de la jerarquía. El verdadero sentido de la doctrina de la raza es en efecto la aversión hacia aquello que se encuentra por debajo o más acá de las diferencias, en sus caracteres de promiscuidad, de generalidad, de no-individuación: nuestra doctrina de la raza no puede oponerse contra aquello que en vez se encuentra efectivamente por encima o más allá de las diferencias. Si por lo menos como una reacción saludable en contra de la nivelación cosmopolita de los valores culturales, propia del período que nos ha precedido hace poco, es necesario darse cuenta de que hay modos diferentes de concebir los mismos "valores supremos", modos que, adecuados y creativos para un determinado pueblo, dejan de serlo en cambio para otro, ello no debe taparnos la visión en base a la cual, y a lo que llamaremos propiamente "razas del espíritu", en ciclos de civilizaciones que se originaron de razas de tronco afín la unidad se puede conciliar con la diversidad y el *suum cuique* no excluye un punto superior de referencia. La diferencia, ante el universalismo rechazado por el racismo, se encuentra más bien en el hecho de que estos puntos de referencia en un cierto modo supraraciales no los concebiremos abstractamente, sino en estrecha relación con una raza dominadora que "dé la tonalidad" a las civilizaciones y a los valores culturales de una serie de comunidades étnicas subordinadas. A la diferencia de las razas le corresponde también una distinta dignidad propia, una distinta calificación para las superiores funciones civilizadoras. De aquí el mito de las "super-razas", es decir de aquellas razas que, en sentido eminente, pueden atribuirse legítimamente a sí mismas una misión dedominio, de organización y de dirección histórica. Como veremos, para los ciclos de civilización de los pueblos de origen indoeuropea, el racismo reputa fundada la afirmación de que la raza nórdico-aria haya tenido y pueda aun hoy tener una dignidad tal de "super-raza". En contra de las mencionadas desviaciones de un racismo extremista el cual, en rigor, tendría que aislar toda raza casi bajo una campana de vidrio privándola, con esto mismo, de cualquier posibilidad de expansión, de superior dirección o de dominio más allá de límites en el fondo tan sólo naturalistas, hay que tener siempre presente este punto indispensable para una formulación imperial y romana de la idea racista y confirmado por lo que fue propio de las grandes civilizaciones arias de Oriente, de la antigua Roma, del Medioevo romano-germánico.

Estas reservas no impiden sin embargo a la doctrina de la raza poner en justo relieve el hecho de que si una cultura en sus aspectos más abstractos y genéricos, puede transmitirse aun sin precisas condiciones de afinidad de raza, ello no es el caso cuando se tengan en vista valores más profundos referidos menos al intelecto que a una particular formación del carácter y al sentido más severo que se tenga del hombre, de la vida y del mundo. Aquí efectivamente, una cierta afinidad de sangre es necesaria para que valores semejantes tomen raíz, actúen, despierten fuerzas vivientes. Si en vez la cultura y la civilización transmitidas y acogidas se remiten a razas en verdad heterogéneas, el efecto será sólo una ruptura, los valores superiores permanecerán abstractos e "intelectuales", casi como una superestructura, mientras que las fuerzas más profundas y orgánicas, obstaculizadas y comprimidas, no tendrán la posibilidad de una expresión adecuada. Por lo tanto, como diremos, hay fronteras no sólo para la raza del cuerpo y de la sangre, sino también para la del alma y del espíritu, fronteras que no se pueden pasar sin un efecto realmente destructivo. Sólo desde lo alto -en manera vertical y no horizontal- será posible, y ello por lo demás a través de las elites, una comunicación.

Otro punto de no menor importancia debe ser puesto en relieve. La doctrina de la raza tiende a desarrollar una nueva sensibilidad y una nueva manera de juzgar, que se remite por decirlo así a los bastidores de las mismas ideas. Comúnmente, ante una teoría o filosofía, se planteaba el problema de su "verdad" o "falsedad"; ante las normas para la acción y para la vida se ponía el problema de un "bien" o dé un "mal". Como máximo, además de este modo abstracto y "objetivo" de juzgar, se ha tenido la interpretación "personalista", se han interpretado las filosofías o las morales en base a las personalidades de sus creadores en tanto individuos. La manera de proceder de la mentalidad racista es muy diferente. Ante una teoría o una moral ella no se preocupa tanto por discriminar abstractamente lo "verdadero" o el "bien", sino de individualizar cuáles influencias la hayan determinado, de cuál "raza del espíritu" ella sea la expresión y por ende la verdad o la norma. Del mismo modo como la mirada adiestrada del racista biológico sabe distinguir en una fisonomía humana los rasgos de una o de otra raza reunidos en ella, así también, en el campo de la cultura, la mente adiestrada en manera racista descubre las características de raza presentes en las varias creaciones del pensamiento, del arte, del derecho, de la política y recaba de ello adecuadas consecuencias prácticas acerca de la admisión o no en una determinada comunidad de la influencia que emana de las mismas.

VI. La psicología profunda y la ciencia de la subversión

Es así como la doctrina de la raza, si es desarrollada coherentemente, sea en el orden de la historia como en el de las diferentes creaciones y obras humanas, opone a los métodos del racionalismo los de una nueva psicología profunda. Se puede decir que ésta se remite al mismo dominio del psicoanálisis, es decir a aquella zona de influencias subconscientes, en buena medida atávicamente determinadas, que tienen una parte tanto más importante en cuanto difícilmente visible y situada más allá de lo procesos de la conciencia refleja; pero naturalmente se eliminan y rechazan del psicoanálisis los prejuicios y errores, puesto que, en las fuerzas profundas que están en acción en la subconciencia individual y colectiva, la doctrina de la raza entrevé algo diferente de "complejos" eróticos, oscuros instintos, residuos de la psique salvaje, como hace habitualmente el psicoanálisis. Por lo demás a tal respecto el hablar de subconsciencia no cuadra del todo, Afuera de la conciencia común del sujeto puede haber tanto influencias subconscientes como influencias supraconscientes y, al definir propiamente el concepto de raza, indicaremos el error de ciertas interpretaciones puramente "vitalistas" de la misma y reconoceremos la necesidad de admitir, en la raíz de las razas superiores, fuerzas realmente trascendentes, por ende justamente opuestas a todo lo que es subconciencia. De subconciencia en tal caso sólo puede hablarse en lo relativo al individuo singular, cuando en su pensamiento y acción no se da cuenta de las influencias generales a las cuales él en último análisis y a pesar de todo obedece, en tanto individuo de una determinada raza del cuerpo y del espíritu.

En el orden de tales búsquedas puede por lo demás

definirse una ciencia nueva que nosotros hemos llamado la ciencia de la subversión. Justamente a ella le corresponde formular las tesis principales de un serio antisemitismo en materia de cultura: ello acontece con la individualización de la constante tendencialidad disgregadora y disolutoria de los valores del hombre ario, que muchas veces, aun sin clara conciencia o precisa intención, está ínsita en tantas creaciones típicas del judaísmo. Naturalmente hay además otra cosa. La exploración de esta especie de "tercera dimensión"[3] de la actividad humana nos da la precisa sensación de que una cantidad de acontecimientos y de revoluciones, las cuales habitualmente son consideradas como espontáneas, casuales, o bien determinadas por factores externos e impersonales, en realidad han obedecido a una ·intención oculta, realizando muchas veces tantos roles de un plan verdadero y propio, sin que quien se ha hallado siendo el ejecutor directo o indirecto de uno de tales roles se haya dado mínimamente cuenta. Con ello se potencializa aquel nuevo modo antiracionalista y antipositivista de considerar a la historia y a los acontecimientos históricos, lo cual se ha dicho que es lo principal de la nueva mentalidad racista. En realidad la "ciencia de la subversión" nos muestra que detrás de la historia conocida hay otra historia, la cual espera aun ser escrita y que, cuando lo será totalmente, lanzará una luz para muchos develando los bastidores de los acontecimientos que estaban por conducir a los pueblos occidentales al borde de un abismo.[4]

Los lectores sabrán por cierto algo de los *Protocolos de los Sabios de Sión,* de este documento tan discutido, cuya idea

[3] Tal tema fue tratado con amplitud en una posterior obra, *Los hombres y las ruinas,* cap. XIII.

[4] Este trabajo intentó desarrollarlo el autor entre los años 1944 y 1945 en la ciudad de Viena a través del estudio de un voluminoso archivo secuestrado a las diferentes sociedades masónicas de Europa, pero el mismo se verá truncado por un misterioso bombardeo, del cual Evola se salvará milagrosamente, aunque quedando lisiado de por vida. El archivo secreto en cambio no correrá la misma suerte, pues se supone que desapareció tras ese evento. *(N. de la Trad.).*

central es que los acontecimientos, las ideologías y los advenimientos de circunstancias por las cuales la antigua Europa tradicional ha sido llevada a la ruina, tienen una lógica propia y corresponden a una especie de conspiración mundial, En otra parte hemos precisado el significado de este documento[5] y hemos puesto afuera de discusión la importancia que el mismo tiene en cuanto "hipótesis de trabajo", para ordenar así importantes búsquedas en materia de "ciencia de las subversión" en el campo de la historia más reciente.[6]

En cuanto al mundo antiguo, hemos tenido por igual la ocasión de indicar la posibilidad de utilizar para una especial investigación racial los geniales estudios de J. J. BACHOFEN en materia de símbolos, cultos y formas sociales primordiales.[7] A tal respecto, el antiguo mundo mediterráneo se nos aparece bajo una nueva faz insospechada: el mismo se nos manifiesta como el teatro de una lucha trágica y sin tregua entre cultos, ideales, éticas y costumbres de "raza" diferentes: los unos solares, uránicos, heroicos y olímpicos, los otros telúricos, ligados a los símbolos del matriarcado y de las potencias subterráneas, extáticos y promiscuos. Más adelante esclareceremos en sentido racial tales términos. En general no hay un ciclo de civilizaciones que para un ojo adiestrado no revele análogas epopeyas: epopeyas de una verdadera y propia "guerra oculta" entre razas, sea de la sangre, sea del espíritu, sea del la sangre como del espíritu.

---

[5] Véase *Los Protocolos de los Ancianos Sabios de Sión,* con introducción de J. Evola, Milán 1938.

[6] Ya una importante contribución para la exploración en tal sentido de la historia moderna desde la Santa Alianza hasta el bolchevismo lo ha constituido la obra traducida por nosotros, Malinsky y De Poncins, *La guerra oculta (Armas y fases del ataque judeomasónico a la tradición occidental),* Milán, 1938.

[7] J. J. Bachofen, *La raza solar (Estudios sobre la historia secreta del antiguo mundo mediterráneo)* Roma, 1940.

VII. Acerca de la idea de raza pura

Después de haber considerado estos primeros aspectos generales, según los cuales el racismo se presenta como una idea revolucionaria, capaz de definir nuevos métodos, de abrir nuevas vías, de dar forma a una nueva mentalidad, es necesario decir algo respecto del concepto de raza en sí misma y acerca de los grados que éste implica.

Se ha ya mencionado que, cuando se habla de "raza italiana", o bien de "raza alemana", "americana" e incluso "hebraica", tendiendo a hacer coextensiva la noción de raza a la de nacionalidad o, por lo menos, de comunidad étnico-cultural, como acontece en las aplicaciones políticas del racismo, no puede hablarse aquí de grupos étnicos primarios en estado puro, análogos a lo que en química son los elementos o cuerpos simples indescomponibles, sino de compuestos raciales en mayor o menor medida estables y homogéneos, que, a través del concurso de diferentes factores, han dado lugar a un cierto tipo común de base en parte antropológica, en parte de una manera afín de sentir y de comportarse, en parte también de comunidad de destino. Las ventajas prácticas y políticas relativas al uso a tal respecto de términos como "raza", "pureza de raza", "defensa de la raza", etc., a pesar de su impropiedad, han sido juzgados ya por nosotros. En la medida en que las cosas se formulen desde el punto de vista doctrinal, se nos presentan obviamente de manera sumamente diferente. Razas puras en el sentido absoluto hoy no existen, sino en la persona de algunos ejemplares dispersos. Ello no impide que el concepto de raza pura pueda ser tomado como un punto de referencia, en los términos sin embargo de un ideal y de una meta final. En sus aspectos prácticos, si el racismo tiene por exigencia primera la protección de alteraciones y mezclas degradantes del tipo común definido en forma analógica con términos tales como "raza italiana", "alemana", etc., su tarea consecuente es la de hacer un análisis de tal tipo con el fin de individualizar los principales componentes raciales que concurren en él. Después de lo cual es necesario entrar en un campo valorativo: una vez que se han discriminado las diferentes razas presentes, por ejemplo, en la "raza italiana", es necesario establecer cuál es entre todas aquella a la cual se le puede legítimamente otorgar el valor de un tipo superior y creador, de elemento central y esencial para la totalidad del complejo étnico y cultural a la que le corresponde propiamente la nación y la raza en un sentido amplio. Pasando pues al nivel de la práctica, es necesario ver hasta qué punto es posible aislar este elemento racial superior, reforzarlo, ponerlo en el centro de un desarrollo que tenga por fin la purificación y el ennoblecimiento del tipo general, hasta alcanzar la máxima aproximación a este más elevado elemento. Tal es la vía que puede conducir a la "raza pura"; la cual, pues, no debe ser considerada como el objeto de una mera constatación descriptiva, como algo que se encuentre ya allí formado y que se trate tan sólo de proteger; ni siquiera es valedero reconstruirla con características abstractas, como si fuese un objeto de museo de historia natural. Ella aparece más bien como un *terminus ad quem,* es decir como una tarea, como una meta final de un proceso activo, creativo, sea biológico como ético y espiritual, de selección, de discriminación, de transformación. Y todo esto no es posible sin un clima de alta tensión espiritual y sin procedimientos que, como diremos luego, tienen el carácter de verdaderas y propias evocaciones.

¿Pero cómo se define en verdad la raza pura? ¿Qué significa en general la raza? En nuestra obra *El mito de la sangre* hemos ya indicado varias definiciones. La raza para unos (TOPINARD) es un "tipo hereditario"; para otros (WOLTMANN) es "una unidad viviente de individuos de origen común, con iguales características corporales y espirituales"; para otros, ella es "un grupo humano que, por la conexión, que le es propia, de características físicas y de cualidades psicológicas, se distingue de cualquier otro grupo humano y genera elementos siempre similares a sí mismos" (GÜNTHER) o bien es "un tronco definido por grupos de "caracteres" iguales, no de hombres exteriormente similares en las formas: es un grupo hereditario" (FISHER). Y así sucesivamente. Pero todo esto no agota para nada el asunto, sólo lo encierra en un ámbito que puede ser válido para una especie animal, pero que, en lo relativo al ser humano, se manifiesta como en verdad insuficiente. Para poder conferirle aquella dignidad y aquella importancia política y espiritual, que se manifiesta ya por las consideraciones hechas hasta aquí, la doctrina de la raza debe partir de una concepción totalizadora del ser humano y de una justa comprensión, sea de los elementos que lo componen, sea de las relaciones jerárquicas que, en una condición normal, debe haber entre tales elementos.

PARTE SEGUNDA

LOS TRES GRADOS DE LA DOCTRINA DE LA RAZA

I. Diferentes significados de la raza

Mientras que en un caballo o en un gato de "pura sangre" el elemento biológico constituye el principal y por lo tanto al mismo puede legítimamente restringirse cualquier consideración racista, tal no es por cierto el caso del hombre o, por lo menos de todo hombre que sea digno de tal nombre; el cual es por cierto una realidad biológica y antropológica, pero vinculada a elementos, fuerzas y leyes de carácter diferente, suprabiológico, tan reales como la primera y cuya influencia sobre ésta puede ser muchas veces decisiva. Por lo tanto ni la consideración racista del hombre puede detenerse en un plano tan sólo biológico, ni tampoco, queriendo ir más allá del mismo, debe hacerse concluir la instancia espiritualista y cualitativa inicial en un materialismo que repita, *mutatis mutandis,* la reducción psicoanalítica o darwiniana de lo superior en lo inferior: es decir suponer una unilateral dependencia de la parte psíquica y suprabiológica del ser humano de la biológica. Es en este caso, o en éste sólo, que el racismo merecería en verdad la acusación que le promoviera TROTSKY, de "materialismo zoológico". Es un hecho que el concepto de "raza" posee significados muy diferentes según la categoría de los seres a quien se refiere: y no sólo no significa lo mismo en el caso de una especie de animal o del hombre, sino también respecto de las mismas variedades de la humanidad posee un valor distinto, no pudiendo por cierto designar lo mismo al referirse a un grupo salvaje que a una "superraza".

No es suficiente ni siquiera decir, como WALTER GROSS, que "en el concepto de raza comprendemos a aquella plenitud de la vida humana, en la cual el cuerpo y el espíritu, la materia y el alma se componen en una superior unidad". Pues en tal caso habría que decidir si una de las dos cosas sea la que determina a la otra, si la forma corpórea es determinada por el alma, o a la inversa; lo cual es un problema extracientífico, metafísico, que no es considerado por el racismo. Aun menos satisfactoria es esta afirmación de ALFRED ROSENBERG: "Nosotros no aceptamos ni la proposición de que el espíritu cree el cuerpo, ni la inversa, es decir que el cuerpo cree el espíritu. Entre mundo espiritual y mundo físico no hay ninguna frontera neta: ambos constituyen un todo inescindible". En la medida en que la raza no debe ser considerada más como un "mito", sino que debe ser hecha objeto de una doctrina, no nos podemos detener en este punto.

Se debe además notar -y esto no es una cosa de poca importancia- que, en el fondo, no se va más allá del materialismo sólo cuando se habla simplemente de la raza en el sentido más limitadamente antropológico y biológico del término, sino también cuando se alude a un "espíritu" de la raza, hasta llegar a formular una "mística de la sangre". Para llegar a algo valedero tendrían que hacerse aquí ciertas precisiones. Es en efecto fácil constatar que un "misticismo de la sangre" se reencuentra también en los tipos más bajos de sociedad humana, siendo el mismo característico para muchas comunidades salvajes de tipo "totémico". El *totem* no es aquí otra cosa que el alma mística de la tribu y de la horda, sentida no obstante en estrecha relación con una determinada especie animal; es concebido por los sujetos como el alma de su alma, como el elemento primario que habita en ellos. Aquí el sujeto, antes que como tal, se siente justamente grupo, raza o tribu, pero sin embargo en un sentido totalmente colectivista, recabando del mismo sus rasgos distintivos, no sólo biológicos, sino también caracterológicos y, en la medida en que se pueda hablar aquí de esto, culturales y espirituales. También en un tal estadio corresponde advertir que no existe ninguna neta diferencia entre espíritu y cuerpo, al vivir el uno y el otro en una indistinta y promiscua unidad. Con esto se ve muy claro cuáles vías peligrosas se pueden recorrer sin llegar a darse cuenta, cuando se parte de concepciones confusas acerca de la raza y de la "mística de la raza", como las que mencionáramos recién: en el acto mismo de combatir al universalismo y al racionalismo se corre aquí el riesgo de asumir como ideal algo que, no obstante cualquier apariencia, remite a formas de vida naturalista y prepersonal, y por ende promover una verdadera y propia involución. Y ello aparece cuanto más claro al referirse a la postura tradicional según la cual los salvajes, en su gran mayoría no representan para nada a los "primitivos", a las formas originarias de la humanidad, sino que en vez representan los últimos residuos degenerados, materializados, embrutecidos de anteriores razas y civilizaciones de tipo superior. De este modo sería fácil mostrar que el totemismo, del cual se ha hablado aquí, no es sino la forma degenerada y nocturna en la cual ha decaído una muy diferente "mística de la sangre", la que tomó la forma en el culto aristocrático de los "héroes" o semidioses de los diferentes pueblos y, en una cierta medida, también de los *lares* y de los *manes* de la romanidad patricia. Aparece bien clara a partir de todo esto la necesidad de puntos de referencia más precisos.

II. Los tres grados de la doctrina de la raza

Se ha dicho que el concepto de raza asume diferentes significados, no sólo respecto del hombre y de una especie animal, sino también respecto de varios tipos humanos. Así pues nosotros debemos poner una primera, fundamental distinción, la que existe entre "razas de naturaleza" y razas en el sentido mas alto, humano y espiritual. Y desde el punto de vista metodológico es necesario convencerse de que es absurdo considerar al racismo como una disciplina en sí, en vez de que en estrecha dependencia de una teoría del ser humano. Del modo como es concebido el ser humano depende también el carácter de la doctrina de la raza. Si es un modo materialista se transmitirá este materialismo también al mismo concepto de raza; si es espiritualista, también la doctrina de la raza será espiritualista, porque, aun cuando considere lo que en el ser humano es material y condicionado por la leyes de la materia, ella no olvidará nunca el lugar jerárquico y la dependencia funcional que esta parte posee dentro del conjunto del ser humano. El hecho de que la presunta "objetividad" de las búsquedas conducidas "científicamente", con exclusión manifiesta de los problemas "metafísicos", lejos de no tener, como ellas pretenden, presupuestos, están, muchas veces sin darse cuenta, inficionadas por los de la concepción materialista y profana del mundo y del hombre propia del positivismo y del darwinismo del pasado siglo, genera en algunas exposiciones racistas ciertas unilateralidades y deformaciones de las cuales el adversario busca naturalmente extraer todo el provecho posible.

De parte nuestra, puesto que nosotros queremos esclarecer la doctrina de la raza desde el punto de vista tradicional, como premisa asumiremos naturalmente la concepción tradicional del ser humano, según la cual el hombre, en cuanto tal, no se reduce a determinismos puramente biológicos, instintivos, hereditarios, naturalistas: si todo ello tiene un papel, que es dejado a un lado por un espiritualismo sospechoso, y exagerado por un miope positivismo, sin embargo, es un hecho que el hombre se distingue del animal en cuanto participa de un elemento sobrenatural, suprabiológico, tan sólo en función del cual él puede ser libre en sí mismo. Entre el uno y el otro, como elemento, en una cierta manera intermedio, se encuentra el alma. La distinción en el ser humano de tres principios diferentes, de cuerpo, alma y espíritu, es fundamental para la concepción tradicional. En manera más o menos completa la misma se reencuentra en las enseñanzas de todas las antiguas tradiciones, y ella se ha continuado en el mismo Medioevo; la concepción aristotélica y escolástica de las "tres almas", vegetativa, sensitiva e intelectual, la trinidad helénica de *soma, psyché* y *nous,* la romana de *mens, anima* y *corpus,* la indo-aria de *sthûla-, ling-* y *kârana-çarîra,* y así sucesivamente, son otras tantas expresiones equivalentes. Y es importante subrayar que esta concepción no debe ser considerada como una interpretación particular "filosófica" entre tantas, sino como un saber objetivo e impersonal relativo a la naturaleza misma de las cosas.

Para una cierta precisión de los tres conceptos puede mencionarse que el "espíritu", en la concepción tradicional, ha significado siempre algo supranacional y supraindividual; el mismo no tiene nada que ver con el común intelecto y aun menos con el pálido mundo de los "pensadores" y de los "literatos"; es más bien el elemento sobre el que se apoya toda ascesis viril y toda elevación heroica, todo esfuerzo por realizar en la vida lo que es "más que vida". En la antigüedad clásica, el "espíritu", como *nous* o *animus,* fue opuesto al "alma", así como el principio masculino lo estaba respecto del femenino, el elemento solar del lunar. El alma pertenece ya más al mundo del devenir que al del ser, ella está vinculada a la fuerza vital así como a cada facultad perceptiva y a cada pasionalidad. Con sus ramificaciones inconscientes ella establece la vinculación entre espíritu y cuerpo. La expresión indo-aria utilizada para un determinado aspecto de la misma *-linga-çarîra-* al tener su correspondencia en la del "cuerpo sutil" de algunas escuelas occidentales, designa en verdad al conjunto de las fuerzas formativas, más que corpóreas y menos que espirituales, en acto en el organismo físico en donde se forman los elementos adquiridos de nuevas herencias. En manera analógica, la tríada humana espíritu-alma-cuerpo corresponde a la cósmica sol-luna-tierra.

Partiendo de tal concepción, se debe reconocer que la desigualdad del género humano no es sólo física, biológica o antropológica, sino también psíquica y espiritual. Los hombres son diferentes no sólo en el cuerpo, sino también en el alma y en el espíritu. En conformidad con ello, la doctrina de la raza debe articularse en tres grados. El problema racial debe ser puesto para cada uno de los tres elementos. La consideración racista del hombre como cuerpo, como ente puramente natural y biológico, es la tarea propia de la doctrina de la raza de primer grado. Le sigue la consideración del hombre en tanto él es alma, es decir el estudio de la raza del alma. Como coronación, se tendrá una doctrina de la raza del tercer grado, es decir el estudio racial del hombre en cuanto él es, no sólo cuerpo o alma, sino, además, espíritu. Tan sólo entonces la doctrina de la raza estará completa y será muy fácil superar las diferentes confusiones y rechazar los ataques que, aprovechando las mencionadas unilateralidades materialistas en las cuales a veces el mismo cae, se mueven contra el racismo de parte de un espiritualismo sospechoso y liberalizante.

III. Razas de naturaleza y razas superiores

Antes de pasar a decir algo sobre cada uno de estos tres grados de la doctrina de la raza, hay que resaltar que si en cada hombre, a nivel de principio, están presentes los tres elementos antes indicados, los mismos pueden sin embargo encontrarse en una relación y en un relieve sumamente variado. A cada uno de ellos le corresponden fuerzas y un campo de acción y de expresión regulado por leyes diferentes, Entre los extremos de los mismos -entre "cuerpo" y "espíritu"- no existe necesariamente contradicción. Aun obedeciendo a leyes propias que deben ser respetadas, lo que en el hombre es "naturaleza" se presta a ser órgano e instrumento de expresión y de acción para aquello que en él es más que "naturaleza". Sólo en la concepción de la vida propia de los pueblos semíticos, y sobre todo del pueblo hebraico, como un reflejo de un determinado dato constitucional específico y de circunstancias especiales, la corporeidad se hace la "carne" en cuanto raíz de todo "pecado" y antagonista irreductible del espíritu. En vez, en un orden, sea normal como normativo, la relación existente entre los tres principios es más bien la de una subordinación jerárquica y de una expresión: a través de las leyes del cuerpo se manifiesta una realidad anímica o psíquica, la cual, a su vez, es expresión de una realidad espiritual. Una perfecta transparencia de la raza como cuerpo, alma y espíritu constituiría la raza pura. Pero éste es naturalmente, como ya se ha dicho, tan sólo un concepto-límite, por el cual en el mundo actual sería azaroso indicar una positiva correspondencia, a no ser que en algún raro y excepcional ejemplar. En la casi totalidad de los casos se trata tan sólo de aproximaciones: un elemento busca hallar, en el espacio libre que las leyes del elemento inmediatamente inferior a él le dejan, una expresión en mayor medida conforme a él: la cual cosa no debe entenderse como un simple reflejo, sino como una acción a su manera creativa, plasmadora, determinante. Aun cuando respete las leyes de la armonía dictadas en la música por una ciencia precisa y por una tradición positiva, es más justamente por tenerlas que respetar y dar a su criatura un estilo perfecto, un compositor debe actuar de manera creativa: sus soluciones de especiales problemas expresivos pueden por otro lado estar incorporados en la tradición y representar tantas etapas de una progresiva conquista. Lo mismo tiene que pensarse respecto del proceso expresivo que se cumple a través de los tres elementos de la naturaleza humana, sobre todo cuando se considere al sujeto, no en sí mismo, sino en el desarrollo de una estirpe en el espacio y en el tiempo.

Pero si expresión y subordinación son las relaciones normales, puede también acontecer el caso de relaciones anormales e invertidas, el cual caso es lamentablemente, en el mundo moderno el más frecuente de todos. El hombre puede hacer caer el centro de sí no allí donde sería normal, es decir en el espíritu, sino en uno de los elementos subordinados, en el elemento alma o en el elemento cuerpo, elemento que entonces asume necesariamente la parte directiva y reduce al nivel de instrumentos a los mismos elementos superiores. Extendiendo tal postura del sujeto a aquellas individualidades más vastas que son las razas, se llega a la mencionada distinción entre "razas de naturaleza" y razas humanas propiamente dichas.

Algunas razas pueden compararse con el animal y con aquel hombre que, al degradarse, ha pasado a un modo puramente animal de vida: tales son las "razas de naturaleza". Ellas no están iluminadas por ningún elemento superior, ninguna fuerza de Jo alto las sostiene en las circunstancias y en las contingencias en las cuales se desarrolla su vida en el espacio y en el tiempo. Por ello mismo, predomina en ellas el elemento colectivista, en tanto instinto o "genio de la especie", espíritu y unidad de la horda. En sentido amplio, el sentimiento de la raza y de la sangre puede aquí ser más fuerte y seguro que en otros pueblos o estirpes; pero sin embargo el mismo representa siempre algo subpersonal, totalmente naturalista; el ya mencionado tipo "totémico" de vida de los presuntos pueblos primitivos se refiere justamente a este plano. Aquellos racistas que se asientan tan sólo en el plano científico y positivo de la investigación -al racismo definido por nosotros como de primer grado- justamente en tales "razas de naturaleza" podrían por lo tanto ver verificadas con la mayor aproximación sus concepciones y las leyes individualizadas por ellos: puesto que tales leyes no son perturbadas en manera sensible por una intervención activa de parte de otros principios, que no son más individualizables con los mismos medios de investigación.

En otras razas el elemento naturalista conserva en vez la función normal de vehículo y medio expresivo de un elemento superior, suprabiológico, que se ubica respecto del primero del mismo modo como en el sujeto el espíritu se halla en relación con el cuerpo. Un elemento tal casi siempre se manifiesta en la tradición de tales razas, pero es sin embargo en la *elite* que esta tradición se encama y se mantiene viviente. Aquí pues, detrás de la raza del cuerpo, de la sangre, y de la misma del alma, se encuentra una raza del espíritu, expresada por la primera de manera en mayor o menor medida perfecta según las circunstancias, los individuos y las castas en las que un pueblo se articula.

Una tal verdad fue sentida claramente allí en donde en forma simbólica la antigüedad atribuyó orígenes "divinos" o "celestiales" a una determinada raza, o estirpe, o casta, y rasgos sobrenaturales y "heroicos" al fundador o al legislador primordial de la misma. Este es un ámbito en el cual la pureza mayor o menor de la sangre solamente es suficiente para definir la esencia y el rango de un determinado grupo humano. En otra parte hemos ya tenido ocasión de notar que ello se encuentra muy claro por el hecho de que en donde estuvo en vigencia el régimen de las castas con el sentido frecuente de separación entre estratos raciales diferentes, cada casta podía considerarse "pura", puesto que para todas valía la ley de la endogamia, de la carencia de mezcla. No el tener simplemente sangre pura, sino el tener - simbólicamente- una raza "divina" era lo que en vez definía a la casta o raza superior frente a la plebeya o a lo que nosotros hemos definido como la "raza de la naturaleza". Veremos que la concepción del tipo "ariano", propia de las antiguas civilizaciones indogermánicas de Oriente responde exactamente a esta idea, hallable por lo demás también en las tradiciones tanto clásicas, como nórdicas relativas al patriciado sacral.

IV. La fuerza del espíritu en tanto fuerza formativa. Sentido del ideal clásico.

Tales concepciones tienen una especial importancia para precisar las relaciones entre raza y personalidad. Cuando un ser humano debe a las fuerzas del instinto, de la sangre y de la herencia todo lo que da forma y sostén a su vida, él pertenece aun a la "naturaleza". Sobre tal base, podrá también desarrollar facultades superiores, pero tales facultades serán siempre una expresión de la naturaleza, no una posesión de la personalidad; justamente del mismo modo como los espléndidos caracteres que pueden hallarse en un tigre o en cualquier "pura sangre". No se pasa aquí del orden de la naturaleza al del espíritu -el cual, repitámoslo, no tiene nada que ver con una vacía cultura, una literatura, una erudición, o un dilettantismo intelectual, y así sucesivamente- sino cuando se manifieste una fuerza de otro género, la cual habrá de dar vuelta las relaciones o, para decirlo mejor, las reenderezará. Entonces no son más leyes e instintos de parte biológica y física del hombre las que constituirán la condición para cualquier valor del sujeto; es lo opuesto en vez lo que acontece. Nos encontramos ante una ley inmaterial, ante un "estilo", que, si toma como materia prima a la "naturaleza", sin embargo no se deja reducir a la misma y da testimonio de la presencia y de la acción formativa de aquel elemento de orden suprabiológico, tan sólo en función del cual tiene sentido hablar de personalidad. Justamente este "estilo" constituye aquello que, en sentido superior, con referencia al hombre en cuanto tal, y no en cuanto animal -"superior" o menos- o al hombre degradado, puede llamarse verdaderamente "raza". Mientras que en el reino animal y en los troncos de una humanidad inferior la raza es algo que pertenece al plano biológico, en ella comienza y concluye apareciendo así como un puro "dato", extraño a cualquier iniciativa creativa y predeterminado colectivamente; cuando en cambio se habla del hombre en sentido superior, o simplemente en sentido normal, la raza verdadera debe ser buscada en otro lado. Aun manifestándose en aquel plano biológico, ella se hace visible a través de un complejo típico y bien determinado de cualidades, de actitudes, de inclinaciones, de sensibilidades, como un complejo susceptible, si tal acción dura, de convertirse en una herencia "sutil", cerrada en la sangre y que constituye el material principal para las investigaciones del racismo de primero y segundo grado. La misma reside esencialmente en el elemento "espíritu", es una realidad para la cual sólo corresponde una adecuada forma posterior de la investigación racista. Y desde este punto de vista todos aquellos elementos más tangibles, sea los rasgos expresivos de una raza del cuerpo, como el "estilo" de una "raza del alma", son signos y símbolos para un hecho de naturaleza espiritual.

Podemos así convencernos de que a un racismo limitado le sucede muchas veces restringir sus investigaciones a simples "efectos"; si usáramos la terminología escolástica se diría: a la "naturaleza naturada", en vez que a la "naturaleza naturante". Los "hechos" que el mismo estudia, en muchos casos no son sino automatismos, supervivencias de una acción formativa y expresiva remota y agotada: son más cadáveres y máscaras de razas que razas vivientes. Es verdad que en el mundo moderno los pueblos en gran medida, cuando mantienen aun una cierta pureza racial, es justamente en este estado semi-apagado que se encuentran; ello puede explicar la ya mencionada limitación de un cierto racismo junto a las unilateralidades y a los prejuicios cientificistas que derivan del mismo, pero no puede justificarla. La doctrina de la raza, en la medida en que quiera tener valor tradicional y valor de idea renovadora y restauradora, debe asumir puntos de referencia mucho más altos y comprensivos.

También en lo relativo a la adecuación del espíritu con el cuerpo en una especie de inseparable unidad, en tanto ideal racial, y respecto del ideal clásico o clásico-ario, se comete el mismo error de considerar lo que es sólo efecto y consecuencia. Nosotros por cierto tenemos razones para admitir que un estado "olímpico" -es decir una condición en la cual algo divino y sobrenatural existía en el seno de un determinado tronco humano primordial, como un dato, por decirlo así, natural, como una presencia y no como objeto de conquista o reconquista-nosotros tenemos razones para admitir que un estado semejante no sea una fantasía, sino que haya tenido una realidad histórica: un tal estado se encuentra en la más estrecha relación con el tipo de la raza hiperbórea, sobre el cual habremos de hablar, y el que puede considerarse como la raíz originaria de las principales est i .., dominadoras arias y nórdico-arias. Sin embargo razones también positivas excluyen que, no sólo en la edad contemporánea, sino ya en el ciclo de las mayores civilizaciones que suelen circunscribirse en el período propiamente histórico, nos podamos referir a algo semejante. Ya entre los antiguos Arios de hace dos o tres mil años veremos que una especie de segundo nacimiento, es decir de renovación, de profunda transformación interna, aparecía como la condición imprescindible para poder hacer legítimamente parte de aquella raza, así como del cuerpo y del espíritu que definía a la antigua noción de "arianidad". Por lo tanto en el ámbito al cual puede referirse la consideración racista en forma positiva, el verdadero tipo clásico debe considerarse como aquel en el cual la unidad absoluta del espíritu, del alma y del cuerpo no significa una promiscuidad prepersonal y fisicista, sino que implica la condición en la cual el elemento espiritual, habiendo realizado a pleno su potencia y su superioridad, ha tomado posesión plenamente de su cuerpo, lo ha removido de su "naturalidad", ha conducido sus leyes para hacer de modo tal que el mismo se convierta en una expresión suya viviente, absoluta, inequívoca, en adecuación exacta de contenido con contenido. En otras palabras, el ideal y el tipo clásico y el de "raza-pura" indican esencialmente la condición para una "raza del espíritu" formativamente victoriosa sobre la de la sangre. Es necesario pues cuidarse de las mencionadas falsas interpretaciones, en especial allí donde se las querría poner como base de un racismo activo; no se deben captar con ojos miopes tan sólo las señales y los ecos de una grandeza interior que se tradujo y expresó incluso en la sangre y en la raza del cuerpo y sustituir por ende con una construcción artificial materialista y cientificista una tradición de aristocrática espiritualidad.

V. Acerca de las razas superiores y acerca del prejuicio anti-ascético.

Volviendo ahora a nuestro argumento principal, se puede pues hablar de una oposición fundamental: frente a pueblos en los cuales la "raza" tiene su centro en la "naturaleza" se encuentran otros en los cuales la misma lo posee en cambio en el "espíritu". El verdadero problema acerca de la diferencia entre razas superiores y razas inferiores, entre las "arias" y las no arias, telúricas, encerradas en el círculo eterno de la generación animal, debe ser puesto exactamente en tales términos. Así como un hombre es tanto más digno de tal nombre en cuanto más él sepa dar una ley y una forma a sus tendencias inmediatas, a su carácter, a sus acciones - forma y ley que concluyen reflejándose en su misma naturaleza exterior del mismo modo una raza se encuentra más en lo alto en tanto más su tradición étnica se acompaña a una tradición espiritual dominadora, casi como cuerpo con alma, y cuanto más la una y la otra se encuentran en una unión indisoluble. Pero, repitámoslo, esto es más un ideal que un punto de partida, sea por las innumerables mezclas ya acontecidas, sea por el debilitamiento y el colapso interno de los pocos grupos permanecidos permanentemente puros.

Conduciéndonos pues no a partir del orden de las constataciones y de los principios para una simple indagación "científica" sobre el dato, sino del de los fines, se debe subrayar que no se puede llegar a este concepto unitario y superior si antes no se reconoce la realidad de alguna cosa suprabiológica, supracorpórea y superétnica. Una precisa oposición entre cuerpo y espíritu, entre realidad física y realidad metafísica, entre vida y supravida, es el presupuesto de esta síntesis, puesto que sólo ella puede despertar una tensión heroica y ascética, puede permitir al elemento esencial y central del hombre volverse a despertar, liberarse y reafirmarse. Si se desconocen estas premisas que poseen valor de principios recabados, no de alguna filosofía, sino de la condición real de las cosas, entonces la vía hacia cualquier superior realización racial estará cerrada, la raza será tan sólo "naturaleza", el ideal de fuerza, de salud, de belleza, será tan sólo "animal", privado de toda luz interior.

Una señal infalible para los casos en los cuales el racismo se inclina hacia esta falsa dirección está constituida por el prejuicio anti-ascético. Es necesario no tener ninguna sospecha acerca del proceso involutivo al cual ha subyacido la especie humana desde tiempos muy lejanos, hasta una casi total materialización (proceso en el cual concuerdan todas las enseñanzas tradicionales y una de cuyas expresiones mitológicas es la idea de la "caída", sea del hombre primordial, como de ciertos seres "divinos"); es necesario no tener ninguna sospecha acerca de todo esto, para pensar que la espiritualidad verdadera hoy no sea algo que, para ser realizado, no precise de una superación, de una subyugación del elemento puramente humano, de un agotamiento del sentido puramente físico del yo: en una palabra, de una "ascesis". Para poder dar forma a la vida, hay que realizar primero aquello que se encuentra más allá de la vida; para poder redespertar a la raza del espíritu y, con ella, volver a levantar y purificar la del cuerpo, hay que ser capaces de alcanzar su altura, y ello implica ascesis, es decir desapego activo, superación heroica, clima de extrema tensión espiritual.

Ahora bien, a partir de un cierto NIETZSCHE, vemos incluso demasiadas corrientes dirigirse por un camino opuesto. Padeciendo la influencia de algunas fuerzas anormales asumidas por el ascetismo en la religión cristiana, por lo que el mismo ha significado sobre todo una especie de masoquismo, de renuncia apasionada y dolorosa a cosas que sin embargo se desean, sin ningún claro punto de referencia y sin ninguna precisa intención "técnica", tales corrientes en la ascesis no saben concebir sino la fuga de quienes se sienten impotentes ante la vida, una insana complicación espiritual, algo vano e inútil. Un conocido racista ha llegado incluso a interpretar en la manera siguiente la ascesis budista: se trata del impulso a la vida y a la afirmación de sí, del que estaban originariamente compenetradas las razas conquistadoras arias de la India, el cual luego se invirtió cuando se establecieron en la región del Sur, a causa del clima y de las condiciones externas poco aptas; por no sentirse a gusto en este nuevo ambiente tropical, ellas fueron llevadas a considerar en general al mundo "como dolor", y emplearon entonces sus energías vitales para liberarse interiormente del mundo a través del desapego y de la ascesis. Otro racista llegó a juzgar toda teoría de lo suprasensible más allá de lo sensible como una cosa de esquizofrénicos, puesto que "sólo el esquizofrénico es llevado a desdoblar la realidad". Ahora bien, con semejante incomprensión acerca de la ascesis y de la realidad suprasensible, incomprensión que tiene como correlato la exaltación de las formas primitivas del inmanentismo y del panteísmo, todas las consignas del heroísmo, del activismo, del virilismo tendrían por único efecto la potenciación de una sensación puramente física y biológica del yo y por ende el de reforzar la posición de éste, creando un endurecimiento, una protervia, una exasperada y materializada percepción de la voluntad, de la individualidad, de la sanidad, de la potencia, luego del deber, de la raza misma y de la lucha, que equivalen a similares cerrazones para la liberación interior y restauración de aquel elemento que, como se ha visto, corresponde a la "raza del espíritu" de las estirpes creadoras de verdadera civilización y dotadas de los caracteres de las "superrazas".

Allí donde el racismo se desarrolle en tal dirección debe pensarse que el mismo ha terminado por subyacer a influencias oscuras en un episodio de aquella guerra oculta o subterránea de la que se habló oportunamente. Basta en efecto sustituirla con una especie de falsificación zoológica, materialista-cientificista y profana, para que la idea de la raza deje automáticamente de formar parte de aquellas doctrinas que, asumidas revolucionariamente, pueden actuar en un sentido de verdadera reintegración para los pueblos de Occidente. La táctica de las "sustituciones falsificadoras" es al respecto uno de los medios que la "ciencia de la subversión" ha utilizado en mayor medida en los tiempos modernos de parte de fuerzas tenebrosas, por lo que es incluso legítimo sospechar que tales desviaciones no sean del todo casuales, sino que obedezcan a directivas muy precisas.

En oposición con las opiniones recién formuladas, la ascesis, en tanto interior disciplina viril, fue conocida por todas las civilizaciones arias. Y entre los diferentes aspectos de su verdadero significado se encuentra también el de paralizar la influencia de la parte instintiva y pasional del ser humano, que se exasperó sobre todo a través de la mezcla con sangre de razas no-arias del Sur y, en correspondencia con ello, el de reforzar aquellos lados típicos de naturaleza "sidérea", calma, soberana, impasible, que originariamente se encontraban en el centro de la ya mencionada humanidad "hiperbórea" y de todas sus manifestaciones en tanto raza dominadora. Naturalmente, en el momento en el cual la ascesis cae en el orden de una religión unilateralmente orientada hacia una falsa trascendencia, estos significados superiores y "arianos" de la ascesis no fueron más comprendidos: y como un contragolpe se llegó hasta a suponer que la religión romántica de la "Vida" y de la "naturaleza" tenga más del espíritu ario y nórdico que el ideal ascético.

VI. Acerca de la doctrina de la raza de primer grado

Sean suficientes por el momento estas precisiones, puesto que, de acuerdo al orden de la presente exposición, debe ya decirse algo sobre cada uno de los tres grados de la doctrina de la raza y sobre los objetos y los problemas que a ella le corresponden.

El racismo de primer grado, al tener que considerar el dato corpóreo y, en general, aquel aspecto del ser humano según el cual el mismo obedece a leyes y a determinismos puramente naturales, biológicos, antropológicos, constitucionales, puede legítimamente asumir los métodos de búsqueda propios en general de las ciencias naturales. Su primera tarea es de carácter descriptivo. Ya en su momento la antropología se había dedicado a recoger las característica corpóreas típicas de los varios grupos humanos basándose en su presencia en el mayor número de individuos. La investigación moderna se ha conducido aun más lejos, en primer lugar, porque ha buscado definir con datos numéricos exactos ciertas características raciales, tales como la introducción de los índices faciales, de las proporciones del cráneo y de los miembros, etc.; en segundo lugar porque, al referirse a aquello que en general se entendía como "raza blanca" o "indoeuropea", se ha empeñado en descubrir en la misma elementos raciales más elementales, definibles con igual exactitud. Se agrega en fin un tercer elemento, es decir, el especial relieve dado a la herencia; es afirmada aquí la existencia de factores hereditarios primarios llamados "genios", los que serían la base verdadera de todas las cualidades de raza. Estos "genios" explican no sólo el tipo normal de una determinada raza, sino también el denominado fenotipo o "paravariación" del tipo, es decir el modo -variado dentro de ciertos límites de aparecer del tipo racial en relación con las diferentes condiciones del ambiente. Ante el ambiente la raza posee una cierta amplitud de reacción, el tipo puede cambiar, pero en manera transitoria y contingente, de la manera misma como un cuerpo elástico que retoma su forma, una vez que ha cesado la acción de la fuerza que lo ha deformado. Como factor determinante esencial, decisivo y permanente, es sin embargo considerado siempre este elemento hereditario racial interno, siempre listo a reafirmarse.

Acerca de la clasificación de los tipos raciales primarios que figuran en la "raza" del hombre blanco y en los principales pueblos europeos, debemos remitir a las diferentes exposiciones que se encuentran contenidas en nuestra obra *El mito de la sangre,* en donde hemos acompañado con fotografías correspondientes todas las descripciones de las diferentes características. En cuanto a aquello que, desde el punto de vista tradicional, se debe pensar al respecto y juzgarse como válido para una doctrina completa de la raza, mencionaremos lo siguiente.

Para distinguir a las razas que pueden considerarse como troncos, que retoman luego subtroncos, los cuales más tarde, nuevamente, se reparten en ramas, y para poder pues orientarse en el estudio de los compuestos raciales, es necesario poner un límite cronológico a la investigación. Es una cosa característica para la investigación más reciente el haber superado en gran medida los límites cronológicos de los estudios anteriores y el haberse muchas veces aventurado en los dominios de la más alta prehistoria. Pero, al respecto, no hay que hacerse demasiadas ilusiones. Una vez que se haya rechazado el mito evolucionista y se haya puesto de relieve que cuanto más se retrocede en los tiempos, cuanto más se va hacia la selva, hacia el hombre de las cavernas (que era luego aquel que se encontraba allí menos para habitar en ellas que para celebrar ciertos ritos, que han subsistido también en épocas indiscutiblemente "civilizadas", como la clásica), más allá de un horizonte, por más remoto que éste sea, puede encerrarse uno nuevo y la enseñanza tradicional referida a las leyes cíclicas, si es aplicada a las razas, deja abiertas posibilidades de una investigación casi ilimitada, siempre que se disponga de los adecuados medios de indagación, por supuesto que diferentes de los utilizados por las disciplinas "positivas" modernas. Tal relatividad posee un peso especial cuando se quiera definir la pureza o superioridad de una determinada rama racial. Y en relación con los salvajes hemos dicho que las poblaciones de tipo inferior son erradamente consideradas como "primitivas"; en realidad ellas son residuos degenerados de ciclos de razas superiores prehistóricas: y esta consideración vale también para varias razas "de color" de mayor importancia, estudiadas por el racismo de primer grado. Es necesario pues fijar un punto de partida, un límite en el retroceso hacia los orígenes, no en forma arbitraria, sino en conformidad con aquello que puede tener valor para el ciclo, al cual pertenece también la humanidad actual. Un tal límite, por lo demás, es incomparablemente más lejano de aquel al cual son llevadas las investigaciones positivas más audaces, de modo tal que es bueno definirlo, no con una fecha, sino con una situación que corresponda al mismo.

En nuestra obra *Revuelta contra el mundo moderno*[8] hemos tenido ocasión de exponer la enseñanza tradicional relativa a la raza y a la civilización hiperbórea y en su originaria sede ártica. En otra obra nuestra acerca del *Mito de la Sangre* hemos luego hecho mención a búsquedas raciales modernas, las que han retomado temas análogos, justificándolos de manera diferente. Podemos decir aquí que el llamado mito "nordista" y el relieve que se le da, en gran parte de las corrientes modernas, al elemento "nórdico", debe considerarse como el efecto de una verdad oscuramente sentida o intuida, pero expresada casi siempre en términos inadecuados, puesto que, sea aquello que habitualmente se entiende, de parte de tales investigadores, como elemento "nórdico", sea aquello que se piensa acerca de las formas de la civilización y de la espiritualidad correspondiente, aun cuando tenga una real relación con la raza

[8] *Revuelta contra el Mundo Moderno*, Omnia Veritas Ltd, www.omnia-veritas.com.

o la tradición hiperbórea, representa de la misma sólo un eco fragmentario o deformado y algo así como un elemento residual. Y de la misma manera, para prevenir equívocos, se puede resaltar ya aquí la decisiva arbitrariedad de considerar a algunas subrazas germánicas como las representantes legítimas y exclusivas del elemento nórdico, a causa de su mayor persistencia de algunos caracteres corpóreos, los cuales, en sí mismos, desde el punto de vista de una doctrina completa de la raza, no pueden decimos nada unívoco y decisivo. En tales casos, es evidente el influjo de preocupaciones políticas nacionalistas, que han confundido aquello que, como verdad simplemente sentida, era ya algo bastante confuso.

VII. La raza hiperbórea y sus ramificaciones

El límite que se puede dar a nuestra doctrina de la raza en materia de exploración de los orígenes se detiene en el punto en el cual la raza hiperbórea tuvo que abandonar, en oleadas sucesivas, que siguieron itinerarios diferentes, la sede ártica, en razón del congelamiento que la convirtió en inhabitable. En las obras ya citadas se ha ya mencionado lo que da fundamento a la idea de que la región ártica se habría convertido en la de los hielos eternos tan sólo a partir de un determinado período: los recuerdos de aquella sede, conservados en las tradiciones de todos los pueblos en la forma de mitos diferentes, en donde la misma aparece siempre como una "tierra del sol", como un continente insular del esplendor, como la tierra sagrada del Dios de la luz, y así sucesivamente, son ya, al respecto, suficientemente elocuentes. Ahora bien, en el momento en el cual se iniciaron las emigraciones hiperbóreas prehistóricas, la raza hiperbórea podía entre todas considerarse como aquella raza superior, como la superraza, la raza olímpica que reflejaba en su extrema pureza a la misma raza del espíritu. Todas las otras razas humanas existentes sobre la tierra en aquel período, en su conjunto, parece que se presentaron o como "raza de naturaleza", es decir razas animalizadas, o como razas convertidas, por involución de ciclos raciales anteriores, en "razas de naturaleza". Las enseñanzas tradicionales hablan en realidad de una civilización o raza antártica ya decaída en el período de las primeras emigraciones y colonizaciones hiperbóreas, cuyos residuos lemúricos estaban representados por importantes grupos de razas negroides y malásicas. Otra rama racial, distinta sea de la hiperbórea como de la antártico-lemúrica, era aquella que, como raza moreno-amarilla, ocupó originariamente el continente euroasiático (raza fínico-mongoloide) y que como raza rojo-morena y aun de nuevo, moreno-amarilla, ocupó sea una parte de las Américas, como tierras atlánticas hoy desaparecidas.

Sería en verdad absurdo intentar una tipología precisa de estas razas prehistóricas y de sus combinaciones primordiales de acuerdo a características externas. A las mismas hay que referirse sólo para prevenir equívocos y poder orientarse entre las formaciones étnicas de los períodos sucesivos.

También la indagación sobre los cráneos fósiles puede decimos muy poco, sea porque la raza no está caracterizada tan sólo por el cráneo, incluso la simple raza del cuerpo, sea porque hay razones para afirmar fundadamente que para algunas de tales razas no podrían haberse conservado residuos fósiles hasta nuestro días. El cráneo dolicocéfalo, es decir prolongado, unido a una alta estatura y a una figura espigada, al colorido rubio de los pelos, al tono claro de piel, al azul en los ojos, es, como es sabido, característica de los últimos descendientes de las razas nórdicas, descendidas directamente de las regiones árticas. Pero todo esto no puede constituir la última palabra; aun queriendo limitamos al orden positivo, hay que hacer intervenir para orientarse las consideraciones propias del racismo de segundo grado. En efecto se ha ya dicho que para la raza el elemento esencial no espado por las simples características corpóreas y antropológicas, sino por la nación y por el significado que las mismas poseen en el conjunto de un determinado tipo humano. Dolicocéfalos de alta y espigada figura se encuentran en efecto aun entre las razas negroides, y el colorido blanco v ojos casi azules se encuentra en los *Aino* del Extremo Oriente y entre las razas malásicas, significando en las mismas una cosa muy diferente; ni debe pensarse aquí sólo en anomalías o en bromas de la naturaleza, pudiéndose tratar en ciertos casos de supervivencias somáticas apagadas de tipos que procedían de razas que, en su remotísimo período cenital, podían tener caracteres similares a aquellos que, en la época por nosotros considerada, se encontraron en vez concentrados en el elemento nórdico-hiperbóreo y acompañados aquí hasta una época relativamente reciente por el significado y por la raza interna correspondiente.

En cuanto a las emigraciones de las razas de origen hiperbórea, al haber ya hablado de ellas en los libros antes mencionados, nos limitamos a citar las tres corrientes principales. La primera ha tomado la dirección nord-oeste sud-este alcanzando la India y ha tenido como sus últimos ecos a la raza índica, indo-afgana e indo-braquimorfa de la clasificación de PETERS. En Europa, al contrario de lo que se puede creer, los rastros de tal gran corriente son menos visibles o por lo menos más confusos, puesto que se ha tenido una superposición de oleadas y por ende una composición de estratos étnicos sucesivos, En efecto, tras esta corriente de la dirección nord-oeste sud-este (corriente nórdico-aria transversal) una segunda corriente ha seguido la dirección Occidente-Oriente, en muchas de sus ramas a través de las vías del Mediterráneo, creando centros que a veces se deben considerar también más antiguos que aquellos derivados de la anterior oleada transversal, por el hecho de que aquí no siempre se trató de una emigración forzada, sino también de una colonización operada antes de la destrucción o de la aludida inhabitabilidad de los centros originarios de las civilizaciones de origen hiperbóreo. A esta segunda corriente, con su relativo tronco de razas, la podemos llamar ario-atlántica, o nórdico-atlántica o, en fin, atlántico-occidental. Ella proviene en realidad de una tierra atlántica en la cual se había constituido un centro que, en su origen, era una especie de imagen del hiperbóreo. Esta tierra fue destruida por una catástrofe de la cual por igual se reencuentra el recuerdo mitologizado en las tradiciones de casi todos los pueblos, y entonces a las oleadas de los colonizadores se agregaron las de una verdadera y propia emigración.

Se ha dicho que la tierra atlántica conoció en su origen una especie de facsímil del centro hiperbóreo, puesto que los datos que han llegado hasta a nosotros nos inducen a pensar en una involución acontecida, sea desde el punto de vista de la raza, sea desde el punto de vista de la espiritualidad, en estas ramas nórdicas descendidas ya en épocas antiquísimas hacia el sur. Las mezclas con los aborígenes rojo-morenos parecen al respecto haber tenido una parte no indiferente y destructiva, y se encuentra un recuerdo preciso en el relato de PLATÓN, en donde la unión de los "hijos de los dioses" -los hiperbóreos- con los indígenas es presentada como una culpa, en los términos que recuerdan a aquello que en otros recuerdos míticos es descripto como "caída" de la raza celestial -de los "ángeles o, nuevamente, de los "hijos de los dioses", *ben elohim*- la cual se unió en un determinado momento con las hijas de los hombres (de las razas inferiores) cometiendo una contaminación significativamente asimilada por algunos textos al pecado de sodomía, de comercio carnal con los animales.

VIII. El grupo de las razas "arias".

La más reciente de todas es la emigración de la tercera oleada, la que ha seguido la dirección norte-sur. Algunas ramas nórdicas recorrieron esta dirección ya en épocas prehistóricas. Son aquellas que por ejemplo dieron lugar a la civilización dórico-aquea y que llevaron a Grecia el culto del Apolo hiperbóreo. La últimas oleadas son las de la llamada "migración de los pueblos" acontecida con la decadencia del Imperio Romano y corresponden a las razas de tipo propiamente nórdico-germánico. A tal respecto, se debe hacer una observación muy importante. Tales razas difundidas en la dirección norte-sur descienden más directamente de ramas hiperbóreas que fueron las últimas en dejar las regiones árticas. Por tal razón ellas presentan, desde el punto de vista de la raza del cuerpo, una mayor pureza y conformidad con el tipo originario, habiendo tenido menores posibilidades de hallarse con razas diferentes. Lo mismo no puede sin embargo decirse respecto de su raza interna y de sus tradiciones. Al mantenerse durante más tiempo que sus razas hermanas en un clima convertido en particularmente áspero y desfavorable, ello no pudo no provocar en ellas una cierta materialización, un desarrollo unilateral de ciertas cualidades físicas y también de carácter, de coraje, de resistencia, constancia e inventividad, lo cual tuvo como contrapartida una atrofia del aspecto propiamente espiritual. Ello ya se lo encuentra entre los Espartanos; pero en mayor medida en los pueblos germánicos de las invasiones, que nosotros podemos seguir llamando "barbáricas", sin embargo no respecto de la civilización románica degenerada, frente a la cual aparecieron aquellos pueblos, sino en relación a un superior estadio, del cual aquellas razas habían ya decaído. Entre las pruebas de una tal degeneración interior, u oscurecimiento espiritual, se encuentra la relativa facilidad con la cual tales razas se convirtieron al cristianismo y luego al protestantismo; por esta razón, los pueblos germánicos en los primeros siglos, tras el derrumbe del imperio romano de Occidente, hasta a CARLOMAGNO, no supieron oponer nada importante en el ámbito espiritual a las formas crepusculares de la romanidad. Ellos fueron fascinados por el esplendor exterior de tales formas, cayeron fácilmente víctimas del bizantinismo, no supieron reanimar aquello que subsistía aun de nórdico-ario, a pesar de todo, en el mundo mediterráneo, sino a través del camino de una fe inficcionada, en más de un aspecto, por influencias raciales semítico-meridionales, en tanto las mismas más tarde dieron forma al Sacro Imperio Romano bajo el signo del catolicismo. Es así como también racistas alemanes como GÜNTHER, han debido reconocer que, para querer reconstruir la concepción del mundo y el tipo de espiritualidad propia de la raza nórdica, hay que referirse menos a los testimonios contenidos en las tradiciones de los pueblos germánicos del período de las invasiones -testimonios fragmentarios, muchas veces alterados por influjos extraños o decaídos bajo la forma de supersticiones populares o de *folklore*- cuanto a las formas superiores espirituales propias de la Roma antigua, de la Hélade antigua, de Persia y de la India, es decir de civilizaciones derivadas de las primeras oleadas.

Al conjunto de las razas y de las tradiciones generadas por estas tres corrientes, transversal la una (rama de los ario-nórdicos), horizontal la otra (rama de los nórdicos-atlánticos o nórdicos-occidentales), vertical la última (rama de los ario-germánicos), puede aplicarse, no tanto para una conformidad verdadera, sino más bien en base a un uso hecho corriente, el término "ario" o "ariano". Queriendo tomar en consideración a las razas definidas por los estudiosos más notorios y reconocidos del racismo del primer grado, podemos decir que el tronco de la raza aria que tiene su raíz en la hiperbórea primordial, se diferencia de la siguiente manera. Se encuentra sobre todo, como raza rubia, la rama llamada en sentido estricto "nórdica", que algunos diferencian en subrama teutonórdica, dálico-fálica, fino-nórdica; la misma rama en su mezcla con las poblaciones aborígenes sármatas ha dado lugar luego al llamado tipo est-europida y est-báltico. Todos estos grupos humanos, desde el punto de vista de la raza del cuerpo, como se ha mencionado, conservan una mayor fidelidad o pureza con respecto a aquello que se puede presumir que ha sido el tipo nórdico primordial, es decir hiperbóreo.

En segundo lugar, se deben considerar razas ya más diferenciadas respecto del tipo originario, sea en el sentido de fenotipos del mismo, es decir de formas a las cuales las mismas disposiciones y los mismos genes hereditarios han dado lugar bajo la acción de un ambiente diferente a mixtovariaciones, es decir, a variaciones producidas por una más acentuada mezcla; se trata de tipos prevalecientemente morenos, de estatura más pequeña, en los cuales la dolicocefalia no es la regla o no es demasiado pronunciada. Mencionamos, utilizando las terminologías más en boga, a la conocida raza del hombre del oeste *(westisch)*, la raza atlántica que, como la ha definido FISCHER, es diferente de la otra, la raza mediterránea, de la cual a su vez se distingue, según PETERS, la variedad del hombre euroafricano o afro-mediterráneo, en la que el componente oscuro tiene mayor relieve. La clasificación de SERGI, según la cual estas dos últimas variedades coinciden en mayor o menor medida, es sin más rechazable y desde el punto de vista del racismo práctico, sobre todo del italiano, se encuentra entre las más peligrosas. De igual manera es equívoco llamar, junto a PETERS, pelásgica a la raza mediterránea: en conformidad con el sentido que tal palabra tuvo en la civilización griega, es necesario considerar al tipo pelásgico, en cierta medida como algo en sí, sobre todo en los términos del resultado de una degeneración de algunas antiquísimas ramas atlántico-arias antes de la aparición de los Helenos. En especial desde el punto de vista de la raza del alma se confirma este significado de los "pelasgos", entre los cuales se encuentra también el antiguo pueblo etrusco.

En una cierta medida también puede reputarse como raza en sí misma a la raza dinárica, porque, mientras la misma, en ciertos aspectos propios, está mayormente cerca del tipo nórdico, en otros muestra caracteres comunes con la raza armenoide y desértica, y, tal como la que algunos racistas definen propiamente como raza alpina o de los Vosgos, se muestra prevalecientemente braquicéfala: señal ello de las cruzas acontecidas según otras direcciones. La raza aria del este *(ostisch)* tiene también caracteres distintos, sea físicos como psíquicos, por lo cual se aleja sensiblemente del tipo nórdico.

No hay nada en contra, desde el punto de vista tradicional, en asumir en la doctrina de la raza de primer grado las precisiones que los diferentes autores hacen respecto de las características físicas y, en parte, también psíquicas, de todas estas ramas de la humanidad aria. Tan sólo que acerca del alcance de todo esto no hay que hacerse excesivas ilusiones, en el sentido de establecer rígidos límites. Así pues, si bien no son ni blancas ni rubias, las razas superiores del Irán y de la India, y si bien no sean blancos, muchos antiguos tipos egipcios pueden sin más remitirse a la familia aria. No sólo ello: autores como WIRTH y KADNER, que han buscado utilizar los recientes estudios sobre grupos sanguíneos para la investigación racial, han sido inducidos a retener más cercanos al tipo nórdico primordial algunas ramas norte-americanas pelirrojas y algunos tipos de esquimales, más que la mayor parte de las razas arias indoeuropeas aquí mencionadas; y en este orden de investigaciones, por ejemplo, resulta también que la sangre nórdica primordial en Italia tiene un porcentaje similar al de Inglaterra, y decididamente superior al de los pueblos germánicos. Es necesario pues no permanecer en esquemas rígidos y pensar que, salvo casos sumamente raros, la "forma" de la superraza originaria, en mayor o menor medida latente, impedida o superada o extenuada, subsiste en lo profundo de todas estas variedades humanas y, dadas ciertas condiciones, puede volver a ser predominante y a informar a un determinado tipo en que se le muestre su correspondencia, aun allí en donde menos se podría sospechar, es decir, allí donde los antecedentes, según la concepción esquemática y estática de raza, habrían hecho en vez aparecer como probable la aparición por ejemplo de un tipo de raza mediterránea, o indo-afgana, o báltico-oriental. Emilio BOUTROUX, en una clásica obra acerca de la contingencia de las leyes de la naturaleza, ha comparado la regularidad de los fenómenos, que permite previsiones científicas relativamente exactas, con el curso de un río, cuyas aguas siguen un lecho que sin embargo ellas mismas se han cavado, por lo que ellas pueden modificarlo y, en circunstancias excepcionales, incluso abandonarlo. Ha considerado pues a las leyes naturales como una especie de "costumbre" de las cosas: lo que originariamente pudo también ser un acto libre, al repetirse, se automatiza y mecaniza y concluye apareciendo como una necesidad. Si ello vale para las leyes de la naturaleza llamada inanimada, física, ello en mayor medida vale también para el campo de las razas. Las disquisiciones propias del racismo de primer grado, que en ciertos autores llega hasta a distinciones de una pedantería casi escolástica, calzan en la medida en que las fuerzas de las razas, por decirlo así, siguen una especie de ley de inercia, que las automatiza y las fija en el estado en el cual, en un determinado momento, se encontraron. Sólo en estas condiciones los figurines diseñados para cada una de las razas arias calzan, los determinismos se verifican y la ciencia halla su campo de acción. Pero en el momento en el cual las fuerzas más originarias comenzaron a moverse, estas construcciones muestran su relatividad y una excesiva atención concedida al racismo de primer grado y a sus resultados "científicos" puede resultar incluso dañina para los fines de la acción racista creativa y evocativa.

IX. Acerca de los límites de las leyes de la herencia

En este punto es bueno precisar el alcance de las leyes de la herencia y, en especial, las de MENDEL. Se querría, de parte del racismo cientificista, que las leyes de la herencia sean, en lo relativo al hombre, de carácter absolutamente determinista y, al mismo tiempo se admiten premisas que constituyen una contradicción precisa de todo esto. Los genes -que son los elementos primarios de las cualidades raciales hereditarias- según por ejemplo FISCHER, "pueden cambiar por sí mismos y transmitir esta modificación por vía hereditaria": cosa a la cual en modo más general corresponde el concepto de "idiovariación", es decir de variación interna efectuada en el idioplasama y por lo tanto susceptible de transmitirse hereditariamente, opuesta a las mixtovariaciones, que son las variaciones acontecidas por efecto de una cruza o hibridación. El mismo FISCHER concibe sin embargo de la manera que sigue el origen de las razas: "Mutaciones de genes en la humanidad originariamente única y fuertes selecciones de las estirpes modificadas han formado, durante un tiempo larguísimo, a las distintas razas humanas". El cree sin embargo que, a partir de aquel origen, que para él coincide con la edad glacial, las razas siempre han sido hereditariamente distintas la una de la otra, cosa ésta demostrable en base a resultados de la cruza de las razas en la cual siempre, según tal autor y, en general, según el racismo cientificista, se verifican siempre en forma rigurosa las leyes de MENDEL relativas a la subsistencia en manera distinta, insuprimible y siempre igual, de los elementos y de cada herencia particular. El aspecto contradictorio de esta concepción lo hemos ya resaltado en otro libro nuestro al cual remitimos también a quien quiera saber qué sean propiamente las leyes mendelianas. Nosotros hemos observado que, una vez admitida a nivel de los principios, la posibilidad de una mutación interna, o idiovariación, aunque sea en un período remoto, y habiendo, es más, invocado esta idea para explicar la diferencia misma de las razas, no se puede excluir, a nivel de principios, que un tal hecho se repita en un determinado momento; no se está pues autorizados a dar a las leyes de la herencia física el ya mencionado carácter de infalibilidad y fatal determinismo. Aun si se tuviese que aceptar, con FISCHER, el límite de la edad glacial, cosa en la cual sin embargo no convenimos y que este autor difícilmente podría demostrar, ¿se debe seriamente pensar que desde aquel período las razas se hayan fosilizado y hayan decaído una vez para siempre de cualquier posibilidad de mutación vital?

Pero el hecho es que idiovariaciones en sentido más general, pero siempre como enigmáticas mutaciones internas que llegan a modificar en un determinado punto todo un tronco de herencia, aun hoy son constatadas por la biología y por la antropología. Excepto casos insignificantes para nuestros fines (por ejemplo, idiovariaciones de carácter exclusivamente orgánico debidas al efecto del alcohol o del radio), para estas mutaciones el racismo cientificista no sabe dar, hasta ahora, ninguna explicación precisa. Pero si las cosas se encuentran de esta manera, ello no puede siquiera excluir que la causa se encuentre en otra parte, es decir en la acción de un elemento suprabiológico no reducible al determinismo de la herencia física y rastreable sólo partiendo de otros puntos de vista y considerando otras leyes.

X. El problema de las cruzas

Es evidente que, una vez que se ha tenido presente todo esto, el problema mismo de las cruzas y de sus efectos debe ser estudiado en manera sumamente más profundizada de lo que habitualmente se hace, siempre que nos mantengamos en el terreno de la doctrina y no se busquen en vez orientaciones oportunas tan sólo por su utilidad práctica.

A nivel general, el carácter pernicioso de las cruzas debe ser sin más admitido, y el mismo es cuanto más evidente en tanto los elementos raciales de las dos partes son decididamente heterogéneos. Subrayaremos además que el carácter deletéreo de las cruzas no se manifiesta tanto en la determinación de los tipos humanos desnaturalizadoso deformados con respecto a su raza originaria del cuerpo, sino sobre todo en la realización de casos en los cuales lo interno y lo externo no se corresponden más, en los cuales la raza del cuerpo puede estar en contraste con la del alma y ésta a su vez puede contradecir a la raza del espíritu o viceversa, dando pues lugar a seres quebrados, semihistéricos, a seres que, en sí mismos, no se encuentran más, por decirlo así, en su propia casa. Y cuando ninguna resistencia interior, ningún redespertar de la fuerza formativa primordial se verifica y, en vez, a las anteriores cruzas se agregan nuevas cruzas, el resultado es la creación de una verdadera amalgama étnica, de una masa desarticulada, informe, seminivelada, para la cual comienza a convertirse en verdadero el inmortal principio de la igualdad universal. Debe ser resaltado aquí que, al constatar en esta más vasta y perniciosa forma el efecto de las cruzas, se relativiza el valor de las determinaciones raciales puramente antropológicas hechas por la investigación de primer grado, siendo muy posible, por tal camino, que un hombre de tipo, digamos "nórdico" en el cuerpo, se encuentre poseyendo un alma mediterránea y que, en cuanto al espíritu, en sus relaciones no sea más el caso ni siquiera de hablar de raza, al no poderse hallar en él ningún instinto, sino sólo alguna idea vaga extraída de una civilización esencialmente vaciada y estandarizada, como es justamente la del mundo moderno.

De cualquier manera no debe pensarse que las cosas siempre vayan así y que en las cruzas, para los hombres, se verifiquen procesos tan "neutros", fatales y positivamente previsibles, como en el caso de las combinaciones químicas. Se descubre aquí en un cierto racismo cientificista, una nueva curiosa contradicción, puesto que, mientras que éste, al referirse a la idea de la raza en general, en contraposición con el mito igualitario reivindica el valor y la realidad de aquello que es diferencia, desconoce en cambio este mismo principio al suponer un idéntico desenvolvimiento de los procesos de cruza y de herencia para todos los tipos y para todas las razas, concibiéndolas pues, a tal respecto, como absolutamente iguales. La concepción tradicional de la raza debe rectificar este punto y esclarecer aquello de lo cual se trata en la realidad.

Como premisa, el ámbito al cual se debe referir es el de las razas humanas en sentido superior, opuestas por nosotros a las "razas de naturaleza". En materia de principios se debería presumir que cada raza derivada del tronco hiperbóreo posee, potencialmente, un tal carácter, por más decidida que sea a nivel práctico la desmentida que las condiciones actuales de las razas "blancas" parezcan dar al respecto. Por lo demás, para ponerlo bien en claro, la doctrina tradicional de la raza dejará libres a las ramas hoy existentes de reconocerse en uno o en otro tipo de razas -de "naturalezza" o superiores- y advertirá que las siguientes consideraciones valen exclusivamente para quien siente pertenecer a una raza humana, en un sentido propio y no naturalista.

Para la defensa de la raza de este tipo es evidente que existe una doble condición. Al corresponder aquí la idea de raza al afinamiento, a la selección y a la formación operada en la realidad biológica por una más alta fuerza y transmitida como potencialidad a través del vehículo de una herencia no sólo biológica, sino también interna, es evidente que se trata de preservar y de defender esta herencia misma, de conservarla pura como una conquista preciosa, pero que al mismo tiempo, si es que no en primer lugar, debe mantenerse viva la tensión espiritual, el fuego superior, la interna alma formadora que elevó originariamente a aquella materia hasta esta determinada forma, traduciendo a una raza del espíritu en una correspondiente raza del alma y del cuerpo.

Sobre esta base en otra parte hemos ya resaltado que las conocidas ideas de DE GOBINEAU y de sus continuadores -casi siempre menos geniales- acerca de la causa del ocaso de las civilizaciones deben ser rectificadas, en el sentido de que la decadencia de las civilizaciones no es siempre el puro y mecánico efecto de la decadencia acontecida por mezcla de la raza del cuerpo del correspondiente pueblo. Se confundirían así, en más de un caso, las causas con los efectos, siendo verdad en vez que una raza, con la civilización que a ella le corresponde, decae cuando su "espíritu" decae, es decir cuando viene a menos la íntima tensión, con la cual ella surgió a la vida en un contacto creador con fuerzas de la naturaleza, en el fondo, metafísica, y a la cual ella ya le debió su forma y su tipo. Cuando el núcleo central se disuelve y oscurece, la superraza se convierte en simple raza de naturaleza y como tal ella puede, o corromperse, o ser arrastrada por la fuerza oscura de las cruzas. Varios elementos biológicos, étnicos y psicológicos se encuentran en tal caso privados del íntimo lazo que los mantenía unidos en forma no de una especie de haz, sino de una orgánica unidad, y la primera acción alteradora bastará para producir rápidamente la degeneración, el ocaso o la mutación no sólo moral y de civilización, sino también étnica y biológica de aquel pueblo. Y en este caso, y sólo en éste, como se ha ya dicho, se verificarán con la mayor aproximación, los diferentes determinismos estudiados por las investigaciones acerca de las cruzas y de la herencia, puesto que entonces la raza, descendida al plano de las fuerzas de la naturaleza, subyace -y no puede no subyacer- a las leyes y a las contingencias propias de un tal plano.

La prueba de una tal verdad se encuentra en el hecho de que no son raros los casos de civilizaciones o razas que se eclipsan y degeneran por una especie de extinción interna, sin la acción de cruzas. Se puede mencionar a tal respecto a poblaciones salvajes, permanecidas muchas veces aisladas casi insularmente de cualquier contacto. Pero ello vale también para ciertos subgrupos de la raza aria europea, los cuales hoy se encuentran presentando muy poco de la alta tensión heroica que definió su grandeza hasta hace apenas algún siglo, aun no habiéndose aquí verificado ninguna notable alteración por mezcla de su raza del cuerpo.

La preservación de la pureza étnica -allí donde la misma sea prácticamente posible- es una de las condiciones favorables para que también el "espíritu" de una raza se mantenga en su fuerza y pureza originaria: del mismo modo, a nivel normal, en el sujeto la salud y la integridad del cuerpo son garantías para la plena eficiencia de sus facultades superiores. Sin embargo deben hacerse dos reservas al respecto. En algunos casos un obstáculo a ser vencido, una materia a plasmar que resiste, llega a excitar, a reavivar y a potenciar la fuerza formativa, siempre que no se sobrepase un cierto límite. No deben por lo tanto excluirse los casos en los cuales una cruza, allí donde no actúen elementos raciales propios heterogéneos, en vez de alterar, vaya a reavivar y a fortificar a una raza. No somos de la opinión de CHAMBERLAIN -un diletante, inmerecidamente tenido aun hoy en alta consideración en ciertos ambientes racistas- según el cual las mismas razas superiores serían solo felices cruzas (según la analogía con lo que aconteció en las especies animales, en donde los "pura sangre" de tipo superior provienen justamente de especiales mezclas); sin embargo es un hecho muy resabido que, al considerar a las tradiciones nobiliarias, las cuales son el único campo de experiencia racista centenaria que nos ofrece positivamente la historia, vemos que en ellas la pureza endogámica ha muchas veces tenido por efecto la degeneración, mientras que el injerto de una sangre diferente en un determinado momento ha en vez galvanizado la estirpe. Con esto tenemos pues la prueba de que la cruza, por supuesto mantenida dentro de ciertos límites, puede tener la función de un reactivo.

La presencia del elemento heterogéneo impone al núcleo interno de la raza una reacción: ella lo reclama hacia sí, si estaba adormecido, le impone una defensa, una reafirmación. Es pues una prueba: la cual, como toda prueba, puede tener un final positivo o negativo. En tales casos la "raza interna" puede reclamar para sí misma la fuerza necesaria para superar el obstáculo, para reducir lo heterogéneo en lo homogéneo (veremos más adelante lo que acontece con las leyes MENDEL): y entonces el proceso da lugar a una especie de brinco, de reanimación, casi de movilización general de la latente herencia racial en sentido superior: es en la plenitud de su significado, la voz de la sangre. En los otros casos, o cuando la cruza ha verdaderamente superado ciertos límites, tiene en vez lugar la degeneración.

XI. Los tres modos de aparecerse de la raza. La raza superior en el hombre nórdico y en el mediterráneo.

Y éste es el lugar oportuno para distinguir pues tres formas diferentes de aparecerse de la raza, siempre que se parta de una concepción completa de la misma. La primera forma constituye un límite ideal y es la ya mencionada raza biológica pura en la cual se transparenta en manera perfecta la raza interior viviente. La segunda forma es la raza como supervivencia biológica, como un grupo de características físicas y también de instintos y cualidades que se mantienen en conformidad con el tipo originario, pero casi a la manera de un eco o de un automatismo porque el elemento interno se ha apagado, o bien ha pasado a un estado de latencia y de subconciencia. La tercera forma es la raza que se revela por brincos, por relampagueos, por improvisas e irresistibles resurrecciones en el seno de una sustancia humana en la cual figuran sangres diferentes, aun cuando predomine en ella y sea individualizable un cierto tipo común (raza en el sentido relativo, como es el caso cuando hoy por ejemplo se habla de "raza italiana" o "alemana"). Como causa de tales manifestaciones, puede muchas veces indicarse justamente el ya mencionado poder de redespertar, propio en ciertas condiciones de la cruza.

La importancia de tal concepción puede ser vista por la siguiente consideración, de particular interés para el racismo italiano y capaz de alejar más de un equívoco. Hemos dicho que, desde el punto de vista tradicional, se tiende a admitir el origen nórdico (hiperbóreo) de todas las razas superiores del tronco indoeuropeo; pero hemos también mencionado que sería absurdo pensar en reencontrar en uno cualquiera de los pueblos contemporáneos a la raza hiperbórea en la primera de las tres formas mencionadas, en la de una olímpica pureza y de una recíproca transparencia entre las razas del cuerpo, del alma y del espíritu. Quedan pues las otras dos formas, Y estas dos formas se pueden legítimamente referir, por ejemplo, en manera respectiva a la rama nórdico-germánica y a la rama mediterránea -y podríamos también decir románica- de la raza nórdico-aria.

Sobre todo en el Mediterráneo los Hiperbóreos, que en gran medida ya se habían convertido en los ario-atlánticos de la corriente llamada por nosotros horizontal, y que como tales se habían ya diferenciado del tipo primordial ártico, entraron en toda forma de mezcla, según los acontecimientos de una historia plurimilenaria particularmente movida: acontecimientos que sin embargo no valieron para extinguir totalmente la antigua llama. Chispazos del espíritu nórdico-ario iluminan el ciclo de las mayores civilizaciones mediterráneas, constituyendo el verdadero "misterio" de las mismas. La más alta entre tales resurrecciones en razón de todos los impulsos promovidos, por reacción y reanimación ante lo heterogéneo, por el choque entre sangres distintas, debe considerarse la de la antigua civilización romana. En el mundo mediterráneo, y particularmente entre las razas románicas, la raza nórdico-aria debe esencialmente buscarse en la tercera de las formas antes mencionadas. Y a esta forma -y considerando de ella los ápices cualitativos más que el elemento estadísitico-cuantitativose puede decir que muchas veces se la encuentra en manera más intensa aquí que en otras partes. En tales casos, evidentemente, no es tan significativo un hecho biológico, el que sería absurdo pretender reencontrar en un estado de pureza, aunque fuese relativa, luego de milenios de una historia semejante, cuanto un determinado estilo, un determinado modo de improvisas reacciones creativas, de improvisas resurrecciones, a la manera casi de un desvinculamiento y una reafirmación de un núcleo indomable, no pocas veces justo en el momento en el cual todo parecía perdido. Si la relación entre las investigaciones sobre los grupos sanguíneos y las razas es real, no debe olvidarse el lado significativo presentado, respecto del hecho de que por ejemplo Italia posee un porcentaje de elemento nórdico-primordial que la pone al lado de los Anglosajones y por encima de los pueblos germánicos. Estas resurrecciones constituyen luego el verdadero sentido de lo que muchos llaman la "genialidad latina" y que ellos interpretan en manera puramente estetista e individualista, sin ninguna relación con la raza. Esta "genialidad" en vez, en todos los campos, en los aspectos en los cuales desde el punto de vista tradicional podemos considerarla en verdad como un valor, es justamente un determinado modo de aparecer de la "raza", de la raza no "latina", puesto que ello no existe, y ni siquiera "mediterránea" o del "hombre del oeste", puesto que estas son derivaciones, sino de la superraza originaria, del tronco primordial nórdico-ario.

En cuanto luego a la oposición, muchas veces insinuada, entre la "genialidad latina" y el "espíritu teutónico, o nórdico, la misma es real, pero sólo como oposición entre un modo de aparecer y otro: pero no como oposición racial esencial. La oposición es real por el hecho ya resaltado, es decir que en los pueblos germánicos la raza ha hecho aparición sobre todo y está presente en la segunda de las formas ya mencionadas: en la forma de una mayor pureza biológica, la cual sin embargo, desde el punto de vista espiritual, posee el significado de una supervivencia. Para usar una eficaz expresión de DE GIORGIO, estos pueblos muchas veces se nos aparecen como los "residuos petrificados del derrumbe ártico". Son aquellos que en último lugar han dejado las sedes nórdicas y que por tal razón pudieron preservarse más que otros de las cruzas y permanecer más puros, pero subyaciendo en igual medida a un correspondiente proceso, si no de verdadera extinción, por lo menos de entorpecimiento y de involución espiritual. Y la prueba de ello puede tenérsela echando una mirada a los modelos reproducidos las más de las veces por los racistas "positivos" como ejemplos actuales del tipo nórdico-ariano: son rostros de buenos muchachos, policías, profesionales y deportistas, completamente en orden en materia de medida craneanas, de color de cabello y de ojos, pero en la expresión de los mismos sería muy difícil de hallar la más lejana centella de aquel simbólico fuego y de aquella irresistible y olímpica superioridad que se presenta en lo que ha llegado hasta nosotros de las tradiciones antiguas relativas a la superraza hiperbórea. Y, como veremos, el análisis de las civilizaciones típicas sobre la base de las "razas del espíritu" dará otras confirmaciones a tales tesis.

Mientras que en las razas arias románicas el elemento nórdico puede sobre todo reencontrarse y redespertarse bajo la forma de una centella, de "genialidad, de una explosión o de una resurrección creativa que parta de lo interno, en las razas germánica._ el mismo se reencuentra sobre todo en los términos de un tipo común biológico con un correspondiente sentido de la medida, de la disciplina, del orden, con un estilo, que en gran medida tiene su base en el instinto y en la herencia y muy raramente refleja algo que vaya más allá de la raza del alma. No es pues una casualidad que el racismo en Alemania ha tenido una dirección particularmente biológica; y ni siquiera es una casualidad que el mismo vaya a dar un relieve sobre todo a la defensa y a la preservación de la raza del cuerpo, casi por una especie de "complejo de angustia". Es decir que posee un sentido instintivo de los peligros que corre una raza cuando la misma aparece prevalecientemente en la segunda forma, en la semiautomática: forma que, como tal, no permite aventuras ni enfrentar a corazón ligero las mencionadas "pruebas de reacción".

Con respecto a los pueblos románicos, en razón de la diferente situación en la cual los mismos se encuentran, la doctrina de la raza puede y debe en vez proceder con formulaciones sobremanera diferentes y poner en relieve otros elementos, menos considerados por el racismo alemán. Aun no descuidando mínimamente lo demás, es sobre la raza más profunda que, por medio de oportunas evocaciones según el tercer modo de ser, la misma, como veremos puede hacer presa para su acción reconstructiva.

XII. La raza interna y la herencia. Profilaxis de la herencia deficiente.

Para completar el tratamiento de este tema, veamos cómo se presentan las ideas expuestas haciendo intervenir las leyes de MENDEL sobre la herencia. Hemos ya resaltado que el concepto de "idiovariación", de una mutación interna del idioplasma independiente de las cruzas, relativiza ya el determinismo de tales leyes y deja siempre pensar en la eventualidad de una intervención metabiológica en el proceso de la herencia.

Agregaremos aquí que las leyes de MENDEL han sido recabadas esencialmente del estudio de los fenómenos pertenecientes al reino vegetal y animal, por lo que resulta arbitrario admitir que las mismas valgan en manera también positiva y mecánica en lo referente a aquella parte del ser humano que no se encuentra ni en el nivel de la vida vegetativa, ni en el de la vida animal. Nosotros podemos concebir como válidas a las leyes mendelianas sobre la herencia en lo que se refiere a ciertas enfermedades, ciertos rasgos físicos, ciertas cualidades que están manifiestamente en función del cuerpo. Y es justamente por las confirmaciones obtenidas en este ámbito que los racistas cientificistas han sido conducidos a ilegítimas deducciones. En vez, cuando es de elementos distintos de la herencia de lo que se trata, se imponen en cambio precisas reservas.

En segundo lugar, tales leyes son bien visibles y sus efectos son bien individualizables en el proceso de la herencia simple, en las cruzas, en donde entren en juego componentes simples, como por ejemplo el color rojo o el madreperla de la flor boca de león, el color del pelo de un cobayo, el color de los cabellos de un hombre, o una enfermedad hereditaria, etc. Pero, al considerar a la raza humana en su plenitud del término, el caso es diferente; el tipo se compone de muchos elementos, espirituales y corporales y esto -como se lo verá, es el punto de partida del racismo de segundo grado- implica sobre todo la típica función según la cual todos estos elementos están presentes en un determinado tipo humano. En primer lugar, hay que plantearse pues este problema: ¿cómo es que tales elementos se presentan en aquella unidad? ¿Cómo es que en un cierto tipo "puro" se encuentran unidas, con carácter de estabilidad, justamente aquellas cualidades de cuerpo, de carácter y de espíritu, esto es, si se lo quiere decir así, justamente aquel grupo de genes? Es evidente que aquí hay que pensar en una fuerza, en una fuerza unificadora y organizadora, fuerza, por lo demás ya admitida en lo referente a las especies animales por las corrientes biológicas más esclarecidas y que abandonaron la tonta teoría darwiniana de la evolución natural, en el momento en que se declararon a favor del "vitalismo" y de su reevocación a nivel científico a través de la antigua concepción aristotélica de la "entelequia" (DRIESCH, DACQUE, etc.). La ley mendeliana de la "independencia" -según la cual la transmisión de las diferentes cualidades hereditarias se cumpliría en manera invariable y separada, no influenciada por la copresencia de otros elementos- en el caso del hombre, debe referirse justamente a esta fuerza. La misma se encuentra en el centro de la raza constituyendo, como se ha repetido aquí tantas veces, su esencia última. Ahora bien, nada impide pensar que esta fuerza presupuesta por el determinado y específico haz de cualidades o de tendencias de cualquier tipo, no se transmita en una mezcla étnica, reaccione sobre la misma, elija, coordine, produzca un tipo en mayor o menor medida semejante por análogo empleo funcional de elementos, los cuales no es necesario que sean absolutamente idénticos.

Además se debe tomar en especial consideración el caso en el cual una fuerza semejante se comporte en las cruzas como las cualidades llamadas por el mendelismo "dominantes", teniendo en cambio las del otro tipo la denominada parte "recesiva" (se encuentran "cubiertas" por las primeras en un cierto grupo de los descendientes). Cuando uno de los padres es portador de la cualidad "dominante" -es decir, nosotros diremos, cuando su "tipo" conserva íntegramente su energía dadora de "forma"- las cualidades del padre de raza diferente (diversidad siempre relativa y no absoluta) pueden también estar presentes en el producto de la cruza, pero sofocadas y latentes. Se hagan unir estos descendientes siempre con nuevos tipos de la raza superior originaria: nosotros tendremos prácticamente casi anulada la deshibridación, es decir la reaparición de la herencia derivada de otra raza de tipo "recesivo". Tul herencia resultará prácticamente absorbida, transportada por la otra como por una corriente más fuerte. El tipo se mantiene, o bien se desarrolla y continúa en una serie de tipos analógicamente correspondientes al mismo: éste permanece dominante, organizador, en ciertos casos incluso siempre más arriba por cuanto mayor es la materia que se le contrapone y con la cual él debe medirse. Ello, hasta tanto no se verifique la lesión interna, la cesación de aquella tensión por la cual el tipo poseía el valor de "dominante". Sólo entonces sobreviene la deshibridación, es decir la disociación y el reafloramiento de los elementos recesivos dominados. Pero ello no es otra cosa que el fenómeno general que se verifica en cada muerte. También en el sujeto, al venir a menos la energía interna con la muerte, (en razón de retirarse tal energía según una ley cíclica en el caso natural, por una acción violenta en el caso de una muerte no natural) el haz de los elementos que formaban el organismo se disuelve, aquellos elementos se hacen independientes y pasan a seguir las leyes mecánicas o químicas de la especie natural a la cual pertenecían: leyes que, en nuestro caso serían justamente las mendelianas de la herencia. Por más que pueda ser ingeniosa la comparación aducida por alguno de una papa podrida que descompone una bolsa de papas sanas en la que había sido introducida, en vez que ser convertida en buena por las otras, esta imagen no calza para el ámbito al cual nos referimos aquí: ella vale en vez sólo para indicar el plano en el cual las concepciones del racismo cientificista, sólo si son asumidas unilateralmente, pueden mantener todo su valor.

El hecho de que algunas razas tengan respecto de otras un carácter "dominante", resulta por lo demás en modo positivo, aun queriendo limitarse a un plano material, que no es decisivo sin embargo para este tema. Así pues SALAMAN ha observado que el tipo facial germánico domina sobre el judaico en la cruza, por lo cual sobre 328 niños provenientes de familias mixtas germano-hebraicas sólo 26 presentan marcadamente el tipo hebraico. De igual manera, ha sido resaltado positivamente que en la cruza entre europeos en general y judíos, e incluso entre europeos y hotentotes, es siempre la forma alta y delgada de la nariz la que predomina sobre la ancha y corta. En la rama hebraica, los llamados *Separdhim,* o judíos españoles, representan una especie de aristocracia respecto de los judíos llamados en vez *Ashkenazin:* y bien, es de nuevo la nariz delgada y casi ariana de los primeros la que predomina sobre la corta y gruesa de los segundos. Otras investigaciones han confirmado la cualidad dominante del tipo nórdico con respecto al "del este" *(ostisch)* en la descendencia en uniones mixtas, como también la del tipo anglo-sajón con respecto a elementos raciales mixtos de las repúblicas sud-americanas. Todo ello prueba que los tipos raciales son diferentes aun como potencialidad y en casos que van más allá del ámbito considerado aquí, porque nosotros hemos siempre pretendido referirnos -no se lo olvide- a cruzas entre razas afines.

A no ser que, ya al pronunciar la palabra "potencialidad", nos veamos necesariamente conducidos a considerar factores imponderables, pero sin embargo aun positivos, y muchas veces más decisivos, como los "ponderables". La "potencialidad" no se deja en efecto fijar en números y esquemas: ella está condicionada esencialmente por un estado interno, en función del cual la misma puede intensificarse así como puede también decaer. En el segundo caso, la cualidad "dominante" hecha cierta en un primer momento e inscripta en el registro de una determinada raza, a partir de un determinado momento no se manifiesta más, o sólo esporádicamente. Por lo cual, aun después de haber tenido en debida cuenta, en las leyes de la herencia, el factor "dominante" y el "recesivo", no se deben generalizar e hipostasiar las constataciones una vez que han sido hechas, sino preguntarse siempre, no sólo en lo referente a una raza en su totalidad, sino también en lo relativo a sus miembros en particular, en qué fase nos encontramos, qué tensión registra un dinamómetro, y que para determinar las medidas del mismo elementos de carácter espiritual poseen un valor no sólo indiferente, sino muchas veces aun predominante. Todo ello, valga como premisa criteriológica y metodológica para una teoría dinámica, en vez que estática, de la raza y de su herencia. Dentro de poco, al considerar la raza en el hombre y en la mujer, definiremos otro elemento a ser tenido presente al respecto.

Lo que la doctrina tradicional de la raza puede en vez conceder sin reservas es que las leyes mendelianas y las más generales sobre la herencia física y psico-física valen sin más en los casos de las herencias patológicas. Es esencialmente aquí que las visiones y las leyes del racismo biológico relativas a la herencia nos dan preciosos puntos de referencia, Desde el punto de vista práctico se deben sin mas aprobar las medidas aptas para impedir que una herencia deficiente se transmita a otras generaciones; no sólo ello, sino que se puede también pensar en un potenciamiento de la misma exigencia, para hacer en modo tal que en un pueblo o nación los elementos inferiores de una determinada raza en sentido genérico no tengan numéricamente la supremacía sobre los elementos superiores. En contra de medidas de tal tipo ha sido opuesta, como es sabido, la objeción de que entre los "genios" de la humanidad occidental se encuentran muchas veces no sólo personas de dudosa pureza racial y de dudosa "nordicidad", sino también hombres afectados por deformidades físicas y por enfermedades de carácter incluso hereditario: exponentes pues de aquella raza inferior o disminuida, que, con adecuadas medidas profilácticas, el racismo biológico querría eliminar o, por lo menos, neutralizar. ¿Qué se debe pensar al respecto desde el punto de vista de una doctrina completa de la raza?

En primer lugar hay que discriminar los casos hechos presentes por los adversarios. Es decir, hay que ver hasta qué punto al respecto se trata de personalidades verdaderamente superiores. La escala de valores, desde el punto de vista, sea tradicional como racista, no se encuentra precisamente en los mismos términos que los de la mentalidad moderna y sobre todo, "humanista". Así pues, por ejemplo, las cualidades de carácter se encuentran para nosotros mucho más arriba que las de un abstracto intelecto o de una vana creatividad estetizante. Un hombre que, semi-iletrado, posee un vivo sentimiento de honor y de fidelidad, para nosotros vale más que un académico diplomado narcista preparado para cualquier cortesanería con tal de escalar o de un científico cobarde: y, más arriba de todos, se encuentran para nosotros los valores heroicos y ascéticos, los únicos en justificar la vida como algo que es "más que vida".

Pero aun después de haber discriminado según tales criterios antihumanistas y antiburgueses, hay por cierto casos de personas superiores no perfectamente en orden con la salud física y con la raza. Al respecto es necesario pensar en una situación similar a aquella por la cual, como se ha visto, las cruzas a veces poseen el valor de un reactivo, de un estímulo que vuelve a despertar. En unos ejemplos que pueden en verdad fundamentar la objeción aludida, se trata por decirlo así, de crisis, o de fracturas, o de situaciones de interna inestabilidad, que han valido para abrir rendijas sobre una realidad, de la cual, en razón del endurecimiento dentro de los límites del yo materializado propio del hombre reciente, de otro modo los tipos de los cuales se habla aquí probablemente habrían quedado sin manifestarse. Pero es evidente que tales casos no pueden tener valor ni como ejemplo ni como regla: y sería difícil mostrar cualidades superiores que se manifiesten en línea hereditaria junto a una correlativa herencia patológica o de raza disminuida en igual medida constante. Sería pues éste el único caso en el cual la objeción podría en verdad tener peso. Con las medidas profilácticas ya indicadas es muy posible que, en un primer momento, en algún caso esporádico, intuiciones propiciadas por rupturas o por contrastes sean impedidas; pero es verdad que esta pérdida será, en una fase sucesiva, supercompensada, siempre que se tenga presente, y es más en primer plano, lo que se ha dicho acerca de las condiciones interiores para la integridad y el dominio de las superrazas. En efecto, para prevenir cualquier equívoco, nosotros decimos sin medios términos que quien pretendiese realizar los fines superiores del racismo y tratara de dar vida, en una cierta medida, al tipo racial puro superior por medio de procedimientos puramente profilácticos y biológicos, repetiría el intento de la construcción del *homunculus,* del hombre artificial; empresa ésta vana y absurda. Las medidas profilácticas ya mencionadas pueden servir sólo para remover obstáculos, de modo tal que facultades antes impedidas, cuyo origen es suprabiológico, puedan manifestarse de nuevo: pero no pueden ni crear, ni, por sí solas, redespertar estas mismas facultades porque nada viene de la nada. Las medidas profilácticas raciales en materia de herencia y de selección de la herencia deben pues considerarse como parte de una acción más vasta y compleja y ser puestas en práctica sin perder nunca de vista el conjunto.

XIII. Los sexos y la raza

En base a las ideas aquí expuestas habría que revisar también y a fondo, la cuestión de las cruzas, haciendo entrar en tema la cuestión de los sexos. También aquí se encuentra en el racismo que problemas de tal tipo casi nunca han sido planteados, resultando ello una notoria contradicción. A pesar de afirmar las diferencias, pero sin embargo contradiciendo tal principio, el racismo considera desde un mismo punto de vista - es decir como sujetos en la misma medida a las mismas leyes biológicas- a todos los tipos humanos, así pues el mismo parece no haber pensado que, a nivel normal, la herencia y el poder de la raza pueden tener un peso distinto según se trate de un hombre o de una mujer. Alguien, a quien el problema se la ha insinuado, ha llegado a resolverlo nada menos que al revés, suponiendo, en base nuevamente a consideraciones simplemente biológicas, que en la mujer existe un mayor poder de conservación de la raza y del tipo.

Desde el punto de vista de la enseñanza tradicional es exactamente lo opuesto lo que en cambio es verdadero en el caso de una humanidad normal; y esta enseñanza, si fuese digna de una atención por lo menos equivalente de aquella que hoy se concede en cambio a consideraciones biológicas entre las más triviales e insignificantes, podría proveer esbozos sumamente útiles para un problema de no escasa importancia cual es el de la técnica para la elevación de razas relativamente inferiores a través de diferentes ciclos de herencia. Así pues, en el más antiguo código indoeuropeo -el *Mânavadharmaçastra-* se admite el pasaje de un no-ario a las castas de los arios luego de siete generaciones de cruzas mantenidas en la línea masculina y este número siete reaparece también en otras tradiciones en circunstancias análogas, del mismo modo que, refiriéndose al ciclo de una vida humana particular, es el de los años que, según investigaciones modernas, son necesarios para una periódica renovación de todos los elementos del cuerpo. Del código ya indicado en esta ocasión se declara aquello que, desde el punto de vista tradicional, se debe considerar como un punto de partida para la cuestión aquí mencionada: la herencia masculina no puede ser puesta en el mismo plano que la femenina, porque a nivel de principio, la primera tiene la cualidad llamada por el mendelismo "dominante", la segunda la "recesiva". Por ende, cuando la mujer es de raza superior, su herencia superior es superada por la mezcla, mientras que la herencia masculina superior, en el caso opuesto, no es necesariamente afectada, salvo casos límites o de excepción, y salvo lo que diremos acerca del hombre. "Cualquiera sea la cualidad de un hombre al cual una mujer le está unida por rito legítimo -se dice en el texto ya citado (IX, 22)- ella la adquiere como el agua de un río al unirse al océano". Y más aun (IX, 33-36): "Si se compara el poder creativo del varón al de la mujer, el varón debe ser declarado superior porque la generación de todos los seres es diferenciada por la característica masculina. Cualquiera sea la especie de la semilla que se lanza en un campo preparado en la estación conveniente, esta semilla se desarrolla en una planta de particulares cualidades que son las de la semilla (masculina)". Completando la imagen se pude conceder cuanto más que cuando el campo no está preparado y la estación no es apta, la cualidad masculina en la descendencia será obstaculizada o se pervertirá, o sin más se perderá, pero no podrá nunca suceder por un poder milagroso del suelo o de la estación -es decir, en la analogía, de la mujer y de las condiciones psíquicas de una unión sexual- que de una semilla, pongamos, de palmera provenga una planta de ginevra. Ello, como lo hemos intencionalmente resaltado, hasta que se tenga en vista un modo normal, siendo ello siempre presupuesto por toda enseñanza tradicional.

Así pues, queriendo saber qué se tenga que pensar hoy al respecto, más que interrogar a la biología habría que precisar la medida en la cual el mundo moderno, respecto del estado de los sexos pueda llamarse en verdad un mundo normal. La respuesta, lamentablemente, no podría ser sino negativa. El mundo moderno no conoce casi más lo que signifique en un sentido superior ser hombre o mujer; el mismo va hacia una indiferenciación de los tipos que es ya visibilísima en el plano espiritual, y, a partir de éste, parece traducirse también en el mismo plano físico y biológico dando lugar a fenómenos preocupantes. No es desde hoy que en Occidente la virilidad y la femineidad son consideradas como cosas simplemente del cuerpo, en vez que cualidades sobre todo del ser interior, del alma y del espíritu. A tal respecto no se sabe ya casi nada en Occidente desde hace tiempo de todo lo que es polaridad, distancia, diferente función y dignidad de los dos sexos. Y así problemas importantísimos relativos a la raza son hoy considerados en sus aspectos exteriores y de meras consecuencias, en vez que en los internos y sustanciales: por ejemplo, nos preocupamos tanto del problema demográfico y se crean toda especie de instituciones para la higiene y la asistencia social y para el incremento de la raza en sentido estricto, pero se descuida el punto fundamental que es el significado de la relación entre los sexos y el imperativo preciso de que quien ha nacido hombre, sea hombre, y quien mujer, sea mujer en todo y por todo, en el espíritu y en el cuerpo sin mezclas y sin atenuaciones. Sólo en este caso las enseñanzas tradicionales arriba mencionadas poseen validez y se abren, a través de iniciativas de selección y de elevación de las razas por medio de adecuadas cruzas y de procesos hereditarios, posibilidades casi ilimitadas; no por cierto en el caso en el cual, como hoy, se vea respecto del ser hombre o mujer, una mezcla aun más oblicua que en lo relativo a ser de una raza o de otra: en lo cual unos seres son hombres en el cuerpo para ser mujeres en el alma y en el espíritu y viceversa, sin hablar de la difusión de inclinaciones sexuales y psíquicas nada menos que patológicas.

Pero aquí debemos remitir al lector a lo que hemos ya escrito a propósito de nuestra obra *Revuelta contra el mundo moderno,* tratando allí también el problema de la muerte de las razas. Puesto que las descendencias no se forman por combinaciones de elementos hereditarios hechas en laboratorio o en especiales instituciones del Estado, sino que emanan de las uniones de hombres con mujeres, sería lógico que, como premisa para toda concepción activa de la raza y para toda discriminación de una raza respecto de otra, se definiese y separara a la raza de los varones y la raza de las mujeres en la misma plenitud corpórea, psíquica y espiritual, en vista de la cual hemos formulado la teoría de los tres grados del racismo.

Hay que resaltar además una circunstancia singular la cual confirma el hecho ya notado de que las razas, que han conservado biológicamente más de cerca el tipo nórdico, desde el punto de vista interno a veces se encuentran en un grado mayor de involución y de decaimiento, que no otras de la misma familia. Queremos decir que justamente los pueblos nórdicos -germánicos y anglosajones- son aquellos en los cuales las relaciones tradicionales entre los dos sexos han sido en mayor medida subvertidas. La llamada emancipación de la mujer -que en realidad sólo significa su mutilación y degradación- ha en efecto tomado inicios en tales pueblos y ha tenido en ellos el mayor relieve, allí donde en los pueblos románicos, sea a través de reflejos aburguesados y convencionalistas, se ha conservado al respecto todavía algo del modo normal y tradicional de ver. El colmo luego es que algunos racistas extranjeros, no sospechando mínimamente hacerse con ello simplemente eco de un estado de hecho anómalo de fecha relativamente reciente, que se refiere sólo a quienes exaltan como una presunta característica de la raza nórdica la banalidad de las relaciones de compañero con compañera y el denominado "respeto de la mujer", mientras que a su vez querrían poner en la cuenta de los prejuicios asiáticos de las razas inferiores del Sur toda concepción basada en la debida distancia, polaridad y diferente dignidad de los dos sexos. Es necesario reconocer que si tales falsificaciones fuesen asumidas como principios, la vía emprendida conduciría menos al redespertar y a la reintegración del puro tipo nórdico que no a una nueva involución -en el sentido de una banalización y de una interna nivelación de los tipos- de lo que del mismo aun queda en los pueblos germánicos.

XIV. La masculina y la raza femenina

El haber hecho alusión recién a la "raza del hombre" y "de la mujer" no es una extensión totalmente gratuita del concepto antes formulado. Nosotros creemos en efecto que quien quiera darse cuenta verdaderamente de las cosas no debería descuidar del todo las observaciones desarrolladas en una conocidísima obra de Otto WEINIGER[9] sobre todo en dos puntos. En primer lugar, en la determinación del tipo de hombre y de mujer puros, como bases para poder medir la "cantidad" del uno y del otro que se encuentran en cada individuo y para poderse pues regular de manera conforme con los mismos. En segundo lugar, en la idea osada de que las relaciones que se establecen entre un hombre y una mujer verdaderos corresponden analógicamente a las que existen entre la raza aria y la raza semita. WEINIGER se ha dedicado a buscar las cualidades femeninas, que aparecen como una precisa correspondencia con las que son típicas del semita y del judío. De todos modos es de resaltar también que tal indagación, en buena medida, es tendenciosa; WEINIGER ha sido llevado, aun sin quererlo, en tales disquisiciones, sobre todo a envilecer y degradar. Él no ha buscado el verdadero valor de la mujer en donde habría tenido que hallarlo. Sin embargo permanece válida en su planteo la idea de que, desde el punto de vista de una concepción normal y diferenciada de los sexos, el hombre y la mujer se presentan casi como la expresión de dos razas diferentes, si no es que también opuestas. Es pues un grave defecto del racismo descriptivo y tipológico no tener en cuenta aquello, en su esfuerzo por individualizar y describir las características de cada raza, y sin embargo de no preguntarse si ciertas cualidades, normales para el tipo masculino, sigan siéndolo cuando en vez se trate del tipo femenino de la misma.

El que quisiese obviar tal defecto, debería naturalmente considerar a los sexos también en su aspecto psíquico y espiritual. Desde tal punto de vista es por cierto absurdo concebir por ejemplo como normal que la mujer "nórdica" encarne los mismos valores propios del hombre puro nórdico; es decir, todo lo que es superioridad calma y dominadora, solaridad, sentido de distancia, desapego activo, vinculado a una prontitud para el ataque, y todo lo que luego veremos. Sin tener que referirnos, como WEINIGER, a los pueblos semitas, si no se quiere llegar a una nivelación y por ende a una bastardización, es en vez

---

[9] Otto WEINIGER, *Sexo y carácter*, Buenos Aires, 1945.

deseable y normal que la misma mujer nórdica tenga como propias cualidades psíquicas y espirituales, que poseen una posición central en razas diferentes, no nórdicas.

Por lo demás, una vez dejada la raza del cuerpo, la raza antropológica, en donde las diferencias raciales femeninas son notorias y evidentes, sobre el plano de la raza del alma los caracteres distintivos de las mujeres de las distintas razas son sumamente menos pronunciados que en el caso del hombre. En materia de raza del espíritu, las mismas muchas veces dan lugar a una verdadera indiferenciación. El verdadero portador de la raza del alma y, sobre todo, de la del espíritu, es el hombre; es sobre todo en él que se encuentra el principio de la diferencia, mientras que en el elemento femenino se refleja más el de la igualdad. No casualmente las antiguas tradiciones asociaron, en la analogía cósmica, el elemento femenino al de la materia o potencia informe, *ylé, dynamis,* y el masculino, en vez, al principio celeste de la forma y de la individuación; aun menos es una casualidad que las antiguas civilizaciones ginecocráticas y matriarcales, como inmediata consecuencia de la preeminencia acordada al principio femenino, en sus varias formas, maternas o afrodíticas, tuvieron como característica la promiscuidad, el comunismo, el derecho natural, la igualdad general.[10]

En rigor, frente a cada hombre digno de este nombre, la mujer verdadera, aquella que nuestros padres calificaban significativamente como "mujer de raza", debería presentarse como algo peligroso, como un principio extraño que atrae, se insinúa y reclama una reacción interior: casi el mismo tipo de reacción del que hemos hablado al hacer referencia a las cruzas, en donde una sangre extraña admitida pone a prueba al tipo y da lugar a dos posibilidades: o a un redespertar, a una reafirmación y a una vivificación, o bien a una disolución y a un rebajamiento. En el primer caso el hombre se mantiene a la altura

[10] Véase lo afirmado por BACHOFFEN en la obra traducida por nosotros, *La raza solar.* (No hay versión castellana).

de su función y, según la enseñanza tradicional ya referida, sus cualidades permanecerán y se reafirmarán intactas en la descendencia, con el carácter de "dominantes". En el segundo caso, en formas en mayor o menor medida larvadas, acontecerá una degeneración, por lo menos interna, del tipo; fuerzas incontrolables tomarán la primacía en los procesos de herencia, la tutela de la raza se hará una cosa problemática, hasta que se verifique el caso límite, es decir el retorno, con nuevas formas, al espíritu y a la promiscuidad de las civilizaciones ginecocráticas derivadas de las razas antinórdicas y de la degeneración de las nórdicas.

PARTE TERCERA

LA RAZA DEL ALMA Y DEL ESPÍRITU

I. Racismo de segundo grado. La raza del alma

Volvamos ahora a precisar los tres grados de la doctrina de la raza. Como racismo de segundo grado se debe considerar a una teoría de la raza del alma y a una tipología del alma de las razas. Un tal racismo debe individualizar los elementos, a su manera primarios e irreductibles que actúan desde lo interno, haciendo de modo tal que grupos de individuos manifiesten un constante modo de ser o "estilo" en el orden de la acción, el pensamiento, y el modo de sentir. Se llega aquí a un nuevo concepto de la pureza racial de un determinado tipo: no se trata más, como en el racismo de primer grado, de ver si un determinado individuo presenta aquel determinado grupo de características físicas o, también genéricamente caracterológicas, que lo ponen en conformidad con el tipo hereditario, sino que se trata de establecer si la raza del cuerpo llevada por un determinado individuo es la expresión adecuada, conforme, de su raza del alma, y viceversa. Si ello se verifica, el tipo es puro también en el orden de la investigación de segundo grado. La cual integra pues los resultados de la de primer grado, puesto que no considera más las diferentes características corpórea; en abstracto, en una simple clasificación, y tales como podrían presentarse también en máscaras, en vez que en rostros e individuos vivientes. La misma busca en vez de captar su secreto, es decir, lo que éstas expresan, la función según la cual ellas son asumidas y por medio de la cual, de acuerdo a los distintos casos, ellas pueden también significar una cosa diferente. Como ya hemos mencionado, una nariz de una determinada forma y un cráneo prolongado, dolicocéfalo, pueden hallarse tanto en un tipo de las razas derivadas del tronco nórdico, como en un ejemplar de razas africana; pero en el uno y en el otro caso es evidente que los mismos no poseen el mismo significado. Además, puede acontecer que un determinado tipo tenga, por ejemplo, prevalecientes características, por ejemplo mediterráneas en materia de raza antropológica del cuerpo, de modo tal que el racismo de primer grado lo asignaría justamente a la raza mediterránea o del hombre del Oeste: sin embargo la investigación puede hallar que aquellos rasgos mediterráneos, en el tipo en cuestión, son asumidos en una función diferente de la que normalmente habría que esperar. El tipo del cual se habla los usa para expresar en vez un alma, una actitud interna que no es mediterránea, sino por ejemplo nórdica o levantina; cosa ésta que da a los mismos rasgos un valor expresivo totalmente diferente y conduce a veces a ciertas distorsiones o alteraciones del elemento exterior mediterráneo, que en la búsqueda de primer grado son casi imperceptibles o son consideradas por ello irrelevantes y desechables, mientras que para la búsqueda de segundo grado representan en cambio vías para captar la "raza interior". Aquí la fisionómica, es decir el estudio del sentido de las fisonomías humanas, tendrá aquí un papel importante: se desarrollará sin embargo en direcciones diferentes de la precedente, la cual concebía a toda individualidad de manera separada, en vez que como miembro de una determinada comunidad suprabiológica, de una determinada raza del alma.

Es sobre este plano más alto que la antropología y la paleoantropología se convierten en preciosos auxiliares para la investigación de los elementos raciales primarios, que entraron en composición, se superpusieron o chocaron entre sí en los orígenes de las civilizaciones. Para los fines más elevados de la doctrina de la raza no es suficiente haber constatado la presencia, por ejemplo, en los orígenes itálicos, de un determinado número de esqueletos y de cráneos típicos e, integrando tales indicaciones con las arqueológicas, poder afirmar de manera fundada la existencia de un antiguo y puro tipo humano, nórdico-ario itálico. Con ello no se saldría de un ámbito de museo. Es necesario además hacer hablar a este tipo, penetrar en lo que una determinada forma corpórea expresa, en aquello de lo cual una determinada estructura humana es un símbolo. Ello es cosa imposible sin pasar al dominio del racismo de segundo y, en cierta medida, incluso de tercer grado, disciplinas que trabajan con otros métodos de investigación y utilizan otro orden de documentos y de testimonios.

Como racismo de segundo grado puede considerarse la llamada *Rassenseelekunde* o "psicoantropología" de L. F. Clauss, por cuanto se refiere a sus métodos y a sus criterios generales. La necesidad de una tal investigación ha sido puesta en claro por Clauss con ejemplos convincentes. Se considere por ejemplo el fenómeno de la comprensión. En la realidad se dan demasiados casos de personas que son exactamente de la misma raza del cuerpo, del mismo tronco, a veces incluso -como hermanos, o padres e hijos- de la misma sangre en el sentido más real, pero que sin embargo no alcanzan a comprenderse. Una frontera separa a sus almas, su modo de sentir y de ver es diferente y ante ello la raza común del cuerpo y la sangre común nada pueden explicar. Existe una posibilidad de comprensión, y por ende de verdadera solidaridad, de unidad profunda, sólo donde existe una común "raza del alma". Entran en juego aquí elementos sutiles, de una sensibilidad instintiva. Mientras que por muchos años no se ha sospechado de nada, en una cierta circunstancia puede acontecer que una determinada persona con su modo de actuar nos dé la sensación neta de que ella "es de otra raza" y, entonces, no hay más nada que hacer con la misma, podrán subsistir con ella relaciones de diferente naturaleza, pero siempre dentro de un íntimo recato, de una íntima distancia. Ella "no es más uno de los nuestros". Habitualmente se habla aquí de "carácter" en general, pero hay diferentes modos, condicionados por la raza interna, de aparecerse de cualidades de carácter. Por ejemplo, el modo de ser "fiel" de un ser de raza levantina es diferente del de un hombre de raza nórdica o dinárica. El modo de concebir el heroísmo de un hombre mediterráneo es diferente del de un Japonés o de un Ruso, para usar aquí expresiones genéricas y no entrar en las precisas denominaciones inherentes a una doctrina de la raza del alma.

II. Origen de las razas del alma.

¿De dónde provienen las "razas del alma"? Evidentemente en el caso-límite de razas completamente puras, podría decirse que ellas representan la expresión psíquica de la misma particular energía formativa que, sobre el plano físico, se expresa en vez en los rasgos específicos y típicos de la raza antropológica del cuerpo y que se encuentra en la base de su inescindible unidad, aun perteneciendo en sí misma a un plano todavía más elevado. Según la antigua enseñanza tradicional, el alma no es simplemente aquello que la psicología moderna sostiene, es decir un conjunto de fenómenos y de actividades "subjetivas", que se desarrollan sobre una base fisiológica; para aquella enseñanza en vez el alma es una especie de ente en sí; como el ya mencionado *linga-çarira,* o "cuerpo sutil", ella posee una existencia propia, sus fuerzas reales, sus leyes, así como una herencia propia, diferente de la puramente físico-biológica.

Desde tal punto de vista, es necesario pensar que las razas del alma están sujetas a circunstancias análogas a las de la raza del cuerpo, pero, para individualizar tales circunstancias, por ende para saber acerca de la génesis de las razas del alma, acerca de su esencia y de las leyes que condicionan su desarrollo y su integridad, serían necesarios los medios de investigación inmaterial ya conocidos por las antiguas ciencias tradicionales, desconocidos en vez para la cultura moderna, puesto que en la misma apenas se encuentra un recuerdo deformado de éstas en ciertas corrientes teosofistas y "ocultistas", y en cambio en la investigación denominada "científica" no se tiene ni siquiera la más leve sospecha de ello. Encontrándose así las cosas, hoy debe procederse por un camino inductivo o intuitivo, en vez de partir de un *corpus* preciso de conocimientos. Debe tenerse como importante punto de arranque metodológico el principio de que existen dos líneas diferentes de herencia, la una del cuerpo y la otra del alma, líneas que, después de que las razas y las tradiciones han perdido la pureza original de tiempos absolutamente prehistóricos, pueden también divergen. Entonces se debe pensar que, mientras la línea de herencia física es la de una continuidad visible e individualizable, puesto que se apoya en el proceso de la generación natural, la línea de la herencia del alma posee en vez una continuidad propia sobre otro plano ya no más sensible, y puede pues vincular individuos que pueden no tener nada en común en el espacio y en el tiempo.[11] Volveremos sobre esto al hablar del problema del nacimiento. Aquí debe resaltarse la complejidad que ya en estos términos presenta el problema de la misma herencia física, en tanto no sea considerado con miopía positivista: en efecto, puesto que el alma posee relaciones de acción recíproca con el cuerpo, en el caso de la divergencia de las dos herencias, se producirán en la herencia física, por influjo de la otra, modificaciones no susceptibles de ser explicadas con aquello que, en su dominio, la investigación antropológica y biológica no podrá nunca acertar.

No siendo sin embargo éste el lugar apropiado para profundizar en tal tipo de consideraciones, puesto que las mismas presupondrían el conocimiento de la concepción tradicional acerca de los estados múltiples del ser, a sustituir al modo con el cual hoy son considerados los mayores problemas

[11] Véase a tal respecto lo que hemos tenido ocasión de exponer en varios puntos de nuestra obra crítica *Máscara y rostro del espiritualismo contemporáneo,* Turín, 1932. (Hay trad. castellana).

relativos al hombre, a la vida, a la muerte y al mundo, volvemos al punto del cual se había partido para decir que, cuando nos encontremos frente a un estado de mezcla racial, las razas del alma se deben considerar como el resultado de tres factores. El primero, que es esencial para las mismas, es justamente la raza del alma como un ente diferente; el segundo, es la influencia que sobre el mismo puede haber ejercido un cuerpo de raza no correspondiente y, a través de este cuerpo, que es el centro positivo de las relaciones con el mundo exterior, un ambiente no adecuado; el tercero es la influencia que puede haber ejercido un elemento aun más alto, es decir la raza del espíritu, en el caso de una nueva divergencia entre alma y espíritu, además que entre alma y cuerpo.

En rigor, puesto que la unidad de los diferentes elementos no acontece casualmente y por leyes automáticas, sino en base a nexos analógicos y "electivos" (también esto será esclarecido a continuación), a pesar de las divergencias puede admitirse como hipótesis de trabajo el criterio probabilista, es decir, una cierta correspondencia en el sentido de que, por ejemplo, sobre cien que presenten, como raza del cuerpo, la pureza racial, supongamos de tipo nórdico, puede presumirse que se encuentre una mayor cantidad de casos en los cuales a la misma corresponda potencialmente también una calificación psíquico-espiritual análoga, y no entre cien tipos cuya raza del cuerpo no sea nórdica, ni de origen nórdico. Las reservas que deben hacerse sobre un tal punto son las siguientes: en primer lugar, aquella ya hecha al decir "potencialmente", puesto que, como se ha ya visto, hay casos de razas puras semiapagadas o entradas en involución en materia de raza del alma; en segundo lugar, puesto que es necesario considerar los casos de las "preferencias". La ley de las afinidades puede haber hecho preferir la manifestación de un determinado tipo de personalidad en una cierta raza del alma, y que sin embargo, según una coyuntura semejante, tenga que ser retribuida esta elección con la aceptación de una raza del cuerpo que no corresponde (por ejemplo en los casos de reanimación de la raza en la segunda de las formas consideradas anteriormente [ver cap. 11, 1ª parte]). Las afinidades electivas conducirían justamente a una manifestación en formas mixtas más que en formas puras, pero interiormente decadentes. En tercer lugar, puesto que la "analogía" y las "afinidades electivas" son términos que aquí se refieren a estados no simplemente humanos de existencia, de modo que para ellas valen criterios que pueden también no concordar con cuanto la mente común se encontraría llevada a suponer y a creer como natural, lógico y deseable.

III. ¿Pueden nacer razas nuevas?

En nuestra obra *El mito de la sangre* el lector podrá ver cuáles razas del alma ha creído Clauss poder individualizar y cuáles razas del cuerpo constituían para él su normal correspondencia. No es el caso aquí de proceder a una discriminación de lo que es en mayor o menor medida aceptable desde el punto de vista tradicional en las teorías de Clauss, las que, por lo demás, constituyen el único intento positivo hecho hasta ahora en este campo. Se puede aquí plantear el problema acerca de sí en condiciones de mezcla, como las actuales, exista una correspondencia numérica entre razas del alma y razas del cuerpo. Debe también pensarse el caso acerca de si determinadas razas del alma, en razón de ciertas leyes cíclicas reaparezcan en formas nuevas, operando a tal respecto una especie de selección en las mezclas étnicas, con el resultado de una gradual y en mayor o menor medida perfecta depuración de tipos raciales, los que parecen efectivamente nuevos. En su aspecto más externo, éstos son justamente los procesos en los cuales una idea convertida en estado de ánimo colectivo e ideal de una determinada civilización dará lugar a un tipo humano casi como con los rasgos de una verdadera y propia "raza del cuerpo" nueva. Tales procesos son reales y son una extensión de lo que es positivamente hallable en los sujetos. La fuerza orgánicamente formativa propia de una idea suficientemente saturada de fuerzas emotivas es aquí demostrada por ejemplos múltiples. Se pueden recordar los diferentes casos hallables en el campo del hipnotismo y del histerismo. Se puede recordar el fenómeno del estigmatismo y otros análogos en la vía mística, determinados por un estado de ánimo y por una idea religiosa. De particular importancia son luego los ejemplos de la influencia del estado de ánimo o de una determinada imagen de la madre sobre el hijo que ella dará a luz y que dejará en él sus rastros. El caso límite al respecto está constituido por la llamada *telegénesis*. Una mujer, cuyas relaciones sexuales con un hombre de color han cesado desde hace años, puede dar a luz un hijo de color en su unión con un hombre de raza blanca como ella: se trata aquí de una idea insertada en condiciones especiales en la subconsciencia de la madre bajo la forma de un "complejo", la cual, aun después de varios años, ha actuado formativamente sobre el nacimiento. A tal respecto puede formularse aquí una posibilidad real, podría muy bien pensarse en una repetición de un proceso similar en un ámbito colectivo. Una idea, en tanto actúe con suficiente intensidad y continuidad en un determinado clima histórico y en una determinada colectividad, termina dando lugar a una "raza del alma" y, a través de la persistencia de la acción, hace aparecer en las generaciones que inmediatamente le siguen un tipo físico común nuevo, a ser considerado, desde un cierto punto de vista, como una raza nueva. La cosa tiene un carácter efímero cuando, en procesos de tal tipo, no entra en juego también una evocación de principios más profundos, es decir pertenecientes al plano del espíritu, en el cual, en última instancia, se encuentran las raíces últimas y "eternas" de las razas verdaderas y originarias: sólo entonces la raza nueva no es sino un producto de la coyuntura. Es sin embargo errónea la opinión de aquellos racistas biológicos que, generalizando y, como es habitual, teniendo cuidado sólo por las fuerzas actuantes en horizontes muy limitados, retienen que todos los tipos que surgen por tal vía y que no se reducen a las razas por ellos clasificadas, deben forzosamente disolverse en breve tiempo. En verdad para probar lo contrario se encontraría el caso del tipo hebraico. Este tipo se ha recabado de una mezcla étnica que comprende elementos raciales muy diferentes bajo la acción de una "raza del alma" y persiste con suficiente estabilidad desde hace más de dos milenios: cosa que en cambio no es siempre fácil de constatar en las razas, por decirlo así, "regulares" y "naturales", de acuerdo a los conceptos racistas. Con mayor razón se deben pues admitir posibilidades de tal tipo cuando el proceso de formación tenga por base una evocación, como decíamos, espiritual, puesto que entonces se establece el contacto con algo más originario que no estas supuestas razas naturales y elementales. Y entonces las relaciones se invierten: son tales razas las que se demuestran inestables y que se disocian hasta hacer aparecer, en una raza, nueva y antigua al mismo tiempo, al tipo verdaderamente puro, por efecto de fuerzas esencialmente superbiológicas. Es bien visible la importancia de todo esto en lo relativo a un racismo práctico y creativo.

Así como consideraciones propias del racismo de primer grado se pueden considerar decisivas en tanto se trate de las "razas de naturaleza" o de razas convertidas en tales por involución, del mismo modo las consideraciones propias del plano de las "razas del alma" son fundamentales allí en donde es en el elemento "alma" que un determinado ciclo de civilizaciones ha hecho caer el acento. Si un ciclo de tal tipo puede representar un "algo más", un volver a levantarse ante el nivel de las "razas de naturaleza", ello sin embargo presenta siempre caracteres anómalos desde un punto de vista superior, puesto que, a nivel normal, es el espíritu y no el elemento alma, el que debería constituir el punto extremo de referencia de la jerarquía de los tres elementos del ser humano y por ende también el verdadero principio informador en cualquier civilización verdaderamente "en orden".

IV. Raza del alma y el "mito". Límites del "mito".

Con esto quedan definidos los límites de la validez de la doctrina de la raza de segundo grado. A las teorías, en muchos aspectos justas y geniales, de Clauss se le puede dirigir justamente la crítica de haber considerado a las razas del alma como las realidades últimas y primarias y a sus fronteras como insuperables, puesto que para él no existía ningún punto de partida más alto de referencia. Ello es justo sólo *sub conditione*, es decir en el presupuesto de que la consideración se lleve sobre civilizaciones que se encuentran en el estado, ya mencionado y no completamente normal, de una preeminencia del elemento alma. El venir a menos de las fronteras de las razas del alma significaría en tal caso abrir las vías a una disolución, sea de la raza del cuerpo, como de lo que en ella puede haber aun de la raza del espíritu, puesto que en este caso la una y la otra poseen en la primera su base. A nivel normal, en vez, las razas del alma se remiten a las razas del espíritu, del cual representan tantas distintas expresiones, siendo así las diferencias particulares entonces referidas a diferencias más generales. Es por esto y por el hecho de que el punto de vista tradicional tiene sólo referencia para condiciones de normalidad, que nosotros hemos creído necesario aquí proceder a una definición de las razas del alma y ver hasta qué punto las concepciones de Clauss a tal respecto sean aceptables y utilizables. Por otro lado, las razas del cuerpo, consideradas por Clauss como correspondientes a las del alma, se encuadran como máximo en el grupo de las razas recabadas del tronco hiperbóreo y nórdico-atlántico primordial. Se sigue de esto que, en tanto se trate de lo esencial, y no de lo accesorio, las diferencias de las correspondientes razas del alma no podrían considerarse como absolutamente primarias: en el variado "estilo" del "hombre activo" (nórdico-germánico), del hombre "que se expone" (mediterráneo), el "hombre de la evasión" (dinárico), etc. -para usar la terminología de Clauss- no pueden tratarse pues sino que de varios instrumentos de expresión de modalidades espirituales comunes del tronco originario. En realidad, puesto que las características individualizadas por el racismo antropológico no se convierten en expresivas sino en tanto consideradas como vías de la raza del alma, así también las modalidades de la raza del alma no revelan su contenido más profundo sino refiriéndose a las razas del espíritu y, en el caso específico de las razas arias, a las variadas formas, originarias y derivadas, normales y anómalas, asumidas por la espiritualidad y por la tradición hiperbórea en el desarrollo de su ciclo.

Ello no quiere decir sin embargo que, para los fines prácticos, los resultados de la doctrina de segundo grado de la raza no posean una particular importancia propia. Si las corrientes más avanzadas de la renovación y de la reacción europea han superado por cierto el plano correspondiente al principio cuerpo, no se puede sin embargo decir que ellas hayan alcanzado el plano del puro elemento "espíritu" y hayan ya conducido a las masas hacia el mismo, o también sólo a una *elite* suficientemente numerosa y oficialmente reconocida. En el punto actual es el plano del alma, por ende todo lo que es sugestión, sentimiento, pasionalidad, directa reacción interna, lo que predomina. Estando así las cosas, sería absurdo pensar en una acción de redespertar y de reafirmación de la raza partiendo del plano puramente espiritual. Para actuar, los valores correspondientes deben más bien ser dados en la ya mencionada forma de "mitos", de ideas fuerza sugestivas, capaces de captar e impresionar profundamente las energías irracionales y anímicas que alimentan a dichos movimientos y por medio de las cuales se está operando la renovación de la conciencia político-social de las correspondientes naciones.

Debe sin embargo verse claro que, en esto, hay sólo un criterio de oportunidad, de utilidad práctica, condicionado por una cierta situación de hecho. Aquello que, para poder actuar formativamente, para los más debe ser presentado en la forma de mito, debe ser en vez conocido por una *elite* en la forma superior de realidad espiritual y afirmado sobre la base de fuerzas no irracionales o sentimentales, sino suprarracionales. Es el equivalente de lo que, con referencia a otro plano, se puede esclarecer diciendo que detrás de los hipnotizadores y de los grandes agitadores de multitudes tendrían que estar -si es necesario, invisibles e ignorados verdaderos jefes espirituales. En el caso inverso, se permanece fatalmente expuestos a peligros de no escasa importancia. El mito, en la irracionalidad que le es propia, cuando no es un determinado modo de aparecer de un principio espiritual, es un instrumento que puede fácilmente ser arrancado de la mano tic quien lo ha levantado. Por medio de oportunas infiltraciones y deformaciones, fuerzas oscuras pueden conducir el proceso de evocación subconsciente determinando, a través de estos "mitos" de naturaleza puramente irracional, hacia direcciones y hacia fines totalmente diferentes de aquellos que un seguro instinto había presentido como justos. Y el momento en el cual, en tales casos, la desviación se convierte en visible, habitualmente, es aquel en el cual es demasiado tarde ya para poder reparar o tan sólo para separarse de la corriente ya en movimiento y que obedece a esta altura a otras fuerzas.

Además de la consideración teórica, también por razones de carácter práctico, se justifica pues la necesidad de que una doctrina completa de la raza tenga su culminación en un racismo de tercer grado, que considera a la raza como espíritu, más allá de la del alma.

V. El misterio del nacimiento. La herencia histórica y la herencia desde lo alto.

Para la exposición de los principios directivos de esta parte del racismo es sin embargo oportuno formular algunas consideraciones relativas al problema de los nacimientos, para esclarecer en forma definitiva lo que ya se ha dicho en referencia al problema de la herencia.

Aun cuando se haya tomado nota de todas las principales objeciones que desde un punto de vista inmediato, práctico o intelectualista, en buena o en mala fe, se suelen dirigir en contra de la doctrina de la raza, parece que entre todas ellas queda tan sólo una que es insuperable y decisiva. Puede decirse así: muy bien, todo lo que Uds. afirman es justo. Pero, una vez que se ha sumado todo, ¿qué culpa tiene un hombre si él ha nacido en una determinada raza y no en otra? ¿Es quizás responsable del hecho de que sus antepasados y sus padres sean "arianos", judíos, negros o pieles rojas? ¿Ha quizás querido él todo esto? Uds. con vuestra teoría permanecen, a pesar de todo, en un punto de vista puramente naturalista. Uds. hacen de un dato natural un destino y constituyen sobre el mismo vuestro sistema, en vez que dirigir la atención hacia aquellos valores en los cuales puede entrar en juego y considerarse imputable la responsabilidad humana. Esta es, en una cierta manera, la *ultima ratio* de los adversarios del racismo. Y debe concederse que tal objeción no es artificiosa ni antojadiza, sino de un alcance real, en tanto no se adhiera a las degradaciones materialistas y colectivistas de tal doctrina y nos ubiquemos en cambio desde el punto de vista tradicional el cual siempre pone en relieve los valores de la personalidad. Considerar sin embargo aquella objeción significa sin más enfrentar el problema del nacimiento. Desde un punto de vista superior, espiritual, la justificación de la idea racista depende del problema del nacimiento y de las soluciones del mismo.

Alcanzar a tal propósito puntos firmes es sin embargo sumamente difícil, mientras se permanezca en el ámbito de las concepciones introducidas a partir del advenimiento del cristianismo en Occidente. Y ello no es una casualidad: raza y super raza, culto de la sangre, arianidad, etc., son todos conceptos que se formaron y afirmaron esencialmente en civilizaciones

precristianas. Es en tales tradiciones y en su sabiduría que hay que buscar pues los elementos para la solución de los problemas, que, al volverse a formular aquellas ideas, hoy se suscitan. Cualquier referencia a más recientes concepciones del hombre y de la vida no nos podrá proveer sino puntos de vista incompletos y muchas veces inadecuados.

Así pues no debe asombrar que el problema del nacimiento permanezca notoriamente oscuro en el orden de la concepción cristiana del mundo. Por razones precisas y no por cierto arbitrarias, que no podemos exponer aquí, la Iglesia tuvo que rechazar la idea de la preexistencia, que las anteriores tradiciones siempre reconocieron: es decir que ha negado que el núcleo espiritual de la personalidad preexista al nacimiento terrestre y, en forma natural, también a la misma concepción. En la teología cristiana las cosas al respecto no se encuentran en una manera nada simple, como podría hacerlo creer esta negación. Sin embargo es una concepción fundamental del cristianismo que toda alma humana sea única y sea creada por Dios desde nada en el momento en el cual es insuflada en un cuerpo o embrión humano apto para recibirla. Que un hombre haya nacido en una raza en vez que en otra, es entonces un misterio teológico: "Dios lo ha querido" y habitualmente se admite que la voluntad divina es inescrutable.

La concepción de la antigua humanidad aria era totalmente diferente y ella sola permite superar la objeción ya indicada. Para una exposición completa de la misma debemos remitir nuevamente al lector a nuestra obra *Revuelta contra el mundo moderno.* En resumen, aquí nos limitamos a decir que, de acuerdo a tal concepción, el nacimiento no es ni una casualidad, ni un hecho querido por Dios; ni tampoco la fidelidad respecto de la propia naturaleza significa una pasividad, sino que atestigua la conciencia en gran parte clara de una profunda conexión del propio yo con algo trascendente y supraterreno, de modo tal de poder actuar en manera transfigurante. Esta es la esencia de la doctrina del *karma* y del *dharma,* doctrina que no se debe confundir con la idea de la "reencarnación". Tal como se ha demostrado en otro lado, la teoría de la reencarnación o es una concepción extraña a la espiritualidad "aria", propia esencialmente de ciclos pre-arianos, telúrico-matriarcales de civilización, o es el efecto de equívocos y de deformaciones, que ciertas concepciones tradicionales han padecido en algunos ambientes teosofistas modernos. Y si en el mundo tradicional, también ario, en apariencia se encuentran precisos testimonios a favor de la creencia en la reencarnación, se trata en realidad aquí sólo de la forma simbólica con que un saber superior ha tenido que asumir respecto del pueblo y de los no-iniciados.

De cualquier manera, para el problema que nos ocupa hay que referirse no a la reencarnación, sino a la doctrina según la cual el yo humano, como yo que posee una determinada naturaleza propia, sería el efecto, la producción, el modo de aparecer bajo ciertas condiciones de existencia, de un ente espiritual que lo preexiste y que lo trasciende. Y puesto que todo lo que es tiempo, antes o después, es sólo algo inherente a la condición humana, así también en rigor no se podría ni siquiera hablar de un preexistir, de una antecedencia en sentido temporal.

Se entra así en un campo sumamente difícil, justamente porque al mismo no se pueden aplicar las concepciones y las expresiones que nos hemos formado en la existencia de aquí abajo y que, aplicadas a una realidad diferente, pueden fácilmente conducir a falsificaciones y a deformaciones. Diremos de cualquier manera que es necesario distinguir una doble herencia. Lo que está antes del sujeto en sentido temporal (no trascendental) es la herencia de los padres, de la gente, de la raza, de una cierta civilización y casta, etc., por ende, en más o en menos, todo lo que comúnmente se entiende al hablar de herencia. Pero todo ello no agota la realidad espiritual del sujeto, como lo querrían el materialismo y el historicismo: como elemento determinante y esencial se debe más bien considerar una intervención de lo alto, un principio que asume y utiliza como su materia de expresión y encarnación a todo lo que esta herencia ha recogido, con sus leyes y sus determinismos. Además se debe pensar que la herencia biológico-histórica de una determinada línea es elegida y asumida cuando ella puede aproximativamente valer como una especie de expresión analógica de una herencia trascendental.

Por lo tanto en cada ser se encuentran y confluyen dos herencias, la una terrestre, histórica, en buena medida individualizable positivamente, la otra espiritual, supraterrena. Para establecer el lazo entre las dos y, por ende, determinar la síntesis que define a una determinada naturaleza, interviene un acontecimiento, dado en las diferentes tradiciones con símbolos diferentes, y que aquí no es posible examinar de cerca. En el fondo, como se ha mencionado, actúa aquí una especie de ley de las "afinidades electivas". Queriendo esclarecerla con aplicaciones, diremos por ejemplo que no se es hombre o mujer, de un raza o casta o de otra, etc., porque se ha nacido así, por casualidad, o "por voluntad de Dios", o por un mecanismo de causas naturales, sino a la inversa: se ha nacido así, puesto que ya se era hombre o mujer, de una raza o de otra, etc., por supuesto que en sentido analógico, en el sentido de una inclinación o vocación o deliberación trascendente que nosotros, por carencia de conceptos adecuados, podemos presentir sólo a través de sus efectos. En una cierta manera se tiene pues la interferencia de la línea horizontal y de la línea vertical de una herencia terrenal y de una no-terrenal. En el punto de cruce, de acuerdo a la enseñanza tradicional, acontece el nacimiento o, para decirlo mejor, la concepción de un nuevo ser, la encarnación.

Raza, casta, etc., existen pues en el espíritu antes de manifestarse en la existencia terrestre e histórica. La diversidad posee origen "en lo alto", aquello que de ella se refiere en la tierra es sólo reflejo y símbolo. Tul como se ha querido ser sobre la base de una naturaleza primordial, así se es. No es el nacimiento lo que determina la naturaleza, sino a la inversa, es la naturaleza -en el sentido más amplio, puesto que también aquí nos traicionan las palabras comunes- lo que determinan el nacimiento.

VI. La raza, la ética clásica y la ética romántica

En la obra ya citada nosotros hemos reproducido varios textos tradicionales que esclarecen y confirman tales posturas. Recordemos aquí este pasaje de PLOTINO: "El plano general es único, pero se divide en partes diferentes de modo tal que en todo hay lugares distintos, los unos más agradables y los otros menos; y las almas, también ellas desiguales, van a habitar aquellos lugares diferentes, que corresponden a sus propias diversidades. De tal modo que todo concuerda y la diferencia de las situaciones corresponde a la desigualdad de las almas." Y, de manera más precisa: "El alma se ha elegido antes su *démon* y su vida". De igual manera como PLATÓN había enseñado: "Vosotros mismos elegís el destino de aquella vida a la cual Juego estaréis irremisiblemente ligados". Estas últimas expresiones son para nosotros particularmente interesantes, puesto que aquí el concepto de *démon* no tiene nada que ver con el cristiano de entidad malvada, sino en vez tiene estrecha relación con las fuerzas más profundas de la raza, sea del alma, como del cuerpo. Tampoco aquí nosotros podemos profundizar al respecto, sino sólo recordar que el "démon", los "lares", los "penates", el "doble" (que a su vez es sinónimo del ya mencionado "cuerpo sutil") son nociones que en la antigüedad se utilizaban con frecuencia y reflejaban el conocimiento preciso de las verdaderas raíces de la diferenciación de las sangres, de las *gentes* y, en fin, de los mismos sujetos, en base a una visión totalizadora del mundo que retoma conjuntamente lo invisible y lo visible, a diferencia de la mutilada de los modernos que no conoce sino procesos materiales y "psicología". De tales testimonios, que se podrían multiplicar con referencia a las tradiciones de todos estos pueblos, queda pues confirmada la idea de la herencia trascendental, o vertical, y de la elección que, sobre la base de correspondencias analógicas, determina la conexión de la misma con una herencia "horizontal", histórico-biológica. Las consecuencias para la justificación de la idea racista son aquí bien visibles.

La concepción central del catolicismo es que Dios, aun creando al hombre de la nada, ha dejado acontecer el milagro por el cual este ser creado de la nada es libre, en el sentido que el mismo puede volver a unirse a la raíz del propio ser, a Dios, o bien negarla, recluirse en sí mismo, disiparse, degenerar en un vano arbitrio de criatura. Esta misma doctrina, con las debidas transposiciones, puede ser aplicada a las relaciones entre el ser individual y el ente espiritual, del cual el mismo es la creación y la manifestación humana. Querernos decir, que el ser individual, dentro de determinados límites, goza por igual de libre arbitrio y que a él se le plantea la misma alternativa: o querer la propia naturaleza, profundizarla y realizarla hasta reunirse con el principio pre-humano y supraindividual que le corresponde; o bien entregarse a la construcción arbitraria de un modo de ser no-natural, privado de relación con sus fuerzas más profundas o incluso en contradicción con las mismas. Esta es exactamente la oposición existente entre el ideal tradicional, y sobre todo nórdico-ario, y el ideal "moderno" de civilización. Para el primero, el deber esencial es el de conocerse y ser sí mismos; para el segundo, la tarea es en vez la de "construirse", llegar a ser lo que no se es, infringir todo límite para hacer posible todo a todos: liberalismo, democracia, individualismo, ética activista protestante, antirracismo, antitradicionalismo.

Tal como ha sido enseñada, la doctrina de la preexistencia lleva pues, tanto más allá del fatalismo, como de una libertad mal entendida e individualista. Pasando a las consecuencias más inmediatas, al realizar la propia naturaleza, el sujeto armoniza su voluntad humana con la suprahumana que le corresponde, se "acuerda", establece la relación con un principio que, estando más allá del nacimiento, está también más allá de la muerte y de cualquier otro condicionamiento temporal; por lo cual, de acuerdo a la antigua concepción indoaria, ésta es la vía para quien, a través de la acción, quiere conseguir la "liberación" y realizar lo divino. El *dharma* -que significa naturaleza propia, deber, fidelidad a la sangre, a la tradición, a la casta- se vincula aquí, como ya lo explicamos en el otro libro, a la sensación de haber llegado de lejos, y no significa limitación, como lo creen los "espíritus evolucionados", sino liberación. Reconducidos a esta concepción tradicional de la vida, todos los principales motivos de la vida adquieren un significado superior y espiritual y la objeción basada en el nacimiento como casualidad o destino pierde toda fuerza.

Pero hay más: no es una casualidad que el "conócete a ti mismo", fórmula que, en su más profundo significado remite exactamente a tales enseñanzas, estuviese escrita en el templo délfico de Apolo, es decir del Dios hiperbóreo. Dejar actuar sobre sí tales verdades tradicionales, hasta que despierten precisas fuerzas interiores, significa proceder en el camino que conduce a un nivel espiritual, del cual el significado de la vida constituye una cosa absolutamente diferente que para el resto de los hombres: un significado de claridad, de fuerza absoluta, de incomparable seguridad. Pero tener un presentimiento de todo esto, entrever un "estilo" en el cual al sentimiento del desapego de "quienes han venido de lejos" y de interior inaccesibilidad se une a una especie de indomabilidad; en la cual está pues la simultaneidad de una calma superior y de una distancia y de una prontitud en el ataque, en el mando, en la acción absoluta; en fin, el haber presentido este "estilo", significa también haberse acercado al misterio de la raza nórdica primordial, o raza hiperbórea, como raza del espíritu. Tal es en efecto el modo de ser olímpico y solar; la imaginación popular lo refiere hoy a los llamados "hombres del destino" y ayer lo refirió a los tipos dispersos de grandes dominadores. En realidad se trata en ello de los últimos ecos y chispazos de aquello que fue propio, en general, de la gran super raza hiperbórea, antes de su dispersión y de su alteración. Se recuerde la expresión de PLUTARCO acerca de los mismos componentes del antiguo senado romano: "Se sientan allí como en un concilio de reyes".

De aquí pues una posterior consecuencia: si una civilización de tipo "clásico", en este sentido olímpico y viril, y no en la vulgar acepción estetista y formalista, refleja algo de la raza nórdica del espíritu, cada civilización romántica y "trágica", en tanto lo opuesto de ésta, será en vez la segura señal de la prevalencia de influencias que proceden de razas y residuos étnicos de naturaleza no-nórdica, pre-aria y anti-aria.

VII. El elemento "demónico" en la antiraza

En relación con esto, y para agotar el tema, es oportuno considerar lo que sigue ahora. Como agregado a la objeción precedente se podría llamar la atención por el hecho de que en la realidad los tipos ya no se encuentran tan diferenciados como para poder fundar el antes mencionado principio de la fidelidad a sí mismos; en segundo lugar, la doctrina aludida parece no dar ninguna explicación del hecho de que existen tipos desgarrados y afectados por graves contrastes, de tal modo que no todos están de acuerdo a "su propio tipo" y no todos se sienten siempre "en su casa propia". En base al principio general de que todo lo que aparece es reflejo analógico de una realidad existente en otra parte, para explicar tales casos se debe pensar en todo lo que puede el antes mencionado arbitrio del individuo sin raíces, así como en la acción de especiales condiciones históricas y sociales colectivas; pero sobre todo se deben suponer, para tales casos, situaciones pre-natales correspondientes. En la fuerza central que ha llevado a una determinada manifestación humana, pueden haber influido también fuerzas menores y divergentes que, a pesar de ello, justamente en tanto que más débiles, han sido, por decirlo así, arrastradas y conducidas a crearse expresiones correspondientes en elementos de una herencia horizontal - biológico-histórica-desfavorable y discordante.

Los casos en los cuales la "raza del alma" y la "vocación interior" no se corresponden con la raza del cuerpo, así como también aquellos de ciertos estados de desgarramiento romántico, en última instancia, desde el punto de vista metafísico, deben ser explicados de tal manera. También la psicología moderna sabe acerca de las llamadas "personalidades segundas". Y cuanto más las fuerzas menores se encuentran en divergencia respecto de la dirección central, tanto más tendremos, como efecto, a hombres en los cuales lo físico nu concuerda con el alma, en los cuales el espíritu está en contraste con el cuerpo y con el alma, en los cuales la vocación no está en correspondencia con la raza o con la casta, la "personalidad" está en disidencia con la tradición y así sucesivamente.

En tales casos, la ética "clásica", informada por la antigua norma nórdico-aria de vida, manifiesta en modo aun más nítido su aspecto activo y creativo, puesto que exige que los diferentes elementos divergentes de estas naturalezas vayan a obedecer a una única y férrea ley, en base a una decisión interior, que no puede venir a menos ante un caso crítico: y, como veremos, justamente una tal decisión es lo que el racismo activista debe provocar en el mayor número de los individuos de una nación como base para todo lo demás. Exaltar, en vez, el alma romántica, trágica, inquieta, siempre en búsqueda de nuevas "verdades", es esencialmente una cosa propia de una civilización enferma y minada en su raza. Calma, estilo, claridad, dominio, disciplina, potencia y espíritu olímpico son en vez los puntos de referencia para cualquier formación del carácter y de la vida en sentido nórdico-ario.

Pero si también en el mundo de las causas y de los significados metafísicos se debe suponer la existencia de naturalezas y de vocaciones que presentan un diferente grado de unidad, se debe también pensar que no todas las civilizaciones y no todas las épocas ofrezcan las mismas posibilidades de encamación y de expresión a cada una de las fuerzas que tienden hacia una forma terrestre de existencia. Se ha dicho que en todo nacimiento interfieren dos diferentes herencias. El terreno e histórico recoge, en una especie de nudo, ciertos elementos biológicos, antropológicos y en parte también psicológicos, una tradición, eventualmente también una casta, un determinado punto en el tiempo, un lugar en el espacio, etc. Ahora bien, hay civilizaciones en las cuales todo ello "se encuentra en orden", es decir, en las cuales la vida se desarrolla al máximo dentro de una gran unidad y organicidad de todos estos elementos de la herencia "horizontal". Otras civilizaciones están en vez caracterizadas por el individualismo, por la anarquía, por la destrucción de todo límite y de toda diferencia que provenga de la raza, de la sangre, de la casta, de la tradición, de la nacionalidad. Con respecto a lo que se ha dicho acerca de la ley de las "afinidades electivas" y de las correspondencias analógicas, que actúan en el nacimiento, evidentemente las civilizaciones del primer tipo son aquellas que, por ofrecer situaciones y posibilidades de expresión adecuadas, atraerán a naturalezas unitarias y a fuerzas puras y decididas. Las civilizaciones del segundo tipo, las caóticas, por la misma razón se convertirán en vez, por decirlo así, en el "lugar geométrico", o lugar de reunión sobre la tierra, de todo tipo de "histérico trascendental".

Esta expresión, por lo demás curiosa, es la menos alarmante que se pueda usar para dar el sentido de la cosa. En efecto, sobre el plano metafísico, el histerismo, la contradicción interna, no puede aparecer sino como la cualidad de aquellos seres "que dicen no al ser", en mayor o menor medida. Pero tal cualidad es exactamente aquella que la teología cristiana atribuye a las fuerzas "demoníacas" -comprendidas ahora en el sentido corriente del término- o a las "criaturas del caos". La voluntad de encarnación de las mismas, allí donde se presenten situaciones que, por razones de analogía, las evoquen, posee entonces un significado tan preciso como preocupante, que no es el caso profundizar aquí. La tipología, la fisiognómica, una especie de psicología trascendental en el conjunto de un examen racista de primero y de segundo grado aplicado a las figuras más típicas de revolucionarios y de los jefes también exteriores y notorios del frente de la subversión mundial, sea político-social como cultural y espiritual, podría conducir al respecto a resultados impresionantes.

No está dicho sin embargo que tales civilizaciones caóticas acojan exclusivamente a estas fuerzas: pueden aparecer en ellas también naturalezas unitarias en sí mismas, las cuales sin embargo se encontrarán particularmente a disgusto y, por mantenerse firmes y fieles a una vocación, que en tales casos posee muchas veces el sentido de una verdadera misión, son condenadas a disipar una cantidad de energías para hacer frente a los contrastes entre alma y cuerpo, raza y carácter, interna dignidad y rango, etc., que son propios de tales civilizaciones y que respecto de las mismas en un orden normal, operan como la patria de muy distintas vocaciones. Pero en estos casos no hay que olvidar las palabras de SÉNECA que interpretó justamente algunas situaciones infelices en las cuales puede encontrarse un espíritu superior en relación a los obstáculos y a los peligros a los cuales está expuesto quien se encuentra en una misión riesgosa o en una línea de combate: los más valientes y dignos son elegidos para tales empresas, mientras que los viles y los débiles pueden ser dejados en la "vida cómoda".

No es necesario de cualquier manera subrayar que las anteriores consideraciones, si bien inusitadas para la mentalidad común del hombre moderno, poseen importancia para la idea racial y , en general, para la filosofía de la civilización, una vez que se han puesto a un lado estos casos de excepción. Si un destino de milenios ha conducido a Occidente a situaciones en las cuales sería difícil encontrar aun algo verdaderamente puro, intacto, diferenciado y tradicional, determinar nuevamente firmes límites, con cualquier medio, aun con los más ásperos, es una obra cuyos efectos benéficos quizás en un primer momento no podrán ser ostensibles, pero sin embargo no podrán faltar en las generaciones siguientes, por efecto de las vías secretas que unen lo visible con lo invisible y el mundo con el "supramundo".

VIII. La doctrina de la raza de tercer grado. Valor del símbolo. La raza eterna.

Pasemos ahora a decir algo acerca de la investigación racista de tercer grado, que tiene por objeto propio, como es sabido, a las razas del espíritu. Esta es en verdad la investigación de la raza de acuerdo a su raíz última, allí donde se trate de civilizaciones normales y de troncos humanos superiores; raíz que comunica ya con fuerzas suprapersonales, superétnicas, metafísicas. Para una tal investigación, el modo específico de concebir, sea lo sagrado y lo sobrenatural, como la relación del hombre respecto del mismo, la concepción de la vida en el sentido más alto además que el completo mundo de los símbolos y de los mitos, constituyen una materia tan positiva y objetiva cuanto para el racismo de primer grado lo son los índices facciales y las estructuras craneanas. Esencialmente en este dominio son sensibles los "signos" de la herencia "vertical", suprahistórica, de la cual se ha hablado anteriormente; también desde tal punto de vista se confirma pues la especial importancia de esta nueva investigación. La cual, por otro lado, tiene posibilidades más vastas y precisas de indagación de los orígenes y por ende de individualizar los elementos primarios de las razas, que las del racismo de los otros dos grados. Los documentos sobre los cuales la misma se basa pueden efectivamente hacemos remitir hasta la más alta prehistoria, hasta a aquel período que muy justamente es llamado "mítico" y que, por esto mismo, es considerado incierto y erróneamente privado de importancia por la historia "positiva". Además, mientras que los materiales antropológicos, arqueológicos y paleontológicos en sí mismos son mudos, y mientras que los de la investigación de segundo grado están particularmente sujetos a la mutación, el mito y el símbolo en cambio, en razón de su naturaleza a-temporal y a-histórica, poseen un carácter esencial de inmutabilidad, de modo tal de podernos muchas veces transmitir elementos que en buena medida conservan su originaria pureza. Pero naturalmente, para llegar a tanto, el entero tronco de las investigaciones prehistóricas, y todo cuanto a las mismas se vincula, debe formularse en la nueva doctrina de la raza sobre bases absolutamente diferentes de las que hoy están más en boga: sobre bases, digámoslo sin más, sagradas, y no más profanas. Es necesario pues proceder a una completa revolución en el orden de los criterios y de los preconceptos que en tal campo predominan, los cuales, según el truco habitual, pretenden actuar como medida para todo lo que debería considerarse como "serio" y "científico". Y como primera medida -repitámoslo- es necesario liquidar, en todas sus formas, el mito evolucionista, siendo evidente que, si se continúa creyendo que, más se retrocede en los tiempos, más nos sumergimos en el horror de una barbarie bestial, la presunción de obtener de la investigación de la prehistoria y de los períodos "míticos" de los orígenes puntos de referencia válidos en la actualidad sería ello una cosa de locos. Allí donde rija cualquier premisa "evolucionista", buscar los orígenes y dar relieve al principio de la herencia conduciría fatalmente a aquellas aberraciones, como la de ciertas exégesis psicoanalíticas, del tipo del *Totem y tabú* de FREUD.

Desde el punto de vista aquí considerado, se debe decir que el dominio del símbolo y del mito, entendido entre nosotros, se encuentra en un terreno por lo demás virgen. Juan Bautista Vico no hizo para nada escuela en Italia: o bien la ha hecho tan sólo en aspectos secundarios y muchas veces inferiores de sus teorías. Nuestra cultura oficial y oficiosa, aquella que se proclama "seria" y "crítica" y que lamentablemente está aun ampliamente representada en la enseñanza normal, considera aun hoy al símbolo y al mito, o como una creación arbitraria de la conciencia "prefilosófica", o como cosa de pertinencia a formas religiosas inferiores, o como una interpretación figurada y supersticiosa de meros fenómenos naturales o, en fin, de *folklore*. Todo esto sin hablar de lo que ha comenzado a importarse entre nosotros respecto de los antes mencionados "descubrimientos" del psicoanálisis y de las llamadas "escuelas sociológicas", la una y las otras típicas creaciones del judaísmo.

Todas estas limitaciones y estos prejuicios deben ser superados, si no se quiere renunciar a los frutos de una indagación entre las más fecundas en materia de razas y de tradiciones primordiales. Es necesario volver a concebir al mito y al símbolo tal como lo concebía el hombre antiguo, tradicional, es decir, como la expresión propia de una realidad suprarracional a su manera objetiva, y casi como el sello, reconocible para cualquier ojo experto, de las fuerzas metafísicas que actuaron en lo profundo de las razas, de las tradiciones, de las religiones y de las civilizaciones históricas y prehistóricas. Introducirse en el mundo de los orígenes asumiendo un tal punto de vista es -lo concedemos con gusto- algo no carente de peligros, puesto que un tal dominio escapa a los comunes medios de control y de crítica y, dada la general falta de preparación del ambiente, cualquier arbitraria y fantástica interpretación podría tener derecho de ciudadanía. De lo cual, Alemania no ha dejado de damos ejemplos. Sin la armadura de sólidos principios tradicionales y sin una especial calificación, muy diferente de la requerida para una investigación "crítica" o para una interpretación "filosófica", de la exploración en cuestión puede venimos al encuentro menos un bien que -en razón de deformaciones y de contaminaciones- un mal.

En materia de principios generales, si en este aspecto de la investigación de tercer grado queremos recabar el fruto de la experiencia ajena, debemos prevenir un error de no poco alcance. Existe una corriente muy pronunciada, de la cual KLAOES y, en una cierta medida, también JUNG pueden considerarse los exponentes más significativos, la cual, aun reconociendo el valor del símbolo y del mito como objeto de una "ciencia en profundidad", ve en ella sólo una especie de proyección del alma de las razas, concebida irracionalmente, como una expresión de simples fuerzas "vitales": la "Vida" (con mayúscula) o el "Inconsciente colectivo" se manifestarían en el símbolo y en el mito. Ello es falso. Y es peligroso puesto que implica una concepción romántico-naturalista y sumamente unilateral de aquello que la raza es y debe significar para nosotros. Cuando se trata de razas superiores, repetimos que la noción de raza va estrechamente unida a la de tradición; a su vez, debe reconocerse la presencia y la eficiencia de fuerzas, en realidad, meta-biológicas, metafísicas, no sub-racionales, sino suprarracionales, actuantes formativamente sobre el dato puramente físico y "vital" y que constituyen ellas el "misterio" de todo lo que, a través de la raza, asume un determinado e inconfundible rostro. Símbolo y mito son "signos" de tales profundas fuerzas de la raza, de lo cual ya hemos hablado, no de una especie de substrato irracional, instintivo e inconsciente del grupo étnico en sí mismo concebido, substrato que haría en verdad pensar en los "espíritus" o en los *totem* de las comunidades salvajes. Frente a confusiones de tal género, es un deber reconocer que algunas acusaciones contra el racismo, declarándolo como una especie de nuevo "totemismo", como un retomo al espíritu de las hordas primordiales, deletéreo para cualquier valor verdadero de la personalidad, poseen un cierto margen de justificación.

Símbolo y mito en nuestra doctrina de la raza pueden en vez tener valor de documento por su capacidad de introducirnos en el elemento espiritual supra-racional, primario, de las estirpes, en lo que es verdaderamente "elemental" en el mundo de los orígenes. Este elemento constituye el hilo conductor para investigaciones complementarias de diferente tipo. La costumbre, la ética, el derecho antiguo, la lengua, proveen, por cierto, otros "signos" para la investigación racista de la historia de la civilización. Pero, también aquí, para obtener resultados válidos hay que remover las limitaciones de la mentalidad moderna y reconocer que, en el mundo antiguo, ética, derecho y costumbres no eran sino capítulos dependientes de la "religión": reflejaban, es decir, significados y principios propios de un orden suprarracional y sacral. Es en este orden que es necesario captar el punto central, capaz de conferir a lo demás su justo sentido: puesto que cuando la investigación se detuviese en vez en aquellas formas tomadas en sí mismas, es decir en la ética, en las costumbres, en el derecho, en la misma lengua y en el arte en abstracto, en vez que como expresiones sobre todo de una determinada raza del cuerpo y del alma, y luego, a través de ésta, como aplicaciones o reflejos de significados generales propios de la tradición, en tanto fuerza espiritual y animadora de la raza; mientras que nos detuviésemos en ello nuevamente se permanecería no en el ámbito de lo originario, sino de lo derivado, no de lo esencial, sino de lo accesorio. Frente a tantos tratados de hoy, sin alma y perdidos en el laberinto del "especialismo" y de una crítica sin principios, la obra fundamental de FUSTEL DE COULANGES, como otras afines del mismo período y luego, como se verá luego, las de BACHOFEN, mantienen, al respecto, a pesar de todas las imperfecciones dependientes del período en el cual fueron escritas, una importancia fundamental y valen para indicar la dirección justa para una serie de estudios que las integren con la consideración específica del elemento raza.

Hagamos luego alusión desde ahora que poner en la debida cuenta este elemento espiritual originario bosquejado por el mito y por el símbolo tradicional, que, en las estirpes, va más allá de su aspecto sólo biológico, material y, en el fondo, también humano, es muy importante también desde el punto de vista práctico. Con ello, en efecto, de aquello que es condicionado por el tiempo y por la historia y que, por ende, podría dar lugar sólo a exhumaciones no vividas, casi a "conmemoraciones", se pasa al orden de aquello que, siendo esencialmente a-temporal, no debe considerarse de "ayer", de una determinada "historia" o "prehistoria", sino de perenne actualidad: a la raza eterna. Y es exactamente esta raza que puede traducirse en ideas-fuerza, capaces de facilitar, por medio de un redespertar a través de la ley de lo semejante que reclama a lo semejante, tareas prácticas y creativas de la doctrina aplicada de la raza y por ende: la activación, en el seno de la "raza" como pueblo, como tipo común definido por una cierta mezcla étnica, de la "super raza", la reemergencia de los elementos superiores al estado puro y su reafirmarse formativamente, repitiendo el misterio mismo de los orígenes, en un nuevo ciclo de civilización.

IX. Las razas del espíritu. La raza solar. La raza demétrica.

Para venir ahora a algo más específico, diremos que la doctrina de la raza de tercer grado debe esencialmente limitar sus investigaciones a la esfera de la influencia de una determinada raza del espíritu y de su tradición primordial, siguiendo sus desarrollos, las mutaciones (paravariaciones)y también las alteraciones en el ciclo que les corresponde y en el cual la misma actuó y reaccionó frente a influencias de razas diferentes o a nuevas condiciones de ambiente. Una vez que se ha circunscripto así la investigación, se llega a un concepto más limitado de raza, que corresponde al de las varias diferenciaciones o articulaciones del elemento primario de un tal ciclo. Es natural que a tal respecto no se puede pensar en una separación atómica de las varias "razas del espíritu": sus diferencias no son tales de excluir relaciones, no sólo de derivación, sino también de diferente dignidad jerárquica.

Un esbozo de tipología de las razas del espíritu, por lo que se refiere al ciclo humano determinado de la raza hiperbórea, ha sido ya trazado por nosotros, sea en la segunda parte de nuestra obra *Revuelta contra el mundo moderno*[12] (con especial referencia al aspecto propiamente tradicional y espiritual), sea en la elección de los escritos de J. J. BACHOFEN y en la correspondiente interpretación de los mismos en sentido racial, comprendida en el ya citado volumen cuidado por nosotros y titulado *La raza solar.* Para una visión más amplia el lector podrá remitirse a tales obras. Aquí se dará sólo una breve y esquemática síntesis privada de los elementos justificativos. Como superior y anterior a todas las otras, en el ciclo en cuestión debe considerarse a la raza solar u olímpico-solar, que corresponde a la sangre y a la tradición hiperbórea. Ella tiene por característica una especie de "natural sobrenaturalidad"; espíritu y potencia, calma dominadora y prontitud para la acción precisa y absoluta, un sentido de "centralidad" y de "firmeza" y, en sus efectos exteriores, aquella virtud que los antiguos refirieron a la cualidad "numinosa" (de *numen),* como superioridad que directa e irresistiblemente se impone, que despierta simultáneamente terror y veneración, son señales de esta "raza del espíritu", por medio de las cuales ella está naturalmente predestinada al mando y, en el límite del mismo, a la función de realeza. Hielo y fuego se unen en ella, como en los símbolos confusos de la sede nórdica originaria y del ciclo en donde la misma se manifestó eminente y primordialmente: hielo, en tanto trascendencia e inaccesibilidad; fuego, en tanto cualidad radiante propiamente solar de seres que dan, que despiertan vida y aportan luz, pero siempre en soberana lejanía y casi en situación de indiferencia, como marcando una huella, aunque no para algún movimiento, inclinación o preocupación humana. El antiguo símbolo del oro ha tenido siempre relaciones con esta forma de espiritualidad. La misma, en las formas políticas de los orígenes, actuó como sustrato para la realeza sacra, o divina, es decir para la unión de los dos poderes, de la función de la realeza con la sacerdotal,

[12] Ed. Omnia Veritas, www.omnia-veritas.com

entendida esta última en un sentido superior que ya será esclarecido. Las designaciones simbólicas de ella como "raza divina" o "celeste" se deben referir a la ausencia del sentimiento dualista ante la realidad sobrenatural, cosa que sin embargo debe ser bien distinguida de todo lo que en sentido moderno es inmanencia o veleidad prometeica: no se trata de hombres que se creen dioses, sino de naturalezas que naturalmente, por un recuerdo aun no ofuzcado desde los orígenes y por una condición del alma y del cuerpo tal de no paralizar dicho recuerdo, sienten no pertenecer propiamente a la raza terrestre, de modo tal de poder creerse hombres tan sólo por casualidad, o por "ignorancia" o por "sueño". Los dos términos *vídya* y *avídya* de la antigua enseñanza indoaria, que significan respectivamente "conocimiento"('· la "identidad suprema") e "ignorancia" (que conduce a identificarse con una de las formas o modos de ser del mundo condicionado), deben entenderse exactamente en esta referencia: en tanto vinculados a una condición humana diferente y a una distinta raza del espíritu, o bien convertidos en términos "filosóficos", los mismos pierden todo sentido y dan lugar a equívocos de distinto tipo.

Las posteriores "razas del espíritu" del ciclo, a las cuales pertenecen nuestros contemporáneos, tienen como presupuesto una escisión y separación de los dos elementos "espiritualidad" y "virilidad" -y también: "trascendencia" y "humanidad"- que se encuentran sintéticamente reunidos en la raza solar. En primer lugar indicamos la raza lunar o raza demétrica. De acuerdo a la relación analógica, mientras el elemento solar es aquel que tiene en sí mismo la propia luz y, en general, el propio principio, siendo el sol, a tal respecto, el centro de un determinado sistema planetario, el elemento lunar es el que en vez recibe o recaba de otro la propia luz y el propio principio. En la raza lunar el sentido de la centralidad espiritual se ha ido perdiendo, o por degeneración (la lima, como sol apagado) o por cruza pasiva con razas de otros ciclos, de tipo "telúrico", que degradaron su cualidad solar originaria. La luna -resalta BACHOFEN- fue también llamada por los antiguos "tierra celeste". Se tiene pues una sublimación de la ley de la tierra, el destino que se presenta bajo la especie de armonía cósmica y de ley natural: el hombre aquí no se siente más el centro activo de la realidad espiritual: él no es esta misma realidad, sino más bien aquel que supera con la contemplación la acción material y el "telurismo", pero no alcanza aun la acción espiritual. El adjetivo "demétrico", que nosotros damos por igual a tal raza, se refiere a una espiritualidad de carácter difuso, panteísta, menos dominadora que compenetrada por el sentido de leyes cósmico-naturalistas y de una sacralidad puesta esencialmente bajo el signo femenino: espiritualidad que fue justamente propia de los antiguos cultos demétricos. Por extensión, lunar es el hombre sacerdotal en oposición al que es relativo a la realeza, es el hombre que ante el espíritu se comporta como una mujer normal lo hace frente al hombre, es decir con un sentido de remisión y de entrega. Es luego interesante notar que las tradiciones antiguas pusieron en relación lo que hoy se llamaría la cerebralidad o la intelectualidad con la luna, vinculando en vez con el sol al corazón y refiriendo al mismo formas superiores de conocimiento. Tipo lunar es en efecto también el intelectual, el hombre de la "reflexión" pasiva, la que, como la misma palabra lo dice, no se mueve sino entre "reflejos", entre sombras de ideas y de cosas. Variados son pues los aspectos de la raza lunar. En el campo político, allí donde se advierte la escisión entre el poder temporal y el sacerdotal, aflora inevitablemente el espíritu lunar: lunar es el dominador que recibe de otro, de una casta sacerdotal diferente y ella misma no perteneciente a la realeza, la suprema consagración de su poder. En general el hombre lunar posee espiritualmente rasgos femeninos. Le falta el sentimiento de la centralidad. Como correspondencia con las razas del cuerpo posee caracteres predominantes de raza demétrica, aquella perteneciente al tronco por nosotros llamado atlántico-occidental, en sus formas prehistóricas que se remiten hasta por ejemplo la civilización pelásgica, minoico-micénica o etrusca y las posteriores manifestaciones de la misma, entre las cuales se encuentra el mismo Pitagorismo. Tal raza representa una alteración de la espiritualidad hiperbórea acontecida en las regiones de la sede atlántica y que determina, a través de procesos de acción y de reacción, una serie de otras mutaciones. Elementos lunares se pueden por lo demás hallar también en la raza llamada del hombre del Este (alpino-oriental) por algunos racistas. La psicoantropología de Clauss designa a esta raza como "raza de la evasión" *-des Enthebungsmenschen-* lo cual corresponde visiblemente a un aspecto del hombre lunar.

X. La raza telúrica y la raza dionisíaca.

La tercera raza del espíritu, que puede individualizarse sobre la base de las antiguas tradiciones simbólicas, es la "telúrica" o "titánica". Es un modo de ser éste que atestigua la adherencia a la vida en toda su inmediatez, instintividad e irracionalidad. Las personas, a partir de este término "telúrico" (de *tellus,* que significa tierra), más que recordar su etimología, son hoy instintivamente llevadas a pensar en fenómenos sísmicos, asimilación que, bajo un cierto aspecto, podría incluso conducirnos a una cierta justificación. La raza telúrica es aquella caracterizada por una impulsividad explosiva, por mutaciones repentinas, por ensimismamientos absolutos. En la misma medida en que es "intensiva", ella posee también hondura, pero sin la profundidad y el desapego necesarios para poder también ser trágica. La sexualidad en ella posee un lugar notorio, pero en su aspecto más elemental: sexualidad por supuesto no tan sólo fálica, viril; al respecto, si se prescinde de razas verdaderamente inferiores, puede decirse que le resulta más fácilmente a una mujer que a un hombre realizarse seg11n una naturaleza plenamente "telúrica". El sentimiento de la personalidad en el hombre telúrico está poco desarrollado, el elemento colectivo predomina en cambio en él, en tal sentido se manifiesta aquí el vínculo de la sangre, pero siempre en forma material, atávica, fatalista, lo cual puede reconocerse claramente en algunos aspectos típicos del sentimiento de la raza y de la sangre propios del pueblo judío. En su aparición no en estadios primitivos, sino en lo interior de una civilización ya formada por otros tipos humanos, el telurismo atestigua la faz de la última descomposición de esta misma civilización: corresponde a la liberación y desencadenamiento, en un estado de nuevo libre, de fuerzas precedentemente frenadas por una ley superior.

De acuerdo al aspecto que presentan las revueltas improvisas, puede reconocerse un elemento telúrico en aquella que fue llamada raza "desértica" por algunos racistas y también en aquella caracterizada por una particular inestabilidad interior, denominada "báltico-oriental". Por su lado oscuro y fatalista, el hombre telúrico es a su vez reconocible en la raza etrusca, según la magistral descripción hecha por BACHOFEN. Naturalmente, contra esta posibilidad "telúrica" debe combatir mucho, aun hoy, el hombre mediterráneo en general, en el momento en el cual él quiera formar la propia vida según un estilo nórdico-ario. Es luego sabido que el atributo telúrico ha sido no equivocadamente usado por KEYSERLING para indicar un aspecto irrebatible de la llamada "revolución mundial" contemporánea.[13]

En los ciclos de las tradiciones primordiales, la raza "titánica" se nos presenta como la natural antítesis de la del "hombre demétrico", en el momento en el cual la síntesis solar originaria se perdió: se debe entonces considerar aquí, sobre todo, a la degradación de la cualidad viril, la cual ahora aparece en una forma terrestre y hace propias no sólo las formas de una afirmación salvaje y violenta, sino también algunas fuerzas elementales de la naturaleza inferior, ligadas antiguamente, al simbolismo y al culto por ejemplo de Poseidón. Y se podría, al respecto, hablar incluso de "raza prometeica" en cuanto otro rasgo distintivo de ciertos aspectos de tal raza del espíritu es el intento de usurpar la dignidad originariamente poseída por la raza solar: de allí los conocidos mitos de la lucha de los titanes en contra de las fuerzas olímpicas, o los recuerdos, contenidos en

[13] Véase KEYSERLING, *La revolución mundial y las responsabilidades del espíritu*, Milán, 1936.

la tradición indoaria, relativos a los *mlecchas,* raza de guerreros degradados en revuelta, exterminados por el *Paraçu-Râma,* exponente de la más antigua y más alta espiritualidad, cuando los progenitores de los conquistadores arios de la India prehistórica habitaban todavía la región hiperbórea.

Al tratar acerca de los diferentes grados de la virilidad y de la solaridad, en especial en el orden de las antiguas tradiciones de los misterios mediterráneos, BACHOFEN distingue muy oportunamente el estadio apolíneo del dionisíaco. También aquí las analogías cósmicas nos servirán de base. Hay en efecto dos aspectos de la solaridad. Uno es el de la luz como tal, es decir como una naturaleza luminosa inmutable y celeste: tal es el símbolo apolíneo u olímpico por ejemplo del culto délfico, a ser considerado como una vena, llegada hasta el Mediterráneo, de la pura espiritualidad hiperbórea; y tal es el estado que, como se ha visto, define a la raza del hombre solar. El otro aspecto de la solaridad es el de una luz que surge y se pone, que tiene muerte y resurrección y nueva muerte y nueva aurora y, en fin, una ley del devenir y de la transformación. Frente al principio apolíneo ésta es la solaridad dionisíaca. Es una virilidad que aspira a la luz a través de una pasión, que no sabe liberarse del elemento sensual y telúrico así como tampoco del elemento estático-orgiástico propio de las formas más bajas del ciclo demétrico[14]. La asociación en el mito y en el símbolo de figuras femeninas y lunares con Dionisio es a tal respecto sumamente significativa. Dionisio no cumple el transpaso, la mutación de naturaleza. Es una virilidad todavía terrestre a pesar de su naturaleza luminosa y estática. El hecho de que los misterios dionisíacos y báquicos se asociaron a los demétricos, en vez que al misterio puramente apolíneo, nos indica claramente el punto final de la experiencia

---

[14] Debemos nuevamente remitir para una más precisa comprensión de tales expresiones *ala raza solar,* capítulo de nuestro ya citado libro *Revuelta contra el mundo moderno.* Es por lo demás interesante resaltar que justamente estos éxtasis de tipo inferior representan el ápice de la vida espiritual en las visiones de KLAGES, ya mencionadas al criticar la concepción vitalista e irracionalista de la raza.

dionisíaca: es un "mueres y devienes" en el sentido, no de aquel infinito que está por encima de la forma y de lo finito, sino de aquel infinito que se realiza y goza de sí en la destrucción de la forma y de lo finito, remitiendo pues a las formas de la promiscuidad telúrico-demétrica.

El hombre dionisíaco tiene sin embargo también rasgos en común con el "titánico". Es el que aspira a reconquistar el nivel perdido, que es capaz de superar en parte la condición humana a través de un desencadenamiento radical de todas las fuerzas vinculadas a los sentidos pero que sin embargo no sabe sobrepasar los éxtasis, en donde la cualidad viril vacila y no se puede conservar, en donde lo sensible se mezcla con lo suprasensible y, en el fondo, en donde la liberación es conseguida sólo al precio de un venir a menos del principio afirmativo de la personalidad con el desemboque pues en un modo de ser muy diferente del "solar" y olímpico.

Con las debidas transposiciones de plano, no sería para nada arbitrario establecer una relación entre el hombre dionisíaco y el hombre romántico. Ambos pertenecen a la misma raza del espíritu, que se define en su oposición con la olímpica y solar. Y una tal referencia puede ahorrarnos pasar a posteriores detalles caracterológicos, puesto que el lector ya en esto tendrá lo necesario para ir a individualizarlos. Desde el punto de vista racista, no debe asombrar la constatación de que el hombre dionisíaco, bajo la vestimenta de romántico, está muy ampliamente representado por las razas nórdicas, sea germánicas como anglosajonas. Se reconfirma así la ya mencionada oportunidad de distinguir bien a la raza primordial nórdico-aria de las razas nórdicas de los tiempos más recientes. Ya la parte que en estas últimas, cuando se asomaron al umbral de los tiempos históricos, tuvo el elemento femenino, demétrico y ginecocrático, es bastante significativa (todavía hoy, la lengua alemana es la única entre las del tronco indoeuropeo, es decir ario, en· la cual el sol *-die Sonne-* es de género femenino mientras que la luna *-der Mond-* es de género masculino), y nos induce a pensar que, al respecto, se trate de epígonos para nada "en orden" no apenas se deje de considerar a la misma raza del cuerpo: sobre el plano espiritual ciertos procesos de involución parecen haberse desarrollado entre los últimos pueblos nórdicos en una menor medida que entre los arianos atlántico-occidentales o nórdico-atlánticos, en los restos mediterráneos de los cuales se encuentran por igual tantas formas divergentes de la pura tradición solar.

XI. La raza amazónica, la raza afrodítica, la raza "heroica".

Una raza "demétrica" que, ante usurpaciones de tipo "titánico", para reafirmarse no dispone más de la autoridad superior de lo alto propia del hombre solar, y asume las mismas formas violentas y materializadas del adversario, caracterizará a ur nuevo tipo, el del "hombre amazónico". En el mito, la Amazona aparece en efecto como la mujer (espiritualidad lunar) que, en contra de las prevaricaciones del hombre o, simplemente, ante el hombre (espiritualidad titánica), no sabe más afirmarse sino recurriendo a un modo de ser también masculino, en divergencia pues con su primer naturaleza (demétrica). Se trata en pocas palabras, de la usurpación de la fuerza por parte de elementos humanos degenerados. Generalizando pues, el hombre amazónico sería aquel que en la esencia permanece lunar, pero que sin embargo se afirma en un despliegue de fuerza, fuerza sin embargo material, no espiritualizada (como en cambio veremos que es el caso de la "raza heroica"). Así por ejemplo, por más que esta relación le parecerá a alguno como paradoja), se tiene un fenómeno "amazónico" cuando una casta sacerdotal asume el poder temporal para imponer un dominio, que ella no sabría más asegurarse en base a su sola autoridad espiritual. El mito nos muestra el contraste de las Amazonas, sea con tipos dionisíacos, como con tipos de héroes: en el primer caso las Amazonas, vencidas, son reconducidas bajo la ley demétrica, es decir, a su normal modo de ser femenino-lunar; en el segundo, su destrucción dará lugar a un nuevo período solar y viril. Una vez que se vea lo que aquí significa el tipo de raza "heroica", todo ello confirmará la mencionada interpretación. Podría haber pues una cierta relación entre el hombre amazónico y el titánico o prometeico, puesto que también este último está caracterizado por la usurpación de una fuerza, a la cual la naturaleza no le resulta adecuada. Sin embargo en el caso del hombre amazónico se trata de una fuerza material; en el caso del titanismo se trata en vez de una fuerza trascendente, de la cual sólo el tipo solar puede tomar posesión sin prevaricar. Esta mención puede bastar, no siendo difícil deducir, por transposición en los diferentes dominios, diferentes características distintivas para el tipo de "raza amazónica".

Otra raza del espíritu es la propiamente "afrodítica"; en ella el telurismo -es decir, la adhesión a lo terrestre- asume las formas de un extremado refinamiento de la existencia material, y alcanza a promover no pocas veces un opulento desarrollo de todo lo que es ostentación y lujo en la vida exterior, por ende también del mundo de las artes y del sentimiento estético. Pero, en lo interno, subsiste una pasividad y una inconsistencia lunar, caracterizada a su vez por un particular relieve dado a la sensualidad aunque también a todo lo que se refiere a la mujer, la cual, también por esta vía, alcanzará a ejercer un domino y a asegurarse silenciosamente una preeminencia. BACHOFEN ha seguido el desarrollo de tal modo de ser en sus relaciones con las fases crepusculares del ciclo dionisíaco y afrodítico en la antigüedad. El mismo nos propone una referencia a las razas del cuerpo, allí donde ha notado la particular difusión que estas formas del culto antiguo tuvieron entre las razas célticas. No es en efecto arbitrario reconocer un fuerte componente de la raza afrodítica sea en la rama que los racistas denominan euro-occidental (o del Oeste), sea en aquello que Clauss ha definido como tipo o raza del *Darbietungsmensch.* En la raza afrodítica el mismo tema dionisíaco se conserva en una cierta medida allí donde en ella la búsqueda del placer y de la sensación se une a sentimiento gozoso de una destrucción, de una transposición; es decir, de la sensación de la misma ley de las naturalezas mortales, de la vida que surge y fatalmente pasa en el eterno ciclo de las generaciones.

La raza afrodítica por un lado y la telúrica por el otro, representan los límites extremos de las formas comprendidas en el ciclo nórdico-ario, los puntos mas allá de los cuales se entra, por involución y por supremacía de elementos inferiores introducidos por las cruzas, en el dominio de las "razas de naturaleza".

Por último se puede considerar a la "raza de los héroes". El término héroe aquí es tomado no en el sentido común, sino con referencia a las tradiciones míticas referidas por HESIODO según las cuales en los ciclos de una humanidad ya desviada y materializada, Zeus, es decir el principio olímpico, habría generado una raza provista virtualmente de la posibilidad de reconquistar a través de la acción el estado primordial, el "áureo" o "solar" perteneciente a la primera generación del ciclo en cuestión (hiperbóreo). Afuera del mito se trata aquí de un tipo en el cual la cualidad "olímpica" o "solar" no es más una naturaleza, sino una tarea a ser realizada sobre la base de una especial herencia o, para decirlo mejor, de un pronunciado componente atávico de la raza primordial, pero sin embargo también por medio de una transformación interna, de una superación muchas veces dada en los términos de un "segundo nacimiento" o "iniciación", sólo ella capaz de convertir en actual aquello que había llegado a ser latente y de hacer reconquistar aquello que se había perdido.

En el libro ya citado, que comprende los estractos de las obras de BACHOFEN, junto a una más precisa descripción de estos tipos, se encuentran menciones a la correspondencia más probable de los mismos con las varias razas del cuerpo y, en parte, también con las de la investigación de segundo grado ejecutada por CLAUSS. Si nosotros nos hemos limitado aquí a indicar las características relativas al plano más alto, es decir a las relaciones del hombre con el mundo espiritual, en tal obra se encontrarán aplicaciones y deducciones y se verá cuáles valores, cuáles instituciones, cuáles símbolos, cuáles costumbres, cuáles formas de derecho hayan prevalecientemente reflejado una u otra raza del espíritu.

Asumir puntos de referencia de tal tipo significa tener la posibilidad de superar la historia de dos dimensiones, de descubrir las influencias que se han encontrado, fusionado o superpuesto detrás de los bastidores de las antiguas civilizaciones y también el sentido de la prevalencia, decadencia o mutación de ciertas concepciones religiosas y ético-sociales. En nuestra otra obra *Revuelta contra el mundo moderno* se ha hecho un ensayo de una tal metafísica de las antiguas civilizaciones, mientras que en los estractos de las obras de BACHOFEN se han individualizado muchos elementos aptos para propiciar posteriores investigaciones en tal sentido. Incluso muchos aspectos del mundo moderno y de la civilización contemporánea se presentan bajo una luz insospechada y reveladora, cuando se utilizan tales datos. No hay que dejar de notar que algunas designaciones usadas por la mencionada clasificación de las razas del espíritu -solar, telúrico, lunar, etc.- como otras, que se podrían adoptar en lugar de las restantes, mientras han sido dictadas por razones analógicas y por referencias a antiguos cultos típicos, dan también la posibilidad de indagar el sentido más profundo de tradiciones como aquella, por ejemplo, según la cual no sólo las características decisivas de los hombres, sino en cierta medida también sus destinos terrestres, estarían determinados por la elección de un determinado planeta hecha por el núcleo espiritual de la personalidad antes del nacimiento. De allí por ejemplo, la persuasión, profesada por el mismo mundo romano, de que el hombre de realeza, o destinado a dignidad real en tanto *dominus natus,* era aquel que había hecho propios los influjos del sol. En esta enseñanza simbólica, que en las tradiciones indoarias se reencuentra en formas aun más precisas y detalladas, aparece lo que dijéramos a propósito del misterio del nacimiento: los planetas, de los cuales se habla aquí, no son naturalmente los planetas físicos, son las designaciones para determinadas fuerzas espirituales supraindividuales (no sin relación con la ya indicada noción de los "démones" que cada uno se elige), de las cuales los planetas físicos, como máximo, pueden ser manifestaciones simbólicas. La esencia de una tal doctrina se refiere pues a aquella "naturaleza" o elección trascendental que nosotros hemos indicado en cuanto ella sola podía resolver la más fuerte objeción que se puede elevar en contra de la idea racista y que los resultados del racismo de segundo grado a su vez podrán esclarecer en la medida en que sea posible para la comprensión humana. Que espontáneamente se llegue a sentir como adecuados y expresivos términos como el de "hombre solar", "hombre lunar", etc., es cosa significativa para una tal coyuntura.

XII. Las razas del espíritu en el mediterráneo arcaico y el judaísmo.

En relación con el antiguo mundo mediterráneo se ha ya mencionado que las ramas de las razas nórdico-arias y atlántico-occidentales que habían alcanzado aquella región en tiempos remotos siguiendo sobre todo la dirección horizontal Occidente-Oriente y habían creado allí civilizaciones de diferente tipo, ya en el límite de los tiempos llamados históricos aparecen como entrando en una pronunciada decadencia. Desde el punto de vista espiritual, aun prescindiendo de formas de civilización y de culto visiblemente determinadas por el influjo de troncos aborígenes inferiores y de detritos étnicos de proveniencia austral, las razas del espíritu más visibles en el antiquísimo mundo mediterráneo son de tipo demétrico, amazónico, telúrico, dionisíaco, con cultos y costumbres correspondientes. Tan sólo de aquí por allí, casi como chispazos de redespertar en las clases dominantes o como hebras secretas de una tradición transmitida en la forma de "misterios" y de iniciaciones, se encuentran elementos de espiritualidad olímpica y heroica. Con respecto a este mundo mediterráneo de los orígenes, las civilizaciones superiores que se pueden llamar propiamente arias de la antigüedad histórica, sobre todo de la Hélade y de Roma, son de fecha reciente, cosa que ha inducido a BACHOFEN, no completamente inmune al prejuicio evolucionista predominante en su época, a considerarlas como posteriores fases de desarrollo de las civilizaciones precedentes, allí en donde en cambio, o se trata de fuerzas nuevas agregadas, o de un redespertar, propiciado por distintas circunstancias, de lo que ya existía, pero que había ya pasado a formas de involución. En otros términos, lo que de más elevado presentó nuestra antigüedad y la misma raza de nuestros progenitores, o es el efecto de nuevas oleadas que conservaban mayormente pura la fuerza de los orígenes hiperbóreos, o bien es un especie de "renacimiento", de regalvanización de una herencia espiritual solar primordial, sepultada entre los detritos y las civilizaciones crepusculares del llamado Mediterráneo pre-ariano, pelásgico-semítico, íbero-pelásgico, camítico, etc.

De manera más general, y también con referencia a lo que fue creado en Asia por ramificaciones del tronco nórdico y nórdico-occidental, el término tan abusado de "ariano" o "ario", en el orden de la investigación de tercer grado, debe esencialmente ser referido a las formas de civilización y de espiritualidad propias de una "raza heroica", en el sentido técnico ya mencionado: y enseguida veremos el por qué. Las civilizaciones "arianas" -pueden contarse entre ellas, la de la antigua Grecia, de la antigua Roma, de la India, de Irán, del grupo nórdico-tracio y danubiano- redespertaron por un cierto período a la raza solar bajo la forma heroica, realizando así un parcial retorno de la pureza originaria. Puede decirse de las mismas que el elemento semítico, pero luego sobre todo el judaico, representó la antítesis más precisa, por ser tal elemento una especie de condensador de los detritos raciales y espirituales de las diferentes fuerzas que chocaron en el arcaico mundo mediterráneo. Se ha ya mencionado que, desde el punto de vista de la misma investigación de primer grado, Israel debe ser considerado menos como una "raza" que como un "pueblo" ("raza" tan sólo en un sentido totalmente genérico), habiendo confluido en el mismo sangres muy diferentes, incluso de origen nórdico, como parece haber sido el caso con respecto a los Filisteos. Desde el punto de vista de la raza del espíritu las cosas se encuentran en manera análoga: mientras que, en su necesidad de "redención" de la carne y en sus aspectos "místico-proféticos" en el Judío parece aflorar la raza dionisíaca, el grueso materialismo de otros aspectos de tal pueblo y el relieve dado a un vínculo puramente colectivista señala la raza telúrica, su sensualismo la afrodítica, y, en fin, el carácter rígidamente dualista de su religiosidad no se encuentra privado de relaciones con la misma raza lunar. También desde el punto de vista espiritual es necesario pues concebir a Israel como una realidad esencial compuesta; una "ley", casi en la forma de una violencia, ha buscado mantener unidos a elementos muy heterogéneos y darles una cierta forma, cosa que, hasta cuando Israel se mantuvo sobre el plano de una civilización de tipo sacerdotal, pareció incluso lograrse. Pero en el momento en el cual el Judaísmo se materializó y, luego y más aun, cuando el Judío se desligó de su propia tradición y se "modernizó", el fermento de descomposición y de caos, anteriormente retenido, tenía que volver a su estado libre y - ahora que la dispersión de Israel había introducido el elemento hebraico en casi todos los otros pueblos- tenía que actuar por contagio en sentido disgregativo en todo el mundo hasta convertirse en uno de los más preciosos y válidos instrumentos para el frente secreto de la subversión mundial. Separado de su Ley, que se le sustituía a la patria y a la raza, el Judío representa la antiraza por excelencia, es una especie de peligroso paria étnico, cuyo internacionalismo es simplemente un reflejo de la naturaleza informe y disgregada de la materia prima de la cual aquel pueblo ha sido originariamente formado. Estas concepciones sin embargo hacen también comprender a aquel tipo medio de Judío, que mientras por un lado, para él y para los suyos, como tradicionalismo residual, observa en su estilo de vida un racismo práctico solidario, muchas veces incluso intransigente, en lo que se refiere a los otros deja en vez actuar las restantes tendencialidades, y ejerce aquella actividad deletérea que, por lo demás, se encuentra prescripta por la misma Ley hebraica e incluso indicada como obligatoria cuando haya que tratar con un no-judío, con el *goim.*

PARTE CUARTA

LA RAZA ARIA Y EL PROBLEMA ESPIRITUAL

I. Qué quería decir "ario".

Veamos ahora el término "ario". De acuerdo a la concepción hoy convertida en corriente, tiene derecho a decirse "ario" quienquiera que no sea judío o de raza de color, ni tenga ascendientes de tales razas. En Alemania ello abarcaba hasta la tercera generación. A los fines más inmediatos de la política racial esta visión puede tener una cierta justificación, en el sentido de punto de referencia para una primera discriminación. Sobre un plano más alto y también a nivel histórico la misma aparece en vez como insuficiente ya por el hecho de que ella se agota en una definición negativa que indica lo que no se debe ser, no lo que se debe ser; por lo cual, una vez satisfecha la condición genérica de no ser ni negro, ni judío, tendría el mismo derecho de decirse ario, sea el más hiperbóreo de los Suecos, que un tipo semi-negroide de las regiones meridionales. Por otro lado si se confronta este significado reducido de la arianidad con el 4ue la palabra tuvo originariamente, habría que pensar casi en una profanación, puesto que la cualidad aria, en su origen, coincidía esencialmente con aquella que, como se ha mencionado, la investigación de tercer grado puede atribuir a formaciones de la raza restauradora, de la "raza heroica". Por ende el término "ario" en su concepción corriente actual no puede aceptarse sino a los fines de la circunscripción y separación de una zona general, en lo interno de la cual debería sin embargo tener lugar toda una serie de ulteriores diferenciaciones, en tanto nos querramos acercar, aunque fuese aproximativamente, al nivel espiritual que corresponde al significado auténtico y originario del término en cuestión.

El racismo -es verdad- en sus expresiones filológicas se ha empeñado en una búsqueda comparativa de palabras que en el conjunto de las lenguas indoeuropeas contienen la raíz *ar* de "ario" y que expresan aproximadamente cualidades de un tipo humano superior. *Herus* en latín y *Herr* en alemán significan "señor", en griego *aristas* quiere decir excelente *y areté* significa virtud; en irlandés *air* significa honrar y en el alemán antiguo la palabra *era* quiere decir gloria; así como en el moderno *Ehre* quiere decir honor, etc.; y todas estas expresiones, como muchas otras, parecen justamente extraerse de la raíz *ar* de ario. Además el racismo ha creído hallar esta misma raíz también en *Eran,* antiguo nombre para la Persia, en *Erin* y *Erenn,* antiguos nombres de Irlanda, además de otros muchísimos nombres propios que se encuentran frecuentemente en las antiguas estirpes germánicas. Sin embargo, desde un punto de vista riguroso el término "ario" -de *arya-* con certeza puede ser sólo referido a la civilización de los conquistadores prehistóricos, de la India y de Irán. En el *Zend-Avesta,* texto de la antigua tradición iránica, la patria originaria de las estirpes, a la cual tal tradición le fue propia, es llamada *airyanem-vaéyo,* que significa "semilla de la gente aria" y de las descripciones que se hacen resulta claramente que es una misma cosa que la sede ártica hiperbórea. En la inscripción de Behistum (520 a. C.) el gran rey Darío habla así de sí mismo: "Yo, rey de reyes, de raza aria" y los "arios", a su vez, en los textos se identifican con la milicia terrestre del "Dios de Luz": cosa ésta que nos hace aparecer a la raza aria en un significado metafísico, como aquella que, sin tregua, en uno de los varios planos de la realidad cósmica, lucha incesantemente contra las fuerzas oscuras del anti-dios, de Arimán.

Este concepto espiritual de la arianidad se precisa en la civilización hindú. En la lengua sánscrita *ar* significa "superior, noble, bien hecho" y evoca tanto la idea de mover como la de ascender, de dirigirse hacia lo alto. Con referencia a la doctrina hindú de los tres *guna,* una idea semejante plantea acercamientos interesantes. La cualidad "ar" corresponde a *rajas,* que es la cualidad de las fuerzas ascendentes, superior y opuesta a *tamas,* que es la cualidad en vez de todo lo que cae, lo que va hacia lo bajo, mientras que la cualidad superior a *rajas* es *sattva,* la cualidad propia de "lo que es" *(sat)* en sentido eminente, podría decirse, el principio solar en su carácter olímpico. Ello puede pues dar un sentido al "lugar" metafísico propio de la cualidad aria. De esta raíz *ar, arya* como adjetivo indica luego las cualidades de ser superior, fiel, óptimo, estimado, de buen nacimiento; y como sustantivo designa a "quien es señor, de noble estirpe, maestro, digno de honor": éstas son deducciones a nivel de carácter, a nivel social y, en fin, de "raza del alma".

Todo esto vale desde un punto de vista genérico. En sentido específico *arya* era sin embargo esencialmente una designación de casta: se refería colectivamente al conjunto de las tres castas superiores (jefes espirituales, aristocracia guerrera y "padres de familia" en tanto propietarios legítimos, con autoridad sobre un cierto grupo de consanguíneos) en su oposición con la cuarta casta, la casta servil de los *çûdra.* Hoy quizás habría que decir: con la masa proletaria.

Ahora bien, dos condiciones definían la cualidad aria: el nacimiento y la iniciación. Arios se nace; tal es la primera condición. La arianidad sobre tal base es una propiedad condicionada por la raza, por la casta y por la herencia, la misma se transmite con la sangre de padre a hijo y no puede ser sustituida por nada; del mismo modo como el privilegio que, hasta ayer, en Occidente tenía la sangre patricia. Un código particularmente complicado, que desarrolla una casuística hasta en sus más pequeños detalles, contenía todas las medidas necesarias para preservar y mantener pura esta herencia preciosa e insustituible, considerando no sólo el aspecto biológico (raza del cuerpo), sino también el ético y social, la conducta, un determinado estilo de vida, derechos y deberes, por ende toda una tradición de "raza del alma", diferenciada luego para cada una de las tres castas arias.

Pero si el nacimiento es la condición necesaria para ser arios, el mismo no es sin embargo todavía suficiente. La cualidad innata es confirmada a través de la iniciación, *upanayana.* Así como el bautismo es la condición indispensable para hacer parte de la comunidad cristiana, del mismo modo la iniciación representaba la puerta a través de la cual se entraba a formar parte efectiva de la gran familia aria. La iniciación determina el "segundo nacimiento", ella crea el *dvîja,*"aquel que ha nacido dos veces". En los textos *ârya* aparece siempre como sinónimo de *dvîja,* renacido o nacido dos veces. Por lo cual, ya con esto se entra en un dominio metafísico, en el campo de una raza del espíritu. La raza oscura, proletaria *-çudrâ varna-* llamada también enemiga *-dasa-* no-divina y demónica *-assurya-varna-* posee sólo un nacimiento, el del cuerpo. Dos nacimientos, el uno natural, el otro sobrenatural, uránico, tiene en vez el *arya,* el noble. Tul como en varias ocasiones lo hemos recordado, el más antiguo código de leyes arias, el *Mânavadharmaçâstra,* llega hasta el límite de declarar que quien ha nacido ario no es verdaderamente superior al *çûdra,* al siervo, antes de haber pasado a través del segundo nacimiento o cuando su pueblo haya metódicamente descuidado el rito determinante de este nacimiento, es decir la iniciación, la *upanayâna.*[15]

[15] R. Guenon en *Études traditionelles,* n. marzo de 1940 ha justamente puesto de relieve que la iniciación de las castas arianas no debe ser confundida con la iniciación en sentido absoluto *-dikshâ-,* sino que se puede decir que la primera ya contiene la potencialidad de la segunda, la cual por lo demás puede realizarse en gran parte de los casos en el momento de la muerte concebida como "tercer nacimiento" (ver pgs. 182, 216). La iniciación de casta es así comparable con el sacramento cristiano del bautismo al cual se atribuye un cierto poder transformativo, pero que es distinguido del "segundo nacimiento" en sentido

Pero también se encuentra la parte contraria. No cualquiera es apto para recibir legítimamente la iniciación, sino sólo quien ha nacido ario. Si ésta es impartida a otros es delito. Nos hallamos así con una concepción superior y completa de la raza. La misma se distingue de la concepción católica puesto que ignora un sacramento apto para suministrarse a cualquiera, sin condiciones de sangre, raza y casta, de modo tal de conducir a una democracia del espíritu. Al mismo tiempo, la misma supera también al racismo materialista puesto que, mientras que aquí se satisface a las exigencias del mismo y se lleva el concepto de la pureza biológica y de la no-mezcla hasta la forma extrema relativa a la casta cerrada, la antigua civilización aria consideraba insuficiente al mero nacimiento físico: tenía en vista una raza del espíritu a ser alcanzada -partiendo de la sólida base y de la aristocracia de una determinada sangre y de una determinada herencia natural- a través del renacimiento, definido por el sacramento ario. Aun más arriba se encontraba el tercer nacimiento, o, para usar la designación correspondiente a las tradiciones clásicas, la resurrección a través de la "muerte triunfal".

Como ideal supremo el antiguo ario consideraba en efecto la "vía de los dioses" *-deva-yána-* llamada también "solar" o "nórdica", a través de la cual se asciende y "no se vuelve", no la "vía meridional" de la disolución en el tronco colectivo de una determinada estirpe, en la sustancia confusa de nuevos nacimientos *(pitr-yâna):* cosa ésta que basta para imaginarse en cuál cuenta podría tener el hombre ario a la llamada reencarnación, concepción, ésta, que, como se ha dicho, fue propia de razas extrañas, prevalecientemente "telúricas" o "dionisíacas".

místico. Queda así en cada caso el valor de un "sacramento" y además es posible que al mismo, en tiempos más antiguos, correspondiese justamente un rito iniciático verdadero y propio.

II. El elemento solar y heroico de la antigua raza aria

La doble condición de la cualidad aria hace comprender que estas antiguas civilizaciones presuponían una especie de herencia sobrenatural latente en la raza aria de la sangre, herencia que sin embargo tenía que ser redespertada y llevada de la potencia al acto según la circunstancia para que el sujeto pudiese convertirla en cosa verdaderamente suya. Este era el significado general del sacramento ario en sus formas más altas. Considerando en cambio el ápice de la jerarquía aria, se puede ver fácilmente que la cualidad primordial latente que debía redespertarse corresponde esencialmente a la de la "raza solar" y que, por ende, el ario, en tanto aquel que pertenece potencialmente a tal raza, pero que sin embargo debe reconquistarla o restaurarla en cuanto sujeto, presenta exactamente los rasgos de la raza definida por nosotros técnicamente como "heroica".

Tal como se ha mencionado, la casta aria se repartía en otras tres y la más alta la hemos definido como la de los "jefes espirituales", puesto que esta expresión previene muchos equívocos y nos permite también evitar el problema sumamente complejo de las relaciones que en las antiguas sociedades arias de origen hiperbóreo existían entre la casta sacerdotal -*brâhman*- y la guerrera *-kshâtram.* La mayor parte de los orientalistas, al referirse a la primera, allí donde efectivamente representó el vértice de la jerarquía aria, creen ver en ella una especie de supremacía sacerdotal; cosa efectivamente errada. En primer lugar parece resultar de los más antiguos testimonios que la casta sacerdotal en su origen hacía una misma cosa con la guerrera y la de realeza, en plena correspondencia con la función originaria de la "raza solar". En segundo lugar, también prescindiendo de esto y limitándose sólo a los *brâhmana* (a los componentes de la casta del *brâman)* como jefes arios, no se puede pensar en una sociedad regida por "sacerdotes" y sujetada a ideas "religiosas", como son concebidos en la religión europea.

Ello es así por dos razones.

En primer lugar porque se encontraba la antes mencionada cuestión de la sangre. Por diferentes razones la Iglesia tuvo que imponer al clero el celibato, con lo cual se hizo imposible una base racial hereditaria para la dignidad sacerdotal. De acuerdo a la visión católica -y más aun según el protestantismo- para convertirse en sacerdote es suficiente la "vocación" (concepto éste demasiado vago), ciertos estudios afines a la filosofía y la entrega a ciertos preceptos morales: no es reclamado pues ser de raza de sacerdotes para ser ordenado sacerdote. Este es el primer punto.

En segundo lugar, la antigua *elite* aria, en tanto "raza solar", ignoraba la distancia metafísica entre un Creador y la criatura. Sus representantes no aparecían como mediadores de lo divino (es decir en la función que posee el sacerdote en las civilizaciones lunares), sino como siendo ellos mismos naturalezas divinas. La tradición los describe como dominadores no sólo de hombres, sino también de potencias invisibles, de "dioses". Entre los muchos textos reproducidos en nuestro libro ya recordado a tal respecto, se encuentra por ejemplo éste: "Nosotros somos dioses, Uds. (tan sólo) hombres". Ellos son naturalezas luminosas y son comparados al sol. Están constituidos "por una sustancia ígnea radiante", constituyen el "ápice" del universo y "son objeto deveneración de parte de las mismas divinidades". No son los administradores de una fe, sino los poseedores de una ciencia sagrada. Este conocimiento es potencia y fuerza transfigurante. Actúa como un fuego que consume y destruye todo lo que para otros en las diferentes acciones podría significar culpa, pecado, contrición. Es algo similar al nietzscheano "más allá del bien y del mal", pero sobre un plano trascendente, no en el sentido de superhombre de "cabeza rubia", sino de superhombre "olímpico". Puesto que ellos "saben" y "pueden", estos jefes arios no tienen necesidad de "creer", no conocen dogmas, en el dominio de los conocimientos tradicionales ellos son infalibles.

Y puesto que no tienen dogmas, ellos tampoco constituyen

una "iglesia"; ejercen directamente, en forma personal, su autoridad; no tienen pontífices a quienes venerar, puesto que, en una cierta manera, cada exponente legítimo de su casta es un "pontífice", en el sentido originario de la palabra. Pontífice es aquel que hace puentes, que establece los contactos entre dos riberas, entre dos mundos, entre lo humano y lo suprahumano. Puesto que ésta era la función propia del *brahmán;* y puesto que en una civilización orientada en sentido eminentemente heroico y metafísico, como era el caso para la de la antigua arianidad, una tal función aparecía como de suprema utilidad y eficacia; por tal razón el jefe espiritual, o *brâhmana,* encamaba ante los ojos de las otras castas arias, por no hablar de las serviles no-arias, una autoridad ilimitada y supremamente legítima.

El instrumento "pontifical" -es decir de "enlace"- por excelencia (en su origen, prerrogativa del rey) era el rito. También respecto del rito deberemos aquí repetir cosas ya dichas en más de una ocasión. El rito para el hombre antiguo no era una vacía y supersticiosa ceremonia. Se expresaba con éste en vez una actitud viril y dominadora ante lo suprasensible, puesto que, mientras que la plegaria es un solicitar, el rito, de acuerdo a esta visión, es un mandar y un determinar. El rito es una especie de "técnica divina" que se distingue de la moderna por el hecho de que no actuaba en base a las leyes externas de los fenómenos naturales sino que influía sobre las causas suprasensibles de los mismos; en segundo lugar, estaba condicionado por una fuerza especial y objetiva, supuesta en quien debía ejecutar el rito. La mentalidad moderna, que ve todo al revés, se inclina a referir los ritos a las prácticas supersticiosas de los salvajes. La verdad es en cambio que las prácticas de éstos no son sino las formas degeneradas de los ritos verdaderos, los cuales deben explicarse y entenderse sobre una base muy diferente.

Ahora bien, si ya en el modo de aparecerse como *brâhmana* de la suprema casta aria están presentes todos estos rasgos, tenemos razones suficientes para admitir que en los orígenes, en donde el *brâhman* y el *kshâtram* -el elemento sacerdotal y el guerrero o el de la realeza- correspondían todos a una misma cosa, la civilización de los hiperbóreos descendidos hacia el Sur tenía también en el propio centro exactamente lo que nosotros hemos definido como espiritualidad olímpica o solar. Sin embargo esta tradición en las fases sucesivas de parcial oscurecimiento de tales civilizaciones, tuvo que actuar por medio de restauraciones de tipo "heroico" en una *elite* o casta de jefes espirituales. Una indagación de los testimonios correspondientes a la más antigua civilización griega y romana conduciría a los mismos resultados. El elemento solar y de realeza, el sentido de la comunidad de origen y de vida con los entes divinos, son rasgos por igual presentes en la misma.

Por lo tanto, resumiendo, si se lo quiere explicar con las concepciones y las tradiciones propias de las civilizaciones a las cuales perteneció en manera rigurosa y probada, el término "ario" se refiere sobre todo, en general, a una "raza del espíritu" de origen hiperbóreo empeñada en una especie de lucha metafísica y que tiene como propio un especial ideal de *Imperium,* concibiendo al jefe como el "rey de reyes" (Irán); más en particular, en su extrema pureza, el mismo comprende en primer lugar el ideal de una alta pureza biológica y de una nobleza de la raza del cuerpo; en segundo lugar, la idea de una raza del espíritu, de tipo "solar", con rasgos sacrales y simultáneamente de realeza y dominadores: raza de verdaderos superhombres, enfrentada a todo lo que de materialista, evolucionista, "prometeico" se encuentra en vez en las concepciones modernas del superhombre, aun prescindiendo de que éstas no son sino "filosofía", teorías e imaginerías formuladas por personas cuya raza, casi siempre, no se encuentra para nada en orden.

Si la investigación relativa a la aristocracia aria de los tiempos primordiales nos lleva a tales alturas, descender en cambio a partir de éstas a las exigencias prácticas del problema actual de la raza no es por cierto agradable. El mundo espiritual que la investigación de tercer grado vuelve a llevar a la luz a través de un examen adecuado de las tradiciones y de los símbolos antiguos y que ve esencialmente unido a la más alta herencia ario-hiperbórea, para muchos "arios" de hoy puede parecer inusitado y fantasioso, para otros incluso incomprensible. Traer a colación significados que milenios de historia han sepultado en los más profundos estratos de la subconsciencia, para que ellos despierten nuevas formas de sensibilidad, no puede acontecer del hoy al mañana y, en cada caso, es una obra que va asociada a los deberes del racismo práctico de primero y de segundo grado, siendo necesario remover al mismo tiempo obstáculos y deformaciones que paralizan, por decirlo así, incluso físicamente, la posibilidad de cualquier retorno al antiguo espíritu ario.

A pesar de como hoy se encuentren las cosas, es esencial que la expresión "ario" no decaiga en una vacía consigna y sea la simple designación que se le da a cualquiera que no sea negro, judío o mongol. Es necesario mantener siempre presentes los supremos puntos de referencia, los conceptos límite, las líneas de altura, porque es de éstos que depende el sentido de todo el desarrollo a partir de los primeros grados del mismo. Y también a tal respecto puede acontecer una elección de vocaciones: el sentido de algo que, hoy, aparece como una veta reluciente en míticas e inalcanzables lejanías, mientras que puede paralizar a los unos e inducirlos a "no perder el tiempo" en fantasías anacrónicas, puede en cambio despertar en los otros una tensión creadora, suscitadora de superiores posibilidades.

III. Ex occidente lux. El problema religioso

De las menciones hechas acerca de los caminos recorridos por la civilización de las razas nórdico-arias resulta un nuevo aspecto, según el cual la doctrina de la raza tiene un alcance revolucionario. En la época que nos ha precedido eran famosas dos ideas, dadas casi como verdades adquiridas una vez y para siempre: en primer lugar la barbarie de Occidente y el origen en Oriente de toda superior civilización antigua; en segundo lugar, el origen hebraico de la "religión superior", del monoteísmo. La nueva investigación racista de la historia, integrada con datos tradicionales, da vuelta por completo tales dogmas. En primer lugar ella reputa que la gran tradición nórdico-atlántica conoció ya el monoteísmo en formas superiores, cósmico-solares, y difundió una civilización correspondiente con el mismo en un movimiento de Occidente hacia Oriente y del Norte hacia el Sur. Es falso pues que *ex Oriente lux;* de Oriente -se podría decir con mayor razón vinieron más bien las tinieblas: como a la manera de una especie de reflujo, del mismo vinieron formas religiosas, místicas y sociales inficcionadas por influencias ligadas a razas inferiores o derivadas involutivamente de las civilizaciones arias de origen nórdico-occidental que se difundieron en Oriente en épocas prehistóricas y ya en decadencia. De paso debe también resaltarse que todo aquello que hoy en algunos ambientes, sea estetizantes, como teosóficos, es exaltado como sabiduría oriental, se encuentra en mayor o en menor medida en el mismo plano; no se refiere a los elementos superiores de origen ario de las civilizaciones orientales: y a su vez, a lo que es confusamente asumido por tales corrientes, se agregan deformaciones e incomprensiones derivadas de la mentalidad moderna[16].

Igualmente no originario es el monoteísmo de la religión hebraica, el cual en su crudeza y en la unilateral exasperación de su dualismo debe ser considerado como una especie de desesperado punto de referencia para aquella función de unificar, de alguna manera, a través de la Ley judía, a un conjunto de detritos étnicos en sí mismos tendientes a dispersarse hacia cualquier sector. En cuanto a la presunta "religión superior" con que en general se califica a la de Israel, en la misma motivos ya presentes en las civilizaciones del ciclo ario se mezclan con elementos sospechosos que concluyeron yendo al encuentro de los fermentos de descomposición étnica y moral actuantes en el mundo mediterráneo y alterando sensiblemente todo lo que en tal mundo todavía subsistía como un eco o remisión de la antigua

[16] Véase la crítica de tales corrientes contenida en nuestro trabajo ya citado, *"Máscara y rostro del espiritualismo contemporáneo"* (Ed. Omnia Veritas).

tradición nórdico-aria.

Es por lo demás evidente que, dadas las relaciones de la religión judaica con el cristianismo, dentro de una ampliación de horizontes y de un antijudaísmo que no se limite al plano de la raza del cuerpo y del alma, sino que se reafirma también en el del espíritu, podría preguntarse en qué relaciones una doctrina completa de la raza se encuentre justamente con el cristianismo. Este problema es delicado y también aquí las lecciones de la experiencia, es decir las exageraciones y los errores ya cometidos por un cierto racismo extranjero, nos deben servir para evitar falsos giros. Su formulación más general es la siguiente. En los actuales movimientos de renovación, en especial allí donde le es dado un relieve particular al mito racista y ario, se despiertan fuerzas que no pueden estar contenidas en el orden estrictamente político: ellas son también fuerzas de fe que buscan puntos superiores y espirituales de referencia, una "concepción del mundo" conforme con la raza y, al mismo tiempo, susceptible de integrar y potenciar las ideas que ya guían a sus partidos sobre el plano político-nacional. ¿Puede ser una tal concepción del mundo *sic et simpliciter* la cristiana? ¿O, en fin, es necesario buscar elementos válidos en tradiciones de tipo diferente?

Para Italia, país católico no alterado por la Reforma, no es por cierto el caso de pensar en soluciones extremistas y, en el fondo, el mismo problema, si es que hay que planteárselo, no posee un carácter político, sino tan sólo teorético, de orientación genérica. Apenas vale la pena decir que en el orden de las cosas que aquí se tratan, todo intento de crear "sustitutos", de buscar en ésta o en aquella concepción o construcción filosófica o "espiritualista" de pensadores modernos un equivalente religioso, debe ser rechazado sin más. Sólo una tradición, en el sentido más severo y suprapersonal del término, puede estar a la altura del problema. Pero las tradiciones no se crean por una orden, de un momento para el otro, en función de necesidades contingentes. De la misma manera es evidente la inutilidad, es más, lo nocivo que significan actitudes puramente polémicas y negativas, incluso en el caso en que éstas estuviesen justificadas por ciertos aspectos militantes y sesgados de una determinada tradición. Se trata en cambio de otra cosa. La cuestión es que, una vez que se ha procedido -sobre todo en materia de tradiciones arias de los orígenes- a aquella ampliación de horizontes, de la que se ha hablado, es muy difícil que se pueda continuar a adherir incondicionalmente a la concepción según la cual el cristianismo sería la única tradición y religión verdadera, mientras que el mundo antiguo, comprendido el ario-romano - aparte de alguna vaga "prefiguración"- no habría conocido otra cosa que superstición y espiritualidad inferior. Se trataría más bien de poner de relieve y en su justo valor aquellos aspectos del cristianismo, sobre todo del catolicismo, en virtud de los cuales el mismo no se presenta como algo nuevo, sino como una reanudación: reanudación de algunos temas solares y cósmicos de una tradición primordial, que sin embargo ha tenido también otras manifestaciones superiores: superiores por el simple hecho de que esta tradición ha podido conservarse en otra parte más pura, no habiendo debido pasar por el tamiz del elemento pre-ariano y semítico-meridional del Mediterráneo y puesto que en otra parte las razas muchas veces se encontraron en mayor contacto con los orígenes. Por lo demás, en las enseñanzas de la Iglesia hay algo que podría conciliarse con tal postura. Aludimos a la doctrina de la llamada "revelación patriarcal primordial", que habría sido hecha a todas las razas antes de una catástrofe, la cual es simplemente la transcripción mítica de la que destruyó la sede de la raza nórdico-atlántica; revelación que más tarde se habría perdido. Al referirse a tal concepción, el padre Schmidt ha desarrollado búsquedas, en materia de etnología y de cultos "primitivos", que demuestran mucha más comprensión que la mayoría de sus colegas. Sin embargo difícilmente se podría admitir que esta "revelación", habiéndose oscurecido por todas partes, haya sido conservada pura sólo por un "pueblo elegido", identificado con Israel. La arbitrariedad de una tal postura puede resultar también de una investigación muy elemental.

Para quienes perciban el problema aquí señalado, no se

trata de cualquier forma de cerrarse en actitudes polémicas, que no conducen a nada, sino de concentrar la atención sobre el mundo de la arianidad. Y entonces se estará en grado de reconocer, de discriminar y de completar lo que puede haber de válido y de fecundo en el catolicismo, aun para un pueblo que se declara abiertamente por un racismo "ariano". En la medida en que, como parece ser el caso de Alemania, ello no fuese reputado como suficiente por algunas fuerzas revolucionarias, éstas están libres de buscar expresiones nuevas y diferentes para las mismas ideas tradicionales: sin embargo no debería nunca venir a menos la conciencia de que esta diversidad y novedad se refiere justamente sólo a la expresión y no al contenido, por lo cual también en tal caso el racismo, si es comprendido correctamente, no debería perjudicar las posibilidades de entendimiento entre quien se remite a la tradición común a través del catolicismo y quien, en cambio, busca volver a evocarla en manera más directa a través de doctrinas arias de origen pre-cristiano o no-cristiano.

Siguiendo tales directivas, y también independientemente de toda la actualidad del problema, el racismo debería pues promover una nueva ciencia comparada de las religiones y de las tradiciones espirituales, alejada sea de la chata y falsa objetividad de quienes hoy en las Universidades europeas, incluidas las italianas, practican algo semejante, sea de cualquier animosidad sectaria.

IV. El equívoco del nuevo paganismo racista.

Una vez que se ha precisado el problema de tal manera, quizás sea oportuno señalar el equívoco -equívoco de no poca importancia- propio de aquellas corrientes racistas extremistas contemporáneas que han creído resolverlo todo en los términos de un neopaganismo. Tal equívoco en verdad se realiza ya en el momento en que se usan las mismas palabras "pagano" y "paganismo". Y debemos admitir que nosotros mismos, que en un determinado momento las adoptamos[17], nos hemos tenido que arrepentir sinceramente de haberlo hecho.

Es verdad que en antiguos escritores latinos, como por ejemplo en LIVIO, se encuentra, aunque no unida a una especial intención, la palabra *paganus.* Ello no impide que, en la medida en que nos refiramos a su acepción convertida en prevaleciente a partir del advenimiento de la nueva fe, *paganus* signifique un término esencialmente despreciativo, usado con finalidad polémica desde la primera apologética cristiana. *Paganus* deriva de *pagus,* que significa aldea, burgo, por lo cual *paganus* quiere decir lo que es propio de un ser rústico, inculto y primitivo. Con la finalidad de glorificar y afirmar a la nueva fe, una cierta apologética cristiana, siguiendo la mala costumbre de desacreditar a los otros para sobreestimarse a sí mismo, procedió a una deformación y a una denigración muchas veces sistemática y consciente de casi todas las doctrinas, los cultos y las tradiciones anteriores, a las cuales les hizo justamente corresponder la designación colectiva y despreciativa de "paganismo". Naturalmente, con una tal finalidad ella se preocupó de poner en relieve todo aquello que, en tales tradiciones o cultos no cristianos no poseía un carácter originario y normal, sino un manifiesto significado de formas decadentes y degeneradas. Un tal *animus* polémico condujo luego, en forma más particular, a atribuir indiscriminadamente un carácter anticristiano a todo aquello que, siendo anterior al cristianismo, podía también ser simplemente no cristiano y no constituir por tal causa una antítesis totalmente irreductible.

Sobre tal base es pues necesario pensar que hay un "paganismo" que significa una cosa esencialmente -y tendenciosamente- construida: es decir privada de cualquier correspondencia verdadera con la realidad histórica. Pero entendámosnos bien: tal falta de correspondencia fue con aquello que en sus formas "normales" el mundo pre-cristiano y

[17] Nos referimos aquí a nuestra obra polémica *Imperialismo pagano,* Todi, 1928.

sobre todo ariano siempre fue, y que el mismo no fue sólo el que se manifestó a veces en aspectos decadentes o más bien referidos a residuos degenerados de más antiguas civilizaciones y razas inferiores.

Quien tenga presente todo esto, llega hoy a descubrir una singular paradoja, y es que es justamente a partir de un tal paganismo, que nunca ha existido, que toman partida algunas tendencias "paganas" y anticristianas del racismo y del nacionalismo extremista, amenazando pues en la actualidad, de hacerlo real por primera vez en la historia. Ni más ni menos.

¿Cuáles son los rasgos principales de la concepción pagana de la vida tal como la apologética la ha supuesto y difundido?

En primer lugar y principalmente: el naturalismo. La concepción pagana de la vida habría ignorado toda trascendencia. Ella habría permanecido en una promiscuidad del espíritu y naturaleza, en una equívoca unidad de cuerpo y alma. Su religión se habría agotado en una divinificación supersticiosa de los fenómenos naturales, o bien de las energías de las razas elevadas, a su vez, a la categoría de ídolos. De lo cual surge en primer lugar un particularismo, un politeísmo condicionado por la tierra y por la sangre. En segundo lugar, la ausencia del concepto de personalidad espiritual y de libertad, un estado de inocencia que es simplemente el propio de los seres de naturaleza, de aquellos que no han aun despertado a ninguna aspiración verdaderamente sobrenatural. Esta es "inocencia", o bien licencia, "pecado". También en los otros dominios tenemos, o superstición, o bien civilización puramente "profana", materialista, fatalista. Aparte de ciertas "anticipaciones" reputadas como obviables, es con el cristianismo que se habría revelado por primera vez en el mundo la libertad sobrenatural, es decir, de la gracia y de la personalidad, en contra del determinismo y del naturalismo "pagano"; es con éste que se habría afirmado un ideal "católico", es decir, etimológicamente universal, un sano dualismo, que permite la subordinación de la naturaleza a un orden superior, a una ley de lo alto y al triunfo de la ley del espíritu más allá de la de la carne, de la sangre y de los "falsos dioses".

Estos son los rasgos más típicos de la concepción predominante del paganismo, es decir, de todo lo que no es una concepción específicamente cristiana del mundo. Lo que los mismos poseen de inexacto y de unilateral, hay apenas necesidad de destacarlo a cualquiera que, en materia de historia de la civilización y de las religiones, posea un conocimiento directo, aunque fuese elemental. Y por lo demás, algunos Padres de la Iglesia muchas veces dieron prueba de una mayor comprensión de los símbolos y de los cultos de las anteriores civilizaciones. Aquí no podemos poner de relieve sino algunos puntos.

Sobre todo, lo que caracteriza al mundo no-cristiano, en especial ario, en todas sus formas normales, no fue la divinificación supersticiosa de la naturaleza, sino, por el contrario, una comprensión simbólica de la misma, por medio de la cual - como muchas veces hemos tenido ocasión de resaltarcada cosa y cada acción aparecieron como manifestaciones sensibles de un mundo suprasensible: la concepción "pagana" del hombre y del mundo tuvo esencialmente un carácter simbólico-sacral. En el caso específico de las fuerzas de la sangre y de los pueblos, en vez que de superstición politeísta, se trató de un conocimiento bien preciso de los elementos suprabiológicos, y provenientes de lo alto, y de lo cual aun hoy un racismo de tercer grado tendría mucho que aprender todavía. Nosotros hemos ya tenido ocasión de poner de relieve el preciso contenido racista de los cultos familiares y gentilicios de los romanos[18].

En segundo lugar, el modo pagano de vida no fue para nada el de una estúpida "inocencia" o de una licencia de carácter naturalista, salvo en alguna forma de decadencia más que manifiesta. El mismo ya en su momento conoció un sano dualismo, que se refleja también en concepciones religiosas o metafísicas generales, como por ejemplo, en la antagonística, ya

[18] Véase *Difesa della Razza,* n2 14 y 15 de 1940.

mencionada y conocida por todos, sostenida por los arios del antiguo Irán, o como la oposición dórico-aria entre las dos "naturalezas", entre mundo del devenir y "supramundo", o como la ario-nórdica entre la raza de los *Asen* y el "mundo elemental", o como la indoaria entre el *samsára,* la corriente de las formas" y *mukthi,* en tanto "liberación", y así sucesivamente.

En conexión con esto, la aspiración a una libertad sobrenatural, es decir a un cumplimiento metafísico de la personalidad, fue común a todas las grandes civilizaciones pre-cristianas y arias, las cuales conocieron todas por igual "misterios" e "iniciaciones". Al respecto, se ha ya mencionado que el significado de los "misterios" muchas veces fue el de una reconquista del "estado primordial", de la espiritualidad propia de la raza solar e hiperbórea, sobre la base de una tradición y de un saber defendidos a través del secreto y el exclusivismo, ante la contaminación de un ambiente ya corrompido. Y además se ha visto que en Oriente el mero hecho de decirse "ario" se vinculaba a un "segundo nacimiento", condicionado por la iniciación.

En cuanto a la inocencia naturalista, en tanto culto "pagano" del cuerpo, la misma es una fábula tan grande que no se la puede encontrar en rigor ni siquiera entre los salvajes, puesto que, a pesar de la ya mencionada indiferenciación interior típica de la "raza de la naturaleza", en los mismos la vida es frenada y limitada por una selva de *tabúes,* en manera muchas veces más rígida que en la misma moral de las llamadas religiones positivas. Y aquello que, para algunos que miran las cosas en la superficie, habría sido el ápice de una tal "inocencia", es decir el ideal clásico, sin embargo habría que resaltar que no se trata aquí del culto del cuerpo en tanto está más acá, sino más allá del dualismo entre espíritu y cuerpo, siendo el ideal de un espíritu que se ha hecho dominador de modo de plasmar, al darse ciertas condiciones históricas favorables, de manera plena al cuerpo y al alma a su imagen y realizar pues una perfecta correspondencia de continente a contenido.

En cuarto lugar, una aspiración supraparticularista debe

constatarse allí donde, en el mundo "pagano", en el ciclo ascendente de las razas superiores del tronco nórdico-ario, se manifestó una vocación hacia el imperio; y una tal vocación aquí tuvo muchas veces una potencialidad metafísica, se manifestó como una natural consecuencia de la extensión del antiguo concepto sagrado del Estado y como la forma en la cual buscó realizarse la presencia victoriosa del "supra-mundo" en el mundo del devenir. A tal respecto, podríamos recordar la antigua concepción ario-iránica del imperio y del "rey de los reyes", con la correspondiente doctrina del *hvarenô* (o "gloria celestial" llevada por los conquistadores), la tradición indoaria del "señor universal" o *çakravartî,* y así sucesivamente, hasta el reflejo de tales significados presentes en los aspectos "solares" del imperio romano. El cual tuvo un contenido sagrado, sistemáticamente desconocido o difamado no sólo por el cristianismo, sino también por la investigación "científica": el culto imperial romano significó en realidad la culminación jerárquica unificadora de un *pantheon,* es decir de una serie de cultos particulares, condicionados por la tierra Y. por la sangre, de los pueblos no-romanos, cultos que eran sin más respetados, siempre que se mantuviesen en sus límites normales. En cuanto a la unidad "pagana" de los dos poderes, el espiritual y el temporal, lejos de significar la confusión de los mismos, implicaba el supremo derecho que, en conformidad con la tradición de la "raza solar", la autoridad espiritual posee y debe tener en el centro de todo Estado normal. Ella era pues una cosa muy distinta que la "estatolatría", que la "soberanía" y el "totalitarismo" de un Estado de tipo laico. Y para multiplicar rectificaciones de este tipo, en un marco de pura objetividad, no habría sino que elegir.

V. Otras confusiones "paganas" acerca de la concepción del mundo.

Una vez que se ha constatado todo esto, sería posible la mencionada posibilidad de "trascender" ciertos aspectos del cristianismo. De acuerdo a su rigurosa etimología latina, trascender significa "superar ascendiendo". A nivel de principios, no se trataría -es bueno repetirlo- de negar al cristianismo o de demostrar a su respecto la misma incomprensión demostrada por éste en su momento -aunque en gran medida aun hoy- hacia el "paganismo"; se trataría en vez eventualmente de integrarlo con algo más vasto dejando a un lado algunos aspectos por los cuales el mismo concuerda poco con el espíritu propio de algunas de las fuerzas renovadoras de hoy, en especial de Alemania, para acentuar en vez otros aspectos, más esenciales, según los cuales tal fe puede no contradecir las concepciones generales de la espiritualidad aria y nórdico-aria, precristiana y no-cristiana.

Lamentablemente muy otro ha sido el camino que ha seguido aquel neopaganismo racista extremista al cual nos hemos referido. Casi como cayendo en una trampa preparada a propósito, tales neopaganos, como hemos dicho, terminan profesando y defendiendo ideas, que se reducen en mayor o menor medida a aquel paganismo ficticio, naturalista, privado de luces, de trascendencia, particularista e incluso invadido por un equívoco misticismo panteísta, que fue creado polémicamente por la incomprensión cristiana hacia el mundo no-cristiano y que, cuanto más, como base real, puede tener sólo formas esporádicas de degeneración y de involución de un tal mundo. Y, como si esto no bastara, se da cabida a una polémica anticatólica la cual, *mutatis mutandis,* de hecho vuelve a exhumar justamente ciertos argumentos y lugares comunes de tipo abiertamente "moderno", racionalista, iluminista y protestante, que ya fueron en su momento las armas del liberalismo, de la democracia y de la masonería. Un ejemplo de ello lo fue en gran medida el caso de CHAMBERLAIN. Ello sin embargo se transparenta además en algunas veleidades racistas locales que se han inspirado en la filosofía gentiliana[19] es decir en la filosofía de una persona para

[19] Se refiere aquí al filósofo italiano GIOVANNI GENTILE, pereneciente a la escuela idealista neo-hegeliana, de gran influencia cultural en la época del Fascismo. (N. de la trad.)

la cual el Fascismo sería la continuación del '70 anticatólico, las reevocaciones romanas serían una retórica estúpida y la tradición italiana iría a coincidir en mayor o menor medida con las opiniones de una serie de rebeldes y herejes, desde GIORDANO BRUNO en adelante.

Pero de manera más general se ha indicado más arriba que esto se lo ve cuando el nuevo paganismo se entrega a la exaltación de la inmanencia, de la "Vida", de la "naturaleza", buscando crear una nueva y supersticiosa religión, que está en el más estridente contraste con cualquier superior ideal "olímpico" y "heroico" de las grandes civilizaciones arias de la antigüedad pre-cristina. ¿Qué deberíamos pensar con afirmaciones como ésta: "La fe en un mundo suprasensible más allá del sensible es una cosa de esquizofrénicos: sólo el esquizofrénico ve doble".[20] O bien de la otra según la cual toda distinción entre espíritu y cuerpo sería el producto de una degeneración anti-aria inoculado por la raza orientaloide? Al negar esta distinción tales racistas, con perfecta consecuencia, llegan a negar la misma inmortalidad: si el alma es inconcebible en forma separada del cuerpo, no se puede pensar en una supervivencia en el más allá, sino sólo en la inmortalidad entendida como una continuación en la generación de la estirpe. Inmortalidad ésta, a la cual un estrago, un terremoto o una epidemia, por supuesto, serían suficiente para destruirla.

Acerca del prejuicio antiascético, se lo ha ya dicho: el neopaganismo aumenta al respecto la incomprensión ya demostrada por NIETZSCHE. De acuerdo a la misma, el ario no habría conocido, a nivel normal, la ascesis: su verdadera mística habría sido "del más acá": no habría nunca pensado en una

[20] Estas palabras son de E. BERGMANN, el cual se ha dedicado también a formular el evangelio de una nueva "Iglesia nacional alemana". Es a su vez aquel que en la obra *Muttergeist und Erkenbntnisgeist* ha sostenido la tesis de que toda la historia de la civilización representa una perversión, puesto que está definida por la rebelión del hombre contra la natural preeminencia que, según tal autor, debería tener la mujer.

realización sobrenatural de la personalidad.

Superstición, residuo de "oscuro medioevo" y de "magia etrusca", mentira e instrumento para la táctica de dominio temporal del clero en comercio de "indulgencias" sería en cambio para éstos todo lo que es sacramento, rito y poder sobrenatural. Se demuestra así no saber que toda la vida de las civilizaciones antiguas, de las arias y específicamente de la romana "pagana", tuvo siempre un carácter ritual. En la misma el rito acompañaba a toda forma de la vida individual y colectiva, no en el sentido de una ceremonia vacía, sino como un instrumento de conexión entre las fuerzas humanas y las suprasensibles. En contraposición con esto ya CHAMBERLAIN había puesto en la cuenta del espíritu ario las "conquistas" propias del llamado libre examen y de las ciencias profanas modernas.

Naturalmente que cuando se cree que el luteranismo ha representado un redespertar del espíritu de la raza nórdica en vez que significar en cambio, como lo fue efectivamente, el incentivo para una posterior involución espiritual y para una consecuente semitización de sí mismo - en otra parte, en la edición alemana de nuestra *Revuelta contra el mundo moderno,* hemos justificado estas ideas-, a una incomprensión no puede sino agregársele otra. Así pues hay algo ingenuo -ha resaltado muy justamente GUÉNON en el escándalo que por ejemplo se manifiesta en modo protestante ante la pretensión de "infalibilidad" que, en el orden del conocimiento trascendente -en Occidente se dice: en materia de "fe"- era en cambio reconocida en forma pacífica por las civilizaciones arias, no a un solo hombre, como en el catolicismo, sino a cada miembro perteneciente legítimamente al *brahmán,* a la "casta solar" de los jefes espirituales.

Ante tales confusiones, se formula siempre en forma más neta la alternativa: o volver a la tradición y a los orígenes, que son sagrados y espirituales, o bien continuar jugando con diferentes combinaciones e inclinaciones del pensamiento moderno y profano. Otro ejemplo: ¿qué cosa es aquella "naturaleza" que en ciertos ambientes racistas es exaltada tanto? Bastaría muy poco para darse cuenta que ella no es para nada la naturaleza tal como la vivió el hombre antiguo, sino una construcción racionalista del tiempo del enciclopedismo francés. Justamente los enciclopedistas crearon, con precisas intenciones subversivas y revolucionarias, el mito de una naturaleza buena, sabia y previsora en contraste con la corrupción de toda "cultura", y así nosotros vemos que el mito optimista naturalista de Rousseau y de los enciclopedistas marchó a paso parejo con el "derecho natural", el universalismo, el individualismo, el humanitarismo, el igualitarismo y la negación de toda forma positiva de Estado y de jerarquía. También en lo relativo a las ciencias naturales se podría decir lo mismo. Todo honesto científico sabe que en sus investigaciones -empeñadas exclusivamente en constatar abstractas uniformidades y en formular relaciones matemáticas- no hay lugar para la "naturaleza" en cuanto a las investigaciones biológicas, a la misma ciencia de la herencia, y así sucesivamente. Hemos ya tenido ocasión de resaltar los errores y las unilateralidades en las que se cae al creer como definitivas a leyes que valen sólo para un aspecto parcial y subordinado de la realidad. En cambio no se halla ningún rastro del significado que la naturaleza tenía para el hombre de los orígenes, para el hombre tradicional y solar caracterizado esencialmente por su distancia olímpica y de realeza propia respecto a lo que hoy se piensa que es la "naturaleza". Puesto que el racismo italiano no se ha conducido por tales dominios todavía, es bueno pues prestar atención y, como decíamos, hacer acopio de la experiencia ajena.

VI. Cristianismo, raza, espíritu de los orígenes.

Otros equívocos neopaganos se refieren al campo político. El paganismo se convierte aquí muchas veces en sinónimo de la soberanía exclusiva de un poder simplemente temporal. Lo cual es exactamente lo opuesto -ya lo resaltamos- de lo que es propio de los Estados antiguos en donde la síntesis de los dos poderes no significó estatolatría, sino, por el contrario, una base para la espiritualización de la política misma. En cambio en el nuevo paganismo el único resultado a lograr sería aquel por el cual -en la misma línea del galicanismo- se terminara politizando a la espiritualidad y a la misma religión. De este modo se invierte así totalmente la exigencia fundamental de los movimientos renovadores de hoy, empeñados en asumir como base una concepción del mundo.

¿Y qué es lo que se debe pensar de ciertos ambientes -baste recordar el de LUDDENDORF, o para decirlo mejor de la LUDDENDORF, al ser la mujer del conocido general la verdadera responsable de tales aberracionesque ponen en un mismo plano al judaísmo, a la romanidad, a la iglesia, a la masonería y al comunismo, por el hecho de que su premisa es diferente de la de la nación-raza? La nación-raza, a tal respecto, amenaza con conducir hacia una oscuridad en la cual todas la vacas son negras y ninguna distinción es más posible. Se demuestra así haber perdido todo sentido por la jerarquía aria de los valores y de no saber ir más allá de una antítesis paralizadora constituida por un internacionalismo destructor y por un nacionalismo particularista, mientras que la concepción tradicional del imperio, o *Reich,* se encuentra más allá de ambos. La misma se vincula con la idea de una "super raza", capaz de crear y dirigir hacia una superior unidad jerárquica, en la cual las unidades particulares, definidas en manera étnica y nacional, no se encuentran disueltas en sus caracteres específicos y en su relativa autonomía, sino llevadas a participar de un más alto nivel espiritual. Por lo demás, otros ambientes también alemanes, haciendo similares giros, habían incluso llegado a extender un acta de acusación contra los aspectos mejores de sus anteriores tradiciones, considerando a Carla Magno, a los Hohenstaufen y a los Absburgo, en su "romanidad", poco menos que como traidores de la nación-raza. Afortunadamente la misma fuerza de las cosas y el nuevo desarrollo europeo de Alemania se ha encargado de liquidar tales extravagancias.

Por lo que finalmente se refiere a las tonalidades de "heroísmo trágico" y de "amor por el destino", que algunos de los ambientes paganizantes aquí considerados querrían dar como características de la concepción nórdica del mundo, no se trata ello de nada que en verdad corresponda a la espiritualidad nórdico-aria originaria verdadera, sino sólo de un reflejo, el mismo alterado en forma por lo demás estetista hasta lo irreconocible, de la faz crepuscular de derrumbe de una de las razas de origen hiperbóreo. Y éste es el sentido verdadero del *ragna-rökkr,* término de la mitología nórdico-escandinava, traducido en forma mántica como "crepúsculo de los dioses", pero que más bien significa "oscurecimiento de los dioses", en alusión al final de un ciclo. Lejos de tratarse de algo que pueda dar su tonalidad a una concepción del mundo, se trata aquí de un simple episodio, retomado en el contexto de una epopeya mucho más vasta, que debe ser comprendida en base a la enseñanza tradicional acerca de las llamadas "leyes cíclicas". Y aquí cabe decir, aunque sea de paso, que nada se podrá entender de las verdaderas tradiciones nórdicas, en su contenido superior heroico y olímpico originario, que en última instancia nos es común a todos, hasta que no nos demos cuenta de que todo el arte de WAGNER representa su peor caricatura y su parodia "humanista", hasta el límite de preguntarse si ello haya acontecido tan sólo casualmente. Y lo mismo hay que pensar acerca del "romanticismo", de todo lo que hay de inflado, "nibelúngico", de "infinito" en el mal sentido, como un testimonio de la supremacía de la sentimentalidad y de confusos impulsos sobre toda facultad superior que muchos ambientes germánicos atribuyen a la propia tradición, mostrando así que son sensibles sólo hacia los aspectos crepusculares de la misma, hacia los aspectos relativos justamente al período de "oscurecimiento de lo divino" así como hacia toda siniestra confusión. Y es de este modo cómo personas, que sin embargo son reputadas como "germanistas", como por ejemplo MANACORDA, han sido llevadas a inventar el mito de la "Selva y el Templo" y a suponer antítesis, unilaterales y dañinas para todo conocimiento ariano, entre el ideal germánico y el verdadero ideal romano, el que por lo demás tal autor comprende tan poco, del mismo modo como los ambientes alemanes antes mencionados comprenden el propio.

Pero una confusión similar que debe ser denunciada, puesto que nos puede tocar en manera directa, es la del "paganismo" que se querría exaltar en las formas del Humanismo y del Renacimiento, una vez más sobre la base de los temas banales del inmanentismo, de la "afirmación de la vida", del "redescubrimiento de la sacralidad del cuerpo y de la belleza", de la superación del "despotismo teologal" y de otros lugares comunes ni siquiera dignos de una logia masónica. En otra parte, en *Revuelta contra el mundo moderno,* ha sido precisado lo que al respecto se debe pensar desde el punto de vista tradicional. El "humanista" no es sino un paganismo desconsagrado, que retoma del mundo antiguo los aspectos más exteriores y deletéreos. Mientras que cree ser "completo", el tipo humanista es en cambio el de una humanidad mutilada que, como bien se ha expresado GUÉNON, se ha separado de los cielos con la excusa de conquistar la tierra. El mismo antecedente inmediato, en la dirección de un proceso de caída, del tipo individualista, en el cual la destrucción ya presente, pero en manera menos visible, en un primer momento, debía sin más hacerse luego manifiesta. La nivelación universalista y humanitarista, una civilización estandarizada y sin rostro, la postración de la raza interna y el debilitamiento de las tradiciones familiares y nacionales, una concepción totalmente desconsagrada del mundo, una judaización a ultranza de la cultura, y así sucesivamente, éstos son los temas del epílogo fatal del desarrollo que se iniciara con los brillantes fuegos de artificio del Humanismo y del Renacimiento, es decir con aquello que, según tales interpretaciones dilettantes de la historia, habría sido una especie de retorno del "paganismo" y de triunfo de la vida[21]. Y sobre esto

[21] El norteamericano STODDARD LOTHROP ha escrito un libro interesante, *The revolt against Civilisation,* para interpretar racionalmente los movimientos revolucionarios de la época actual y reconocer como su substrato biológico a una sub-humanidad. Algo similar se podría hacer respecto del Renacimiento y del Humanismo. Sería difícil encontrar entre los tipos más característicos de aquel período -sobre todo en el campo político- un número suficiente de fisonomías

se podría seguir hasta el cansancio. Ahora bien, todo esto es en verdad "paganismo" en el sentido negativo y supuesto por la antigua y moderna apologética cristiana militante. El mismo demuestra, además de una preocupante interpretación, un sentido completamente erróneo del camino que eventualmente, por una acción positiva, algunas corrientes racistas podrían recorrer. En vez de "trascender" -de superar elevándose- cuando se combate de tal manera, se desciende efectivamente, y ya es una suerte que el adversario no sepa recabar todavía todo el provecho posible.

Hemos desarrollado estas consideraciones, repitámoslo, sobre el plano de los principios con el fin de prevenir confusiones y también para esclarecer, ante las mismas, algunos valores de la antigua espiritualidad aria. Nosotros por ende no creemos indicar aquí alguna solución particular a aquellas que, entre las nuevas corrientes renovadores, van o irán en busca de nuevas formas de espiritualidad, ni tampoco precisar la relación entre las mismas y el cristianismo. Queremos tan sólo poner de relieve que para ellas debería quedar firme la condición de permanecer por lo menos en el mismo nivel de la tradición que Occidente, por un conjunto de circunstancias no todas afortunadas, ha tenido como propia: de no perder la cuota espiritual. Para limitarnos a un único aspecto, el mismo dogmatismo católico cumple esencialmente una útil función de barrera: impide que la mística de la inmanencia y análogas invasiones prevaricadoras desde lo bajo vayan más allá de un cierto punto; establece un rígido límite allí donde rige, o por lo menos debería regir, un conocimiento trascendente y el elemento verdaderamente "sobrenatural" y "no-humano". Ahora bien, se podrá también dirigir una crítica al modo con el cual, en el cristianismo, tal conocimiento y

racialmente "en orden". La regla es en vez la antiraza, rostros repletos de asimetrías, narices deformes y desproporcionadas, sistemática deformación de la línea nórdica y así sucesivamente. Si bien estos síntomas en sí mismos no son decisivos, se convierten en significativos si se los considera en relación con lo demás.

trascendencia, no sin relación con influencias raciales no-arias (por ejemplo, concebir lo sobrenatural exclusivamente como "revelación" es un rasgo típico de la raza del alma denominada "desértica" por Clauss), han sido muchas veces asumidos y se podrá tender a una rectificación al respecto, tomando como punto de partida concepciones "heroicas" y "olímpicas" del tipo propiamente nórdico-ario: pero no se puede pasar a críticas "profanas", no se puede asumir éste o aquel expediente polémico y divagar acerca de una presunta arianidad del inmanentismo, del panteísmo o del "culto de la naturaleza" y de la "Vida" sin concluir en un plano efectivamente inferior y, en suma, no en el mundo de los orígenes, de acuerdo a la verdadera aspiración de la raza, sino en el de la antitradición pura y simple. Este sería en verdad el único modo para inducir a la conversión inmediata al catolicismo practicante e intransigente a cualquiera que alimentase las mejores intenciones "paganas".

Estas son consideraciones que seguramente gustarán muy poco, sea a los racistas "paganos", como a los "cristianos", puesto que nosotros, al respecto, no hemos seguido sino la causa de la verdad imparcial, después de haber tomado provecho de las experiencias propias y de las ajenas. A fin de que no se nos malentienda, a pesar de todo lo que ya hemos dicho, repitamos una vez más que nosotros no hemos querido afirmar que el racismo -y sobre todo el racismo italiano- debe encaminarse a revisiones del tipo mencionado; hemos en vez resaltado que será difícil que el racismo, en el momento de desarrollar toda su potencialidad de idea espiritualmente revolucionaria, no sea llevado a formularse también el problema acerca de la concepción del mundo. Y en el momento en que esto se verificara, es necesario prestar atención de no caer en los equívocos y en los errores que nosotros hemos mencionado aquí, los cuales, en el fondo, valdrían sólo para hacer el juego a adversarios comunes. En una eventualidad semejante hay que ser capaces de ubicarse en un plano en el cual la confusión doctrinal no es admitida, en el cual todo dilettantismo y toda arbitraria ejercitación intelectual sea excluida, en el cual cualquier subyacencia a confusos impulsos pasionales y a animosidades polémicas sea enérgicamente combatida, en el cual, finalmente y sobre todo, sólo el conocimiento preciso, severo y objetivo del espíritu de las tradiciones primordiales debe ser decisivo.

VII. La raza y la muerte

Queremos detenernos ahora un instante para precisar en particular, en base a lo que hasta aquí se ha dicho, los límites de la pertenencia de la personalidad a la raza. Decimos enseguida cuál es, al respecto, la concepción que, desde el punto de vista tradicional, es inaceptable: es aquella de quien, una vez que ha concebido a la raza como una entidad puramente biológico-humana, histórica y, en suma, tan sólo terrestre, sostiene que en una tal entidad se encuentra el fin de todo ser que pertenece a ella, que no existe nada superior a la raza puesto que la raza es la fuente de todo valor y que por lo tanto ilusoria y dañina es la idea de un deber y de un destino supraterreno del sujeto , pues "hay que permanecer fieles a la tierra y a la raza".

Hemos mencionado y criticado esta concepción más de una vez. Ante la misma, por lo demás, se puede recurrir al criterio racista para la apreciación de las "verdades": de acuerdo a las diferentes "razas del espíritu" se tienen, a nivel particular, otras tantas concepciones de la misma raza. Y no cabe duda de que esta concepción sólo para una raza telúrica puede ser "verdadera", sólo al hombre telúrico puede acontecerle suponer como absolutos horizontes tan limitados. En esta concepción telúrica de la raza se encuadra por lo demás también la mencionada suposición de aquellos racistas "neopaganos" según la cual la única inmortalidad concebible sería la de la supervivencia de la sangre, en la descendencia terrestre.

Es verdad que tales posturas hoy se nos presentan menos según un valor teorético que según uno práctico y político. Con las mismas se apunta a consolidar la unidad de la raza-pueblo y a concentrar toda energía espiritual del sujeto en los deberes temporales e históricos que este ente debe resolver. Pero es también verdad que las antiguas civilizaciones arias, en materia de realizaciones también terrestres, heroicas y políticas, han tenido una grandeza propia sin haber sin embargo tenido que advertir la necesidad de recurrir a estos mitos, reconociendo en vez verdades muy diferentes. Es bien evidente en efecto que la mencionada concepción acerca de la raza remite al *pitr-yâna,* a la "vía del Sur", de la cual ya habláramos, y que se opone a la "vía divina del Norte" *-deva-yâna-* que sirvió para definir al más alto ideal ario.

Y a tal ideal también se vincula la ya expuesta teoría de la "doble herencia". La personalidad -dijimos entonces- no se agota en la herencia histórico-biológica o herencia horizontal: la misma aparece más bien como un principio que, aun manifestándose en la raza (aquí siempre como raza en sentido restringido), en sí se encuentra más allá de la raza y sin embargo no puede agotarse en ella. Reconocer la raza -como ya se lo esclareció en el comienzo- no significa menoscabar la personalidad: a la raza y a cuanto recoge la herencia terrestre la personalidad le debe la materia viviente y articulada para su específica expresión, para su manifestación y acción. Es cierto que hay en ello una condicionalidad, la que sin embargo no es pasiva y unilateral. Todo sujeto reacciona también sobre la raza y sobre su herencia. En base a su más íntima naturaleza propia elabora la sustancia en la cual se ha manifestado, ulteriormente la forma y es así como se realiza aquella diferenciación interracial y aquella diferente pureza y plenitud de los tipos, de la cual ya se ha hablado y sobre la cual volveremos ahora, en relación a sus tipos sociales: se trata aquí tanto de un dar como de un recibir. En los momentos en los cuales son alcanzados un supremo equilibrio y una suprema adecuación (equilibrio, de acuerdo a nuestra concepción tripartita, de los diferentes componentes de la raza verdadera), se tiene como la culminación, más allá de la cual la personalidad no tiene donde ir, no tiene más hacia donde dirigirse en la línea horizontal y terrena. En esta línea permanece y pertenece su obra, su criatura y, fisiológicamente, su descendencia. Pero la personalidad misma, si es que ha alcanzado un tal ápice, es "libre" y puede dirigirse hacia una perfección, esta vez propiamente sobrenatural.

Esta es exactamente la más antigua concepción aria, relativa a quien no pertenece propiamente al grupo de los jefes espirituales, concepción que es también hallable en posturas y leyendas distintas del mismo Occidente medieval.

Es decir, se prescribe el *dharma,* la escrupulosa observancia de la ley terrena, de raza, de casta, etc., hasta alcanzar una plena adecuación. Tal ley encierra también el aseguramiento de una descendencia: la vida, que se ha recibido al nacer, entes de la muerte es restituida, con la propia huella, a otro ser. Y es por esta razón que el primogénito era llamado el "hijo del deber". Después de lo cual, después de la "vida activa", de acuerdo a la ley aria, se podía uno retirar a una vida ascético-contemplativa. Y es sumamente expresivo el dicho irano-ario que recuerda que el verdadero deber no es sólo la procreación en el orden horizontal, de la descendencia terrestre, sino también hacia lo alto, en la dirección ascendente vertical. En la religión occidental todas estas concepciones han sido confundidas, sobre todo se ha separado violentamente lo que es inherente a la vida activa de lo que en vez es vida contemplativa, y casi siempre se han olvidado las soluciones verdaderamente tradicionales según las cuales la ley, que no es de esta tierra, prolonga, completa y potencia a la de la tierra. Pero aun mas dañinas que tales confusiones son las posturas racistas "telúricas" antes mencionadas, en tanto fuesen tomadas en serio y tuviesen un futuro. De acuerdo a la enseñanza tradicional de los pueblos arios queda firme la idea de que esencialmente sobrenatural es el fin y la dignidad de la personalidad; este fin, por lo tanto, actúa como el impulso más alto que moviliza y como la más profunda fuerza animadora que la raza da a la personalidad; eleva pues simultáneamente a la raza hasta un límite más allá del cual, tras haber dejado un sello de grandeza, su misma fuerza se libera y tiende a hacer de modo tal que la muerte sea justamente un cumplimiento *-télos-* y un nuevo nacimiento, el tercer nacimiento de la enseñanza indoaria.

Sólo de mediocres y fallidos, es decir, de seres que no han sabido realizar hasta el fondo la ley y el deber terrenal, puede pensarse que no tengan un más allá, que tengan como destino el de volver a disolverse en la vitalidad confusa de la raza, en la sustancia colectiva y terrestre de la sangre y de la herencia; sólo por tal vía ellos sobreviven -en un sentido sumamente relativo de tal palabra- a la destrucción de su individualidad física y transmiten a otros el deber respecto del cual ellos no han sido capaces de estar a la altura.

VIII. El derecho y la raza. El concepto anti-colectivista de la comunidad nacional-racial.

Es necesario decir ahora algo acerca del significado que la doctrina de la raza puede tener en el mundo del derecho. También aquí comenzamos indicando las posturas equivocadas. Así como ya se ha visto que ciertas corrientes racistas no saben remitirse más allá de la antítesis entre internacionalismo y particularismo nacionalista, al ignorar el tercer término que es el *imperio* en sentido tradicional, del mismo modo las mismas parecen no ser capaces ni siquiera de superar la antítesis de individualismo y colectivismo en lo relativo a una determinada comunidad e ignoran el tercer término constituido por los valores de la personalidad. De manera particular en el campo jurídico, también a tal respecto, las mismas manifiestan además un preciso resentimiento anti-romano. Ahora bien, se ha ya dicho que desde nuestro punto de vista cada interpretación colectivista de la idea racial debe ser combatida en forma decidida. Es necesario pues saber ver bien los límites más allá de los cuales la identificación de "raza" y "nación" o "pueblo" -útil como "mito" en los términos ya anteriormente definidos- se convierte en peligrosa e incluso en pervertidora. Ello acontece cuando, ante aquella cosa hipotética que, en una tal extensión del concepto, se convierte la raza o la comunidad nacional-racial *(Volksgemeinschaft),* todos sus representantes o miembros son declarados iguales, todo privilegio desaparece, todo es remitido de manera mortificante a un mismo denominador común.

En tal caso, el racismo significaría en verdad el último ataque lanzado por la democracia moderna en contra de los residuos de la anterior Europa jerárquica. En efecto -tal como lo ha ya justamente hecho notar el príncipe de ROHAN- si es que había algo que la democracia y el racionalismo no habían aun podido subvertir era justamente el privilegio de la sangre, de la raza en sentido superior. En ninguna civilización la raza significó simplemente el "pueblo". Por el contrario, la "raza" en sentido superior fue el signo de la nobleza frente al simple "pueblo" y fue justamente la nobleza la que anticipó la biología y la cultura racial. Ahora bien, en el momento en que en cambio se identifica a la raza con el pueblo, también este último bastión que aun resistía contra la democracia y el racionalismo es eliminado en el orden de los principios; el concepto de sangre, de raza, es así decocratizado. Y por último, pensando que adecuados procedimientos podrán purificar la raza-pueblo, de parte de los ambientes ya señalados se tiene en vista justamente una especie de comunidad igualitaria, que incluso se cree que puede ser hallada en los orígenes. Hay en efecto quien supone que los antiguos nórdico-arios se sintieron diferentes ante otras razas, pero iguales y semejantes entre ellos, olvidando sin embargo las distinciones, incluso de casta, que en cambio existían en la comunidad de los *ârya* más puros. Es necesario reconocer que varios intentos de reformar el derecho en sentido racista y de emanciparlo del romano sobre la base de la llamada *Volksgemeinschaft* se inspiraron justamente en similares erradas concepciones socializantes. En tal caso es evidente que desde el punto de vista romano la concepción racista del derecho aparece como simplemente prejurídica. La misma no conoce aun a la "persona", que es el verdadero sujeto del derecho positivo, la persona que no debe ser confundida con el individuo del liberalismo (cómodo y muy abusado blanco polémico en aquellas corrientes), puesto que la misma es el individuo integrado en un orden de valores superior a cualquier dato sensible, instintivo, naturalista, partícipe de aquella realidad más alta, que es la tradición espiritual, la raza del alma y la raza del espíritu. Esta dignidad es presupuesta en el sujeto, en cuanto sujeto del derecho, por el derecho romano auténtico, el que no debe confundirse ni con sus formas tardías y decadentes de la época del imperio semitizado, ni con las asunciones modernas y liberalizantes del mismo. Y en la referencia a tal dignidad se puede enunciar el clásico *suum cuique,* "a cada uno lo suyo", que las tendencias aludidas en cambio rechazan al concebir al sujeto exclusivamente en una condición de "sociabilidad" y de dependencia del grupo nacional-racial; condición que, desde el punto de vista tradicional equivale aproximadamente a pre-personalidad.

La doctrina tradicional de la raza debe pues evitar que el saludable principio de la desigualdad humana buscado en otros campos, dé lugar aquí a su opuesto. Para tener un justo sentido de la jerarquía de los valores nos podemos referir a las concepciones de Paul DE LAGARDE, asumiéndolas en la manera siguiente: el ser simplemente "hombre" (mito igualitario, democracia, internacionalismo, antirracismo) es menos que decirse y ser hombre de una determinada nación o raza en general; pero ello, a su vez, es nuevamente "menos" que el hecho de ser "persona". En suma, pasando de la humanidad en general a la nacionalidad y a la raza hasta a la personalidad se procede en grados siempre más intensos de concreción, de valor, de dignidad, de responsabilidad. De aquello que es informe se va hacia lo que es individualizado y verdaderamente diferenciado. Cumplido como "persona" el hombre es elemento de un orden nuevo, verdaderamente concreto, orgánico, articulado, voluntarista, jerárquico, que naturalmente no abuele, sino que comprende y presupone al precedente. Surge así la idea de una forma nueva, no prepersonal sino, ahora, en un cierto sentido superpersonal, de comunidad, que se define esencialmente en los términos de "raza del alma". Aquí lo esencial no es más la pertenencia física a una determinada comunidad o nación-raza, sino que es una especie de crisma y la fidelidad a determinados principios éticos y a un particular estilo de vida: como en las antiguas "Ordenes" ascético-guerreras. Ahora bien, tendencias hacia algo similar se manifestaron ya en las principales corrientes de renovación nacional de Europa. El denominado *Männerbundprinzip,* el principio de comunidades viriles políticas concebidas como una forma más alta de cualquier comunidad natural, posee en las mismas una parte significativa, ya resaltada por diferentes estudiosos.

La misma concepción fascista del Partido como Partido único nacional refleja valores análogos a nivel de principio; quien es miembro de una tal organización política es, siempre a nivel de principio, algo más que un simple "Italiano": es persona, que un preciso juramento compromete en un grado más alto de fidelidad, de responsabilidad política, de disciplina, de prontitud, y allí donde será necesario, al sacrificio heroico y a la subordinación de cualquier lazo naturalista o interés particular ante fines más altos. Y allí donde no sólo la raza del alma, sino también la del espíritu se pueda manifestar positivamente. Se tendría una diferenciación ulterior y allí donde la misma llegase a definir una forma aun más alta de comunidad, además de la política-guerrera, se tendría casi un bosquejo, en formas nuevas, de lo que fue la suprema *elite* aria de los jefes espirituales. Una vez admitido este ideal jerárquico, antiburgués y anticolectivista en materia de derecho, es evidente que debería esperarse y desearse la reaparición de algo similar al antiguo y muy despreciado *ius singulare,* en tanto liquidación definitiva de los "inmortales principios del hombre y del ciudadano" y de todos sus derivados: una concepción orgánica y diferenciada del derecho, la cual es por lo demás exactamente la del antiguo derecho ario y ario-romano y de todo derecho imperial.

Por lo demás hoy la legislación relativa a los Judíos en Italia y, más aun, en Alemania la distinción entre ciudadanos del *Reich* y huéspedes del mismo, con relativos derechos diferentes, podrían valer como un primer ejemplo de esta tendencia hacia la diferenciación del derecho. En segundo lugar, ya la aparición del "Partido único" nacional que, nuevamente, de hecho, define ciertos privilegios políticos e incluso jurídicos, es un segundo síntoma de la misma tendencia. Una tercera señal es en Alemania por un lado el intento de crear una especie de nuevo Orden político-militar con precisas condiciones de raza en los términos de guardia del espíritu de la revolución nacional-socialista y de defensa del Estado (es el cuerpo de las llamadas *SS, Schutz-Staffeln),* por el otro, la institución de una especie de seminario de elementos probados y destinados a los cargos políticos del partido a través de los denominados "Castillos de la Orden" (*Ordensburgen*). La segunda iniciativa, como es sabido, encuentra su correspondencia en Italia en el "Centro de preparación política" recientemente instituido, siempre que el mismo desarrolle aquellas más altas posibilidades que nosotros mismos tuvimos en su momento ocasión de precisar[22]. También en materia de raza no nos podemos evidentemente limitar a medidas profilácticas y puramente defensivas, a las que inhiben mezclas deletéreas y a las otras que buscan impedir la transmisión de taras hereditarias en las generaciones a través de uniones irresponsables. Dado el sentido genérico que en las nuevas ideologías posee el término raza, proceder, más allá del mismo, a una discriminación también interracial, es una tarea imprescindible. Es absurdo pensar que la raza se realice según la misma pureza en todos sus miembros. La fuerza formativa de la raza se encarna plenamente sólo en pocos; sólo en pocos se puede realizar el ideal de la raza en su pureza, es decir como correspondencia y perfecta adecuación y presencia de la raza del cuerpo, del alma y del espíritu. En una producción en serie y en una crianza racional de ganado podemos esperarnos una masa de individuos todos iguales y "puros" de nacimiento. Esto es absurdo no apenas se penetre en el campo de la personalidad, en sus relaciones con la raza del alma y del espíritu y se considere al elemento racial en su concreción, es decir tal como aparece en las diferentes circunstancias de afirmación y lucha. La lucha diferencia, selecciona, crea jerarquía; sobre todo cuando -para

[22] Véase nuestro ensayo: *Posibilidad del Centro de preparación política,* en *Rassegna Italiana,* mayo de 1940.

usar expresiones tradicionales- no es la pequeña lucha, sino la gran lucha; no la lucha de hombre contra hombre o contra el ambiente, sino la lucha del elemento sobrenatural del hombre contra todo aquello que en él es naturaleza, sensación, materialidad, agitación afán por vanas grandezas; contra el caos y la anti-raza que están en él, antes de hallarse afuera de él.

PARTE QUINTA

LA RAZA Y EL PROBLEMA DE LA NUEVA "ELITE"

I. La "raza italiana". Sentido de su arianidad

Tras estas consideraciones es oportuno decir ya algo específico acerca de la "raza italiana". En el manifiesto compilado por algunos estudiosos a fin de agilizar el rumbo declaradamente racista del Fascismo se dijo que "la población de la Italia actual es de origen ariano y su civilización es ariana", habiendo quedado muy poco en ella "de las civilizaciones de pueblos pre-arianos". Se agregaba que "la concepción del racismo en Italia deber ser esencialmente una dirección nórdico-ariana". Estos puntos de referencia reclaman aclaraciones también por el hecho de que lamentablemente tras su enunciación, muy poco de concluyente ha sido hecho en Italia y, más aun, la fórmula nórdico-aria, si no ha sido archivada, hoy no tiene el relieve adecuado y parece no poder impedir que simultáneamente tengan libre curso puntos de vista sumamente distintos e incluso contradictorios: tal es por ejemplo el caso de quien ha pensado en retomar algunos esbozos racistas de GIOBERTI, quien exaltaba la primacía de la estirpe itálica por ser ésta, según él, una noble descendiente de la raza pelásgica, la cual es justamente la prehelénica de la decadencia del arcaico mundo mediterráneo.

Refirámosnos sobre todo a la investigación racial de primer grado. La misma puede efectivamente autorizarnos a decir que la "raza italiana" posee caracteres arianos, puesto que en ella, como predominante se tiene al tipo "mediterráneo", comprendido como la rama morena y de estatura mediana del tronco nórdico-ario primordial, diferenciada del mismo probablemente por "paravariación". El tipo italiano predominante se encuentra entre los dolicocéfalos de rostro alargado y recto: sus características, en el orden de la raza del cuerpo, hallan correspondencia sobre todo con las de los anglosajones, con una neta distinción con respecto de los grupos franco-célticos y eslavos, en los cuales la braquicefalia es en vez predominante. De acuerdo a las investigaciones de SERGI, hay una correspondencia entre los cráneos prehistóricos itálicos y los actuales, lo cual prueba una cierta permanencia del tipo originario durante los milenios. GÜNTHER, RIPLEY y muchos otros racistas admiten la fundamental analogía anatómica del tipo mediterráneo moreno itálico con el rubio nórdico de estatura más alta. Los monumentos y los documentos del antiguo mundo romano confirman este parentesco y hacen aparecer a tal tipo como una rama del mismo tronco, la que se manifestó también en el primer ciclo helénico. Se note en fin que muchos de los rasgos que, según la denominada teoría indoaria de los "treinta y dos atributos", debería presentar el tipo ario de *elite,* corresponden al tipo clásico romano moreno. DE LORENZO por ejemplo al respecto establece un paralelo con César.

Hablar de nórdico-ario con respecto a la raza italiana no debe provocar ninguna reacción nacionalista en la referencia al problema de los orígenes, como si en tal manera se fuese a desvalorizar o, por lo menos, a refutar el aspecto original de tal raza a favor de los pueblos del otro lado de los Alpes y a reconocer las pretensiones de superioridad sostenidas por algunos racistas nacionalistas alemanes. Tales pretensiones son fáciles de poner en su lugar. En lo relativo a la raza del cuerpo, por ejemplo, la "raza alemana" tiene muy poco que vanagloriarse hoy ante la ario-mediterránea, puesto que es demasiado sabida la difusión que en ella posee la braquicefalia y el grado de mezcla del elemento nórdico con el del "hombre del Este" y del hombre báltico-oriental, considerados ambos para nada superiores: además de los Judíos, por lo menos seis razas, con el reconocimiento expreso de los racistas más ortodoxos, entran a formar parte de la "raza alemana" y la diversidad entre el Bavarés y el Prusiano, el Renano y el Sajón o el Tirolés, no son menores que aquellas que existen entre varios troncos de la "raza italiana".

En cuanto a los orígenes hemos ya dicho que los pueblos germánicos del período de las invasiones deben ser considerados como las últimas oleadas, aparecidas en la historia, de razas que, en otra corriente, crearon también en el mundo mediterráneo formas arcaicas de civilización, no sólo antes de que se verificaran tales invasiones, sino incluso antes de que en la península itálica, partiendo de las sedes del Danubio central, apareciesen aquellos troncos del "pueblo de la edad del bronce" y de la "cultura de Terranova" (los primeros hacia el 1.500 a.C. y los segundos hacia el 1.100 a.C.), que son erróneamente considerados por algunos estudiosos como los primeros habitantes arios pre-romanos de Italia. Ya la civilización lígur nos muestra señales muy claras de una remotísima tradición ario-atlántica (una ramificación de la civilización prehistórica franco-cantábrica de los Cromañón, corriente Occidente-Oriente); dejando a un lado los Etruscos, puesto que fueron emanaciones del ciclo de la decadencia pelásgico-mediterránea, ya establecida en Italia, así como los Lígures, antes de aquellas oleadas desde el Norte, encontramos algunos troncos de la Italia central, como por ejemplo los Albanos, que presentan, sea antropológica, como tradicionalmente, elementos de puro origen ariano. Por lo cual, con las debidas limitaciones, cuando es de los pueblos nórdicos del período de las invasiones de lo que se trata, para quien lo quiera y sobre una común base abiertamente aria se podría conservar la fórmula: "Nosotros éramos grandes y Uds. aun no habían nacido", es decir no habían aun aparecido en los escenarios de la gran historia occidental.

Una vez que se ha clarificado este punto y que se ha puesto de relieve la parte que en el pueblo italiano posee el tipo dolicocéfalo y la estructura anatómica afín con el tipo rubio difundido en las regiones septentrionales de Europa, hablar de un elemento romano o italiano "nórdico" no debería menoscabar a nadie sino significar un título de nobleza que no se debería dejar refutar tan fácilmente en relación con otras naciones, en especial cuando es de los orígenes en primer lugar y de las vocaciones en segundo de lo que se habla. Ha estado pues bien afirmar que la dirección del racismo italiano debe ser nórdico-aria aun si, para obviar totalmente cualquier equívoco, estaría quizás bien hablar de raza ario-romana para caracterizar al elemento central y válido del pueblo italiano y distinguirlo de otras ramas de la misma familia. Repitámoslo, debe deplorarse que una tesis semejante no haya sido coherentemente desarrollada en todas sus naturales consecuencias. Desde el puro punto biológico, la sangre germánica del período de las invasiones, significó en Italia un aporte nuevo, no heterogéneo sino revivificador, que confirmó en las generaciones al antiguo componente ario-romano de la estirpe itálica, muchas veces con efectos particularmente fecundos.

En cuanto a la antigüedad romana, muchos racistas, a partir de GÜNTHER, se han dedicado a individualizar -de manera directa como indirecta- rastros y testimonios de tipos y caracteres de puro tipo nórdico. La búsqueda se hace persuasiva, sin embargo tan sólo si está integrada con las del racismo de los dos grados superiores. Como hemos ya dicho, ya al limitar los tiempos históricos, el antiguo mundo mediterráneo, y por ende también itálico, se nos presenta como un conglomerado de ruinas de razas nórdico-occidentales primordiales, constelado de aquí y allí con elementos milagrosamente permanecidos intactos e iluminado por chispas de luz y por improvisas resurrecciones solares y heroicas además de lo que subsistía secretamente en las venas subterráneas de las tradiciones mistéricas. Ahora bien, es irrefutable que Roma antigua fue una manifestación y una creación de la "raza heroica-solar", que esta raza del espíritu estuvo en el origen y en la base de aquella antigua grandeza romana, que tales fueron las vías por las cuales ella condujo hasta una tal realización del antiguo tronco hiperbóreo. En nuestra obra: *Revuelta contra el mundo moderno* hemos tratado algunos aspectos de una tal "romanidad nórdica" o "solar".

En segundo lugar, ha sido ya puesto de relieve lo que se debe pensar respecto del llamado "genio latino". Muchos elementos del antiguo estilo ario de la vida permanecen en las generaciones sucesivas. Pertenece al mismo GÜNTHER el reconocimiento de que el genio claro y riguroso del pueblo latino y romano debe ser considerado como una herencia nórdica y debe ser bien distinguido del espíritu propiamente céltico y celtibérico: es, puede decirse, un reflejo del antiguo ideal de la claridad, de la "forma", del *cosmos.* En vez, -es bueno repetirlo- al resaltar los aspectos románticos, nebulosos, panteístas, naturalistas del alma de los pueblos germánicos y nórdicos actuales, tal como se reflejan en una cantidad de expresiones culturales bien reconocibles, hay que pensar en una involución acontecida en el campo de la interioridad en ciertas partes de aquellas razas, de modo tal de alejarlas sensiblemente del espíritu de los orígenes. Se puede agregar que otros motivos de sospecha surgen al observar el comportamiento de muchos hombres germánicos apenas llegan al Sur y a la misma Italia: aquí ellos son atraídos y doblegados esencialmente por el elemento no ario (y, significativamente, en primer lugar las mujeres), y ellos dan prueba de una inmediatez en el abandono y decaimiento en sensaciones propiciadas por el clima y por las banalidades de lo "pintoresco" meridional, que pone en claro la superioridad de aquello que puede haber conservado de "nórdico" la raza italiana, allí donde ella ha sabido mantenerse firme y no se ha dejado arrastrar durante siglos por circunstancias y por ambientes, frente a los cuales la interioridad del hombre germánico muchas veces parece ser en vez inerme, en sus románticas y sospechosas nostalgias por el "Sur".

II. La selección interracial en los pueblos mediterráneos

Pero de una unilateralidad no se debe pasar a otra. Saber que en los orígenes italianos y sobre todo en la grandeza romana, ha actuado el elemento nórdico-ario y que este elemento se manifiesta también como un componente no indiferente de la estirpe italiana actual en tanto "raza del cuerpo", no dispensa de precisos deberes de selección, de purificación y de intensificación, si es que se quiere hacer en serio en Italia. El elemento nórdico-ario debe valernos como el punto central de referencia para la purificación y potenciación del actual pueblo italiano, y casi como la célula germinal de la cual, a través de tal proceso, debe recabarse un tipo nuevo, al cual se le podría aplicar en forma legítima la designación de "hombre fascista" y de "raza fascista". Tal es la tarea del racismo activo, tarea que sin embargo presupone la de identificar bien los diferentes componentes de la "raza italiana" y de rectificarlos allí donde su estilo se aleje del ideal, nuevo y antiguo al mismo tiempo, del cual se ha hablado, y por la cual debería ser hecho descender hasta nosotros, desde la altura de los tiempos primordiales, algo de la luminosa herencia solar originaria.

Esta acción, como es bien evidente, tiene por campo específico la raza del alma y del espíritu. Intervenir, por decirlo así, en manera quirúrgica para impedir cruzas entre tipos muy heterogéneos, aunque de la misma "raza italiana", además de suscitar reacciones muy comprensibles y excederse en una "racionalización" del proceso, es algo que conduciría a poco, cuando faltase el correlativo interno: la esencial tarea de despertar un instinto a través del cual tales uniones indeseables sean descartadas de por sí. Y la formación de un tal instinto es, nuevamente, una cosa propia del racismo activo de segundo y de tercer grado, que actúa no sobre el cuerpo, sino sobre el alma y sobre el espíritu.

Desde el punto de vista exterior, en vez, se puede hacer

mención sólo a lo que sigue, Las principales razas del cuerpo comprendidas en la "germánica" son, según los autores más cotizados, la nórdica, la fálica, la dinárica, la raza del hombre del Este y la del Oeste *(ostich* y *westlisch),* la báltico-oriental. Además de esta última y de la raza del hombre del Este, que no figuran casi para nada, las otras razas se encuentran por igual presentes en la "raza italiana". Pero además están presentes dos componentes relevantes que podemos denominar genéricamente raza áfrico-mediterránea y raza-pelásgica. Tal como nosotros las comprendemos, la primera raza es el producto de la mezcla de elementos provenientes del Mediterráneo oriental y africano con la raza ario-mediterránea, según una prevalencia de la primera. Es con su prevalencia que el antiguo Imperio romano fue minado y ella fue potenciada en el período sarraceno, por nuevas cruzas y aportes de sangre del Sud. En vez la raza pelásgica debe ser considerada como el efecto de aquella involución étnica de antiquísimos troncos ario-occidentales o atlántico-occidentales que se establecieron en el Mediterráneo central, de lo cual se ha ya repetidamente hablado.

El elemento más válido en el compuesto italiano es el nórdico-ario, que desde nuestro punto de vista hemos propuesto que se llamara ario-romano. Las mezclas más desfavorables, que un instinto debería paulatinamente evitar, serían aquellas del elemento ario-romano sobre todo con el elemento áfrico-mediterráneo (presente sobre todo en la Italia meridional), y luego con el elemento pelásgico. No demasiado deseable sería sin embargo también la mezcla del mismo con la raza del hombre del Oeste presente en Italia. Pero ello ya más por razones de raza del alma que no simplemente antropológicas. Nosotros entendemos propiamente como hombre del Oeste al que predomina en la mezcla étnica que ha dado su carácter a la civilización francesa, y no desde hoy, sino que se puede decir que ya desde el período provenzal: el mismo está presente también en Inglaterra, en la Alemania occidental (Renania); sin embargo en tales regiones, al ser atemperado por la raza nórdica, su influencia negativa es mucho menor. En Italia en vez hasta que una más decidida conciencia racial y ética no refuerce y cimiente el núcleo ario-romano, la introducción en éste de sangre del Oeste podrá ser peligrosa en razón de una cierta decadencia allí existente. Buenas mezclas son en vez aquellas de la raza ario-romana con la ario-germánica, con la nórdica propiamente dicha, la dinárica y la fálica. Todo esto, como esquema general tiene valor tan sólo cuando por caminos diferentes se llegue a crear una sensibilidad correspondiente.

En Alemania se inclina a ver en la preponderancia del componente del hombre del Este la base racial del tipo burgués local, es decir del conocido tipo alemán regordete, fanático de la cerveza, de cabeza redonda, casi siempre con anteojos, perfecto burócrata, internamente sentimental en manera blanda y al mismo tiempo convencionalista y conformista. Una derivación racial del tal tipo en Italia, en donde el componente del Este es mínimo, es poco verosímil; sin embargo, queriendo abusar del término raza, se debe reconocer bien que entre nosotros existe y de manera hipertrófica, una raza burguesa del cuerpo y del alma, que, como el Fascismo lo ha advertido claramente, es el verdadero peligro para el futuro de nuestro pueblo. Esta raza es propiamente la antiraza, es una ciénaga y desecho étnico y social tan inaprensible como molesto, puesto que no hay lugar en donde no se la encuentre entre nosotros para ahogar todo con su mediocridad, su oportunismo, su convencionalismo, su amor por la vida cómoda, su terror por toda especie de responsabilidad, su obstruccionismo e indiferentismo. Quien se siente ario-romano, es sobre todo a esta raza que debe despreciar, que debe sentir lejos de sí, separada de los suyos por un abismo inagotable; sobre todo debe saber aislarse de tal detrito racial, sea físicamente, es decir desde el punto de vista de las uniones, sea espiritualmente, haciéndose inmune a cualquier infiltración de la misma mentalidad y del mismo modo de ser. La pureza de raza a tal respecto se manifestará a través de una absoluta intransigencia y con el propósito de no dejar la ocasión y de no ahorrar riesgos sociales e incluso políticos para manifestar el propio desprecio por una tal "raza burguesa" allí donde ésta se encuentre y de acuerdo a la función que sus exponentes en la Italia de hoy aun pueden cubrir.

En cuanto a la protección del núcleo superior racial en Italia, es decir del ario-romano, y a las cruzas declaradas desfavorables, siempre hay que tener presente lo que se ha dicho acerca de que el tipo masculino es el verdadero portador de la raza. Las cruzas favorables ya mencionadas se refieren pues a aquellas en donde el varón es de raza ario-romana; si en vez lo es la mujer, a un nivel normal se verificará un rebajamiento del tipo.

El haber resaltado que todo esto es esquema y que el deber verdadero es el de crear instintos correspondientes, previene la sospecha de que nosotros consideramos deseable una especie de administración racional y controlada por técnicos de uniones entre los sexos y que se quiera liquidar todo aquello que es espontaneidad de amor, de afecto y de deseo. No es éste nuestro punto de vista, como por lo demás ya se ha hecho presente en lo anterior. Por cierto es sin embargo verdad que no se puede pensar en una selección interracial y en una elevación del tipo común hasta que en los exponentes racialmente más altos de un pueblo las mismas facultades de amor y de deseo no estén afinadas y sobre todo, hasta que las mismas tengan una vida independiente, despegadas de cualquier forma de sensibilidad ética, de todo instinto de "raza", entendiendo aquí raza en sentido superior. Así por ejemplo una mujer que sea plena de fascinación sensual, pero que sea también egoísta y mentirosa, una mujer con un cuerpo bellísimo, pero fatua y vana, una mujer elegante y -como hoy lamentablemente se dice- "de clase", pero esnobista, exhibicionista, irresponsable, una mujer culta, agradable e "interesante", pero cobarde y plena de limitaciones burguesas, todos estos tipos de mujer deberían ser sentidos inmediatamente como de "otra raza", como seres con los que podemos incluso encontrarnos en una aventura, pero con los cuales no puede existir ninguna vida en común y con los que no se puede pensar en crear una descendencia: y también algunos rasgos físicos, es decir de raza del cuerpo, en tanto ellos mismos poseen una expresión elocuente, aunque no para todos comprensible, deberían señalar un análogo y afinado instinto masculino.

Con ello nos dirigimos así hacia el problema de la rectificación de la raza desde el punto de vista del alma. Con respecto a lo que se ha dicho hasta aquí, vale aun poner de relieve las circunstancias desfavorables creadas por la civilización burguesa y materialista. Es una tal civilización que ha dado al "sentimiento" y al "amor" una primacía, que en cualquier civilización de tipo diferente era desconocida, de modo tal que hoy es casi imposible leer una novela o ver una película o una obra teatral en la que no tengan como centro cosas de tal tipo: primacía que naturalmente paraliza o narcotiza cualquier otro más alto y elevado móvil. En segundo lugar, es la civilización burguesa la que, sobre todo en el Mediterráneo, ha creado una sociedad plena de convencionalismos y convenciones, la cual hace sumamente difícil conocer a fondo y en su tiempo la verdadera naturaleza, la verdadera raza del alma de una mujer, como primera premisa para una comprensión y una unión.

III. Rectificación del hombre mediterráneo

Pasando ahora a la raza del alma, la expresión "hombre mediterráneo" no corresponde más a aquella variedad del tipo nordico-ario, de la cual se ha hablado y que representa el elemento más válido en el conjunto étnico de nuestro pueblo. Expresa en vez un determinado estilo de vida, una cierta orientación del alma: el uno y el otro hallables en los pueblos mediterráneos en general y no por cierto deseables respecto de una vocación ario-romana. Siguiendo las concepciones de Clauss, al cual se debe una interesante investigación al respecto, las características del hombre mediterráneo son las que corresponden al término poco fácil de traducir: *Darbietungsmensch. Darbietung* quiere decir espectáculo, representación, exhibición. Quiere decirse con esto que sería propio del hombre mediterráneo el valer no tanto para sí, sino frente a los otros y en función de otros. Sería el hombre deseoso de una "escena", no siempre en el sentido malo de simple vanidad y de exhibicionismo, sino en el sentido que la animación y el impulso también hacia cosas grandes y sinceras él los recaba de una relación con otros que lo vean, y que la preocupación por el efecto que él hará sobre los observadores y, en general, sobre sus semejantes posee una parte importante en su conducta. Sólo cuando el hombre mediterráneo posee el sentido de hallarse ante una tribuna -imaginaria o real- él podrá dar lo mejor de sí mismo y comprometerse a fondo.

Por lo cual sería inseparable del hombre mediterráneo una cierta preocupación por la exterioridad, por la apariencia. Ello nuevamente lo decimos, no en el sentido tan sólo negativo de apariencias, detrás de las cuales se encuentra el vacío, sino en el sentido de que su estilo más espontáneo de actuar lo llevaría siempre a dar a la acción alguno de los caracteres del "gesto", de una cosa que debe atraer la atención incluso allí donde quien actúa sabe de tenerse sólo a sí mismo como espectador. Así pues habría un cierto desdoblamiento en el hombre mediterráneo, desdoblamiento de un yo que ejecuta la "parte" y de otro yo que la considera desde el punto de vista de un posible observador o espectador y que se complace con ello. Ahora bien, es evidente que, en la medida en que un componente "mediterráneo" en tal sentido se encuentre presente en la "raza italiana", la misma debe ser "rectificada" y a tal efecto, como mejor modelo contrario podría hallarse el del estilo de la antigua raza de Roma, estilo severo, sobrio, activo, escaso en expresionismos, medido, consciente de manera clara de la propia dignidad. Ser más que parecer, captar el sentido de la propia individualidad y del valor propio independientemente de cualquier referencia externa, amar el aislamiento en la misma medida que acciones y expresiones reducidas a lo esencial, desnudadas de cualquier coreografía y de cualquier preocupación por el efecto. Todos estos elementos son seguramente fundamentales para el "estilo", según el cual debe acontecer la fortificación y la purificación en sentido nórdico-ario de la estirpe italiana. Y allí donde el hombre italiano tuviese en común con el mediterráneo, en una cierta medida, la escisión interior arriba indicada (de actor y espectador), esta escisión debe ser utilizada no en el sentido de una apreciación de los posibles efectos sobre otros y de un estudio para obtener los deseados, sino en el sentido de una crítica objetiva, de una vigilancia calma y atenta de la propia conducta y de la propia expresión, que prevenga cualquier primitivismo y cualquier ingenua inmediatez o "expansividad", y estudie la expresión misma no a los fines de la "impresión" sobre los otros y en relación con su juicio, sino en estrecha, impersonal adhesión a lo que se pretende conseguir y con el estilo que se pretende dar a sí mismo.

Con la raza "desértica" y, quizás, como efecto de la presencia en él de algo de tal raza, el hombre mediterráneo tendría además un alma intensiva y explosiva como mutable y ligada al momento: las llamaradas, el deseo irresistible e inatenuado en la vida pasional, la intuición, la llamarada momentánea de la genialidad en la vida intelectual. Así pues un estilo de equilibrio psíquico y de medida no sería su fuerte: mientras que en apariencia, y en especial cuando está en compañía, parece alegre, entusiasta y optimista, en realidad, cuando se encuentra solo, el hombre mediterráneo conoce improvisos abatimientos, descubre perspectivas interiores oscuras y desconsoladas que le hacen rehuir con horror cualquier aislamiento y lo conducen nuevamente hacia la exterioridad, hacia la sociabilidad ruidosa, hacia las "erupciones" joviales, sentimentales y pasionales.

Para obtener la "rectificación" de este aspecto, allí donde el mismo se encuentre en verdad presente también en la raza italiana o en algunos elementos de la misma (sobre todo meridionales), no hay que proceder por simples antítesis. La frase de NIETZSCHE: "Mido el valor de un hombre por su poder de retrasar la reacción" debe por cierto valer como una precisa directiva educadora respecto de la impulsividad desordenada y de la "explosividad". Pero NIETZSCHE mismo nos ha advertido acerca de los peligros de una "castración moral". La capacidad de control y el estilo de un equilibrio y de una continuidad del sentir y del querer no debe conducir a un empobrecimiento y a una mecanización del alma, como en ciertos aspectos negativos del hombre germánico o anglosajón. No se trata de suprimir la pasionalidad y de dar al alma una forma bella y clara y homogénea, pero chata, sino de organizar en su plenitud al propio ser dentro de la capacidad de reconocer, discriminar y utilizar adecuadamente los impulsos y la luces que emanan de las profundidades. Que la pasionalidad tenga una cierta preponderancia en muchos tipos italianos ello es cosa que no puede refutarse; pero esta disposición se resuelve no en un defecto, sino en un enriquecimiento, no apenas se encuentre su correctivo y su contrapeso en una vida ética sólida y sanamente desarrollada: y esta tarea lo está comenzando a realizar la "fascistización" del hombre y sobre todo del joven italiano.

IV. Otros elementos de estilo de vida para el alma mediterránea.

El hombre mediterráneo estaría naturalmente dispuesto a constituirse en defensor de sí mismo en la misma medida en que el hombre nórdico estaría en vez inclinado a erigirse en juez de sí mismo. El primero sería siempre más indulgente consi6o que con los otros y por lo demás intolerante en examinar bajo un punto de vista crudo y objetivo todas las *arrière-pensées* de su vida interior. Esta oposición es por lo demás unilateral, En todo caso, no hay que olvidar los peligros inherentes a una exagerada introspección o análisis interior: las aberraciones que surgen del sentimiento semítico de la "culpa", así como las derivadas en vez del protestantismo y del puritanismo, constituyen al respecto una saludable admonición. Es verdad sin embargo que un estilo de simpleza y de lealtad, en lo relativo sobre todo a la propia alma, es un elemento esencial para cualquier rectificación de una raza en sentido nórdico-ario; así como también el precepto de ser duros consigo mismos, cordiales y comprensivos ante los otros, forma parte, a nivel de raza del alma, de toda ética viril, constructiva y aristocrática.

Otro elemento del alma mediterránea sería una cierta susceptibilidad y facilidad en sentir las ofensas y un cierto exagerado y -nuevamente- casi teatral sentido del honor. Aquí, queriendo ser justos, habría que resaltar que tales disposiciones son hallables por lo menos en igual medida en pueblos no mediterráneos, como el húngaro y el polaco. En el Mediterráneo, quizás los Españoles, en Italia, quizás algunos Sicilianos y Napolitanos pueden aparecer así. En cuanto a la "rectificación", nadie rechazará como una cualidad de "raza" en sentido superior la reacción inmediata de la propia sangre ante una ofensa injusta. A ser superada será más bien la reacción pasional basada en el simple hecho de que la propia persona, el propio "yo", se siente golpeado y por ende reaccionar no sólo cuando se tiene razón, sino también cuando la ofensa toca en nosotros un punto débil y algo que no se encuentra en verdad en orden. En tal caso se puede por cierto pensar en una rectificación, sobre todo en el sentido de no estar dispuestos a hacer depender de otros el juicio sobre nuestro valor y nuestro honor. Sin ir hasta los excesos de la moral estoica, que sin embargo es generalmente reconocida como una adaptación, por decirlo así, desesperada del estilo nórdico de vida, se pueden recordar las palabras de SÉNECA, el cual notaba que la ofensa implicaba la intención de hacer el mal, mal que puede ser la injuria: pero esta injuria no puede sentirla quien es consciente de la propia rectitud. Este sabrá siempre pues quitar la punta filosa vinculada a la injuria y a la ofensa, buscando provocar así la reacción descompaginada de un alma impulsiva; él no dejará penetrar en sí esta punta filosa y la reacción consistirá simplemente en la aniquilación de la intención del adversario, el cual hallará un muro allí donde creía encontrar una sustancia sensitiva que le hacía el juego; y consistirá luego en proceder objetivamente para impedir al adversario difundir mentiras, hacer daño y en fin medir a los otros con sus propias medidas.

En cuanto a una excesiva inclinación a la "gracia", a la "fineza", a los "modales", que tales racistas atribuyen a la raza mediterránea, teniendo quizás en vista sobre todo a sus ejemplares femeninos y a sus variedades francesas, no hay demasiado que decir y que "rectificar". "Fineza" y "modales" los posee también el *gentleman* anglosajón. Nosotros no queremos por cierto elegir como estilo general una rudeza de regimiento o de jóvenes sin educación: se trata, en todo caso, de combatir los excesos, es decir un exteriorismo y un estilo de salón, comprendido en cubrir con las "maneras" a la interioridad escuálida de seres sin rostro, de marionetas mundanas. Cosa ésta que sin embargo, más que la inclinación de una determinada raza, hoy es la característica general de ciertos ambientes "bien" de cualquier país que constituyen la denominada "sociedad", *le monde:* estando en ello Norteamérica a la cabeza batiendo todo *record.*

Sobre un plano más vasto se puede en todo caso estar de acuerdo en lo relativo a no adherir a la importancia exagerada y anormal que el mundo moderno acuerda a las artes y a las letras, a todo lo que es estética y que puede decirse, "civilización afrodítica" contemporánea. Frente a esto un cierto carácter bárbaro e iconoclasta debe ser concebido como un loable reactivo para reconducir al equilibrio y para reafirmar valores ario-romanos. Es en el fondo nuestra más antigua tradición: se recuerde el desprecio alimentado por la primera romanidad aria hacia el mundo helénico de las letras y de las artes, considerado catonianamente como molicie y corrupción; se recuerde que la característica de la religión romana fue la aversión por la mitología estetizada y el relieve dado a la pura y desnuda acción ritual, así como al elemento ético y guerrero. Así como el Renacimiento fue sólo una falsificación de la antigüedad, retomada tan sólo en sus aspectos decadentes, por más que impactantes estéticamente, del mismo modo también debe pensarse que el Humanismo italiano tiene muy poco que ver con la tradición ario-romana de nuestra raza; en aquel período, en todo caso, tal tradición fue mucho más viva en figuras como SAVONAROLA y en otros hombres empeñados en impedir que exteriorismos y estetismos condujesen a las fuerzas sobrevivientes de la raza aria en Italia al nivel de una cultura "afrodítica", en el sentido técnico ya explicado anteriormente. Por lo tanto deben avanzarse precisas reservas en contra de la tradición "humanista" de la raza italiana, sobre todo hoy que Italia no es más precisamente la de los museos, las ruinas, los monumentos y las cosas pintorescas para uso de los turistas extranjeros y que entre los mejores exponentes del Fascismo se manifiesta un rechazo por tales cenáculos de "literatos" y de "intelectuales", ambientes tan vanos como superficiales y dilettantes, que ni siquiera poseen las cualidades de los antiguos juglares de la nobleza feudal: la de divertir.

V. Rectificación de las relaciones mediterráneas entre los sexos

Es un mérito de las teorías de las que aquí hemos hecho mención el de no poner la sensualidad en la cuenta exclusiva del hombre mediterráneo: "La inclinación sensual no tiene nada que ver con una determinada raza". -escribe Clauss- "Hombres de cualquier raza pueden verse inclinados a la sensualidad: sólo que la sensualidad en cada raza se manifiesta en manera diferente. Es una fábula decir que el hombre del Sur es sensual y el hombre nórdico no lo es; verdadero es tan sólo que el primero se porta respecto de la sensualidad en manera diferente del segundo". Se afirma más bien que la raza mediterránea da a todo lo que se refiere a la sensualidad y a las relaciones entre los sexos un alcance mayor que el hombre de otras razas, sobre todo por permitir que estas cosas tengan un peso en el orden de los valores propiamente morales y espirituales.

Vale la pena examinar esta tesis; sin embargo ello debe hacerse con especial relación a una "rectificación" más de la mujer que del hombre mediterráneo, puesto que creemos que sobre todo ésta sea aquí la parte decisiva. Es efectivamente verdad que no sólo cada extranjero, sino también cada italiano que haya vivido durante un cierto período en el exterior, yendo a los países mediterráneos y, casi diríamos, ya en el momento de cruzar la frontera, no puede hacer a menos que advertir una impresión curiosa ante la psicología y el "estilo" del comportamiento de los dos sexos. Es efectivamente verdad que si, en abstracto, el hombre del Sur puede no ser más sensual que el del Norte, su actitud ante la sensualidad, el amor y la mujer es muy diferente y que aquí las cuestiones y las preocupaciones relativas al sexo encuentran en muchos casos con una facilidad preocupante la vía para convertirse en problemas morales e incluso espirituales.

Es así como nos encontramos ante conexiones extremadamente unilaterales, por ejemplo, entre honor y cosas del sexo, conexiones singulares y que no denotan en nada un alto sentido de la dignidad masculina. Resaltaremos en efecto que es difícil señalar una raza heroica que haya dejado decidir justamente a la vida de alcoba acerca del honor viril. En la misma medida singular aparece el puesto que en la misma religión posee el sexo: el "pecado" -que correcta y arianamente debería sobre todo referirse a la vida interior y al mundo ético- recibe en ella una interpretación prevalecientemente ligada a este plano carnal y sensual. Sea suficiente recordar al respecto la deformación moralista que ha padecido por ejemplo la palabra "virtud": lejos de tener que ver con preceptos de una moralina sobre todo sensual, *virtus* en la antigüedad aria significaba la cualidad viril, de *vir,* hombre en sentido eminente (y no *homo),* significaba la fuerza, el coraje, el poder de la afirmación de la decisión masculina. No hay que hacerse ilusiones al respecto: interviene aquí una fuerza extraña al elemento ario, una influencia, cuya relación con la actitud semítica difícilmente podría ser refutada.

Sobre un plano más concreto, no se trata sólo de exagerar la importancia dada a las cosas sexuales y sentimentales: también, y sobre todo en razón de un correspondiente sistema de complicaciones, limitaciones y artificialidades en la vida cotidiana, el comportamiento genérico del hombre y de la mujer mediterráneos se diferencia del estilo nórdico-ario. Ya la mujer mediterránea, casi sin excepción, posee la propia vida dirigida en la manera más unilateral y casi diremos más primitiva hacia el hombre. Nosotros estamos muy lejos de desear a la mujer masculinizada o neutra y hemos es más indicado en ello una degeneración característica para las razas del Norte: lo que pretendemos resaltar es que la mujer mediterránea deja a un lado casi siempre de formarse una vida interior propia, autónoma, aunque sea conforme a la propia naturaleza y a su función normal. Su vida interior se agota en vez en las preocupaciones del sexo y en todo lo que puede servir para "aparecer" bien y para atraer al hombre a la propia órbita. Es así como nosotros vemos a mujeres muy jóvenes, mantenidas por la familia muchas veces en un aislamiento casi completo de los hombres, todas pintadas y maquilladas como en cambio en los países del Norte no lo estarían ni siquiera las "profesionales": y es suficiente con examinar un momento para darse cuenta, a pesar de todo, que el hombre y sus relaciones con el hombre son su única preocupación, tanto más manifiesta por cuanto más escondida de cualquier especie de limitaciones burguesas y convencionales o bien de una sabia y racionalizada administración del abandono. A lo cual enseguida se agregan complicaciones muy comprensibles dada la correspondiente actitud del hombre.

Puede verse cada día en cualquier calle de gran ciudad de los países mencionados qué es lo que sucede cuando una mujer apenas deseable pasa delante de un grupo de jóvenes: éstos la devoran con la vista y la siguen con una mirada "intensiva", como si se tratasen todos de Don Juanes o de hambrientos retomados después de muchos años del Africa o del Polo Norte; ella en cambio, mientras que a través de las pinturas, las vestimentas y maquillajes no hace ningún misterio de toda su calificación femenina, asume un aire de suprema indiferencia y de "desapego", de modo tal que el observador de tales escenas es llevado a preguntarse seriamente si la una y los otros no tengan nada mejor que pensar para complacerse de un teatro semejante. Con el carácter inmediato y, digamos también, tosco de sus inclinaciones eróticas, un cierto hombre mediterráneo alarma a la mujer, la pone en defensa, propicia toda una serie de complicaciones dañinas: dañinas en primer lugar justamente para él. La mujer, mientras por un lado no piensa sino en las relaciones con el hombre y en el efecto que ella puede producir sobre el hombre, por el otro se siente como una especie de presa deseada y perseguida que debe estar muy atenta a cada paso en falso y "racionalizar" adecuadamente cada relación y concesión.

Pero no todo lo referente a la actitud falsa y no aria de la mujer mediterránea se explica con estas circunstancias exteriores, de las cuales el hombre es culpable. Puede afirmarse que en el 95% de los casos una mujer de tal raza puede haber dicho interiormente "sí" en una cierta relación, pero que ella se sentiría envilecida al comportarse resueltamente en tal consecuencia antes de someter al hombre a toda la serie de complicaciones y de limitaciones, a una verdadera *vis crucis* erótico-sentimental. De otra forma temería de no ser considerada como una "persona seria" o "de bien", allí donde en cambio, desde un punto de vista superior, justamente una tal insinceridad y artificialidad son signos de su poca seriedad. Sobre una base análoga se desarrolla la vida ridícula de los *flirts,* el ritual de los "cumplidos", de "hacer la corte", del "quizás sí y quizás no". Y que en todo esto el hombre no sienta una ofensa dirigida justamente a la propia dignidad, un juego, cuya dedicación no es de su incumbencia; todo esto es un índice inquietante que atestigua la presencia efectiva de un componente "mediterráneo", en el sentido malo, no sólo en las costumbres italianas, sino en la civilización burguesa en general, componente que el hombre nuevo, viril, ario, deberá sin más superar.

Es indiscutible que la "mujer mediterránea", y la misma italiana, aparte de las cualidades, por decir así, "naturales": que podrá también tener como esposa verdadera y propia y como madre, tiene mucha necesidad en ser "rectificada" de acuerdo a un estilo de espontaneidad, de claridad, de sinceridad, de libertad interior. Lo cual es imposible si el hombre no la ayuda, en primer lugar haciéndole sentir que, por más que sean importantes, amor y sexo no pueden tener sino un papel subordinado en su vida formada según un estilo nórdico-ario; en segundo lugar, terminándola de actuar permanentemente como un Don Juan insaciable o como una persona que nunca ha visto a una mujer, puesto que en un nivel normal entre los dos, es la mujer la debe buscar y solicitar al hombre, y no a la inversa. Aislamiento, distancia: o bien relaciones de amistad, sin sobreentendidos y sin claudicaciones; o bien relaciones reales e inatenuadas entre hombre y mujer. Se puede reconocer la justicia de tal postura, de acuerdo a la cual a los pueblos románicos, a partir del período provenzal, les había sido propia una separación artificial entre los sexos, en el fondo desconocida al hombre nórdico-ario. Una tal separación ha conducido sea a una falsa idealización como a una falsa degradación de la mujer: a la Beatriz y a la Dama de cierta caballería por un lado, a la *"femina"*, a la criatura de la carne y del pecado por el otro. Tipos éstos, el uno y el otro, "construidos" alejados de la realidad o por lo menos, de la normalidad. El primer tipo ha desaparecido con el ocaso del romanticismo del ochocientos, junto a los Werther y a los Jacopo Ortis. Pero tampoco se puede decir que permanezca hoy entre los pueblos románicos el segundo tipo, es decir el de la *femina* en el sentido pleno, de "raza", de la palabra, puesto que nos encontramos más bien en su versión reducida, domesticada, empeñada en "estar en orden" con las convenciones burguesas y en "brillar" en las escaramuzas de los *flirt* y en las ferias de la vanidad mundana.

Que el antídoto no sea ni la *garçonne*, ni el tipo anglosajón "emancipado", ello debe ser subrayado aquí. Es necesario convertir en más sinceras, directas y orgánicas las relaciones de la mujer con el hombre, relaciones que no pueden naturalmente ser como entre pares, sino la de un encontrarse y de un compensarse de dos diferentes maneras de ser. Y la intensidad de tales relaciones dependerá de la medida en la cual cada uno sabrá ser verdaderamente sí mismo, ser completo, sin complicaciones internas y fiebres artificiales, leal, libre y decidido.

VI. La Italia nueva. La raza y la guerra.

En la medida en que en estas consideraciones acerca de la "rectificación de la raza mediterránea" se ha mencionado sólo a algún punto de relieve, puede tenerse ya el sentido de que el prejuicio "antinórdico", desde el lado italiano, se basa en un equívoco y que una misma poca consistencia poseen las notorias y teóricas oposiciones entre Norte y Sur, oposiciones que en realidad son sólo literarias y derivadas de actitudes unilaterales y de dilettantes. Lo que para nosotros es lo importante, como por lo demás lo es para cualquier pueblo, puesto que ningún pueblo actual puede pretender ser de raza pura, es una decisión interior. Hay que poner a la raza en la encrucijada y obligarla a una especie de profesión de fe. El sujeto debe pues elegir entre los diferentes componentes de su pueblo. Así como es verdad que en la raza italiana existen núcleos importantes de la raza nórdico-aria en el espíritu, en el alma y en el mismo cuerpo, del mismo modo es también verdad que existe junto a ello la Italia de los tipos pequeños, de rasgos y sentimientos alterados por cruzas seculares, tipos sentimentales, gesticulantes, impulsivos, profunda y anárquicamente individualistas, una Italia del *"dolce far niente"*, de las rimas en *"cuore e amore"*, de los maridos meridionales celosos, de las mujeres "ardientes" pero embotadas en prejuicios burgueses, con polichinelas, maquerones y cancioncitas. Por un tiempo demasiado largo allí en donde se hablase de Italia, es en esta Italia que enseguida se pensaba en el exterior y, es necesario reconocerlo, los Italianos han contribuido, aun simplemente no reaccionando, en la formación de un mito semejante y tan poco alentador.

Ahora bien hay que decir que esta Italia antirracista, burguesa, superficial, desbandada, aria tan sólo por una mera manera de decirlo, se ha virtualmente terminado en el momento en el cual el Fascismo ha dado vuelta y proscripto el régimen demoparlamentario y se ha dado resueltamente a la construcción de una nueva nación romana y guerrera, entre otras cosas, bajo el signo de aquella Aguila y de aquella Hacha, comprendida en el *fascio,* los que son símbolos primordiales de la misma tradición hiperbórea. Y también desde el punto de vista exterior, si la nueva Italia posee plena conciencia de sus bellezas naturales, su orgullo no es precisamente por ser el país de los turistas extranjeros resonante en mandolinas y en *Sole mio,* con todos los demás accesorios de una coreografía edulcorada: la Italia fascista quiere más bien ser y valer como un mundo nuevo de fuerzas duras y templadas, como un mundo heroico compenetrado de conciencia ética y de tensión creadora, opuesto a cualquier abandono o decadencia del alma, que tiene por símbolo no a las tarantelas y al claro de luna sobre las góndolas, sino a los poderosos y férreos pasos de la marcha romana, la que tiene su facsímil preciso en los desfiles prusianos.

Con todo ello se puede decir que la decisión en sentido nórdico-ario del alma italiana ya ha acontecido y, en verdad mucho antes que la doctrina de la raza entrase oficialmente a formar parte de la ideología del Fascismo y que una cierta coyuntura de intereses políticos acercase a Italia con Alemania.

Con respecto a los antecedentes de una tal decisión es necesario sobre todo indicar la experiencia de la gran guerra. Al hablar de los elementos que dan relieve a una raza del alma, Clauss ha justamente resaltado que justamente una tal experiencia ha diferenciado a dos generaciones, dejando una huella indeleble en quien la ha vivido y convirtiéndolo casi en el exponente de una "raza" en sí, por ser distinto de todos quienes no han combatido. Esta postura debe sin embargo ser precisada en el sentido de que no para todos el hecho de la guerra ha tenido el mismo significado. Este ha en vez constituido una especie de prueba. Es verdad que la guerra determina la crisis de la pequeña personalidad burguesa, del yo cerrado en los estrechos límites de su opaca y egoísta vida. Pero esta crisis puede tener, de acuerdo a los casos, un final diferente. Al leer libros como los famosos de REMARQUE o de BARBUSSE se tiene la sensación precisa de que la guerra puede llevar a una superación del individuo, significando sin embargo el retomo al estadio de una "raza de naturaleza". Los personajes de

REMARQUE por ejemplo, si bien no creen más en nada, si bien constituyen una "generación quebrada aun cuando las granadas la han ahorrado", no se convierten ni en viles ni en desertores: pero no son más que un manojo de instintos, fuerzas desencadenadas y reflejos e impulsos elementales, los que llegan a testimoniar la regresión del sujeto en un plano en verdad sub-personal, los que los llevan adelante hacia pruebas trágicas de todo tipo.

Pero en otros seres la solución es absolutamente diferente: si la guerra los conduce igualmente a superar los límites de la conciencia simplemente individual, esto en ellos adquiere el significado de un despertar espiritual, de una superación interna, de una especie de ascesis activa y de catarsis. Desde el punto de vista colectivo, por medio de ellos comienza a despertarse y a afirmarse también la más alta "raza" de un pueblo: se tiene una nueva revelación de las fuerzas más profundas y originarias de la estirpe[23].

Y bien, si la primera solución se encuentra en señalar que mientras aquellos que, vueltos del frente, se dedicaron a hacer el proceso a la guerra y al intervencionismo italiano pasando a alimentar la falange de la subversión marxista y comunista, el Fascismo, desde la primera hora, se declaró el exponente de la Italia combatiente, intervencionista y victoriosa, de la Italia que sólo gracias a la guerra sentía haber alcanzado una nueva conciencia heroica y que se mantenía tan firme en sus posiciones como decidida en terminar con los restos de un régimen y de una mentalidad superada. En tal manera se crearon nuevos límites de la comprensión, se diferenció una "raza del alma" la cual, en el desarrollo del Fascismo, asumió rasgos siempre más precisos. Si

---

[23] Puede ser útil señalar que en texto más importante de la ascesis guerrera ariana, el *Bhagavad-gitá,* la justificación espiritual y, es más, metafísica de la guerra y del heroísmo y el desdén por todo sentimentalismo y humanitarismo son mencionados como formando parte de la "sabiduría solar primordial" que habría sido transmitida al primer legislador de la raza indo-aria por el "Sol" y luego habría pasado como herencia a una dinastía de reyes sagrados.

en el período insurreccional e ilegal del Fascismo podía haber quizás todavía dudas respecto de las tendencialidades que en esta experiencia riesgosa, alimentada por las fuerzas profundas redespertadas por la guerra, habrían tomado la primacía, en el momento en que Mussolini asumió legalmente el poder y el gobierno, en concertación con la Monarquía, la corriente de las fuerzas de la "raza de los combatientes' alcanzó a purificarse de toda escoria y se desarrolló en un sentido sin más romano. Un seguro instinto dio a una masa incandescente y dinámica precisos puntos de referencia, convirtiéndola en la materia prima para la construcción de un nuevo Estado y para la formación de aquel hombre -antiguo y nuevo a un mismo tiempo, y de estilo esencialmente nórdico-ario- del cual se ha hablado.

Tales son los antecedentes del redespertar racial que, aun allí en donde la palabra raza no fue ni siquiera pronunciada, se ha determinado en la sustancia italiana. El proceso de la selección y de la formación de la raza nórdico-aria italiana ya se encuentra en pleno curso y se trata tan sólo de individualizar los puntos del itinerario que aun queda por recorrer.

VII. Condiciones para el redespertar dela raza

Por lo que se refiere al aspecto interno, la ley de la discriminación y potenciación de la raza se resume en el siguiente principio: "Lo semejante redespierta a lo semejante, lo semejante atrae a lo semejante y lo semejante se vuelve a unir con lo semejante". Son necesarios pues dos símbolos como instrumentos de una decisión y de una evocación. El jefe de un movimiento nacional y europeo ha esclarecido aquel principio con la siguiente frase: "Cuando pido algo heroico, contesta el hombre heroico; cuando prometo en vez ventajas, a tal tañido de campana responderá en vez el espíritu de mercader". De manera más general se puede decir que la doctrina y la idea de la raza ponen frente a una alternativa que será decidida en cada uno por la ley de las afinidades electivas: reaccionar en contra del racismo, sentir una rebelión interior ante sus concepciones, significa demostrarse a sí mismo estar poco en orden con la raza; encontrar el aspecto ridículo o "científicamente" insostenible del mito ario y nórdico-ario, significa construirse una excusa para una vocación no aria y no-nórdica, lo cual no puede no estar en relación con un correspondiente substrato de la raza del cuerpo o, por lo menos, del alma, en la persona en cuestión. Y así sucesivamente. El proceso selectivo exige pues la formulación de un mito completo, que sirva como centro de cristalización y como reactivo para decisiones que, en base a las afinidades electivas, deben provocarse en todos los dominios de un pueblo y de su civilización.

Esto vale como premisa general. En cuanto a las condiciones particulares, las mismas se pueden reducir a las siguientes: es necesario en primer lugar un clima heroico, es decir de alta tensión espiritual; es necesario, en segundo lugar, una idea-fuerza que galvanice y plasme las fuerzas emocionales de una determinada colectividad, de manera tan profunda y orgánica, como la sugestión o la imagen de una madre que puede imprimirse como realidad biológica en el hijo; en fin, es necesario que en primer plano se encuentre un tipo humano ejemplar, como ideal encarnado, como expresión tangible de aquella idea, pero, al mismo tiempo, también como un modo de retomar o un retorno al tipo superior de la raza pura, Es entonces que se inicia un proceso de evocación, de formación, de redespertar de poderes profundos. Este proceso concluirá comprometiendo a la misma realidad biológica, superará a los elementos extraños. Con la perduración de tal acción hará asomar en las generaciones sucesivas en manera siempre más clara al tipo apropiado. Resurgirá así la "raza pura".

Para hacer volver un pueblo a su raza, además del lado práctico y profiláctico, y además del reconocimiento del significado, muchas veces desconocido por una cultura abstracta e intelectualista, de todo lo que está vinculado con la sangre y con la continuidad de la sangre, es necesario pues evocar su tradición interna: lo cual exige *in primis et ante omnis,* una restauración jerárquica, el lento, duro e irresistible resurgir de una tradición continua de Jefes. El redespertar de la fuerza formativa primordial, o raza del espíritu, que se ha enturbiado durante siglos de contingencia y de mezcla, no puede ser prácticamente eficaz sino a través de hombres que reproduzcan de ella una "clásica" encamación y que retomen con firmes manos el poder, en el centro de la nación. La acción de tales hombres será doble.

En primer lugar ella se realizará positivamente en el Estado no concebido ni como un abstracto ente jurídico, ni como una inerte superestructura reguladora creada por necesidades humanas, sino como una fuerza en una cierta medida trascendente que forma, articula, ordena desde lo alto al todo social, como una *entelequia,* es decir un principio vital organizador y animador. En tal sentido, Mussolini ha podido decir que "la nación es creada por el Estado", que "el Estado es autoridad que gobierna y da forma de ley y valor de vida espiritual a las voluntades individuales", es "forma más alta y poderosa de personalidad: es fuerza, pero espiritual". Concebido así, el Estado posee nuevamente el valor de un "mito", es decir, de una idea-fuerza, de un punto de referencia para una decisión interior, de base de sustentación para aquella entrega heroica y para aquella tensión que ya hemos dicho estar entre las condiciones imprescindibles para el renacimiento también físico de una raza.

En segundo lugar, se puede más precisamente hablar aquí de una acción de presencia. Queremos decir que los Jefes, en tanto eminentes encarnaciones del "tipo' de la raza superior y dominadora, se presentan como "ideales en acto" y como tales reencienden una fuerza profunda latente en los sujetos, la que es la misma raza interior, allí donde las circunstancias no hayan destruido hasta los últimos restos: en donde la magia del entusiasmo y de la animación que los Jefes suscitan en el orden de un verdadero reconocimiento y de una entrega heroica, no de pasiva sugestión colectiva. Y éste es también el verdadero lugar para comprender aquel "honor", aquella fidelidad y aquellas otras virtudes guerreras, que el racismo considera típicas para la raza aria del alma, pero que se disuelven con el viento cuando no tengan como base un régimen fuertemente personalizado, jerárquico, regido por una idea superior; que se reducen en mayor o menor medida en costumbres soldadescas susceptibles incluso de manifestarse en una organización de *gangsters* cuando no estén animadas por la sensibilidad hacia algo trascendente. A una no diferente idea se ha por lo demás remitido Mussolini al hablar de la estirpe como cantidad, colectividad o unidad sin embargo materialista, si bien como "una multiplicidad unificada por una idea", idea que "en el pueblo se actualiza como conciencia y voluntad de pocos, es más, de uno, y en tanto ideal tiende a actualizarse en la conciencia y voluntad de todos"; habiendo él ya indicado en la referencia a una "realidad permanente e universal" la condición para actuar en el mundo espiritualmente como "voluntad humana dominadora de voluntades".

Es entonces que las fuerzas múltiples de un pueblo, las corrientes varias de las sangres presentes en el tipo común, fatalmente dirigidas hacia la alteración y la disgregación cuando estén abandonadas a la contingencia de los factores materiales, sociales y también políticos en sentido restringido, reencuentran un sólido y viviente punto unificador en un contacto galvanizador. Es el elemento supra-biológico que se despierta aquí y actúa, es aquella raza que no es un puro motivo polémico o un elenco de "características" para una ciencia natural clasificatoria o un mecanismo hereditario, sino la raza viviente, la raza que en verdad se lleva en la sangre, es más, en lo más profundo de la sangre, puesto que ella comunica con aquellas fuerzas metafísicas, "divinas", ya percibidas por los antiguos en las varias entidades simbólicas de las *gentes* y de las estirpes.

VIII. La raza o el hombre fascista. Acerca del nuevo frente ario-occidental

Es así que, por la presencia de condiciones de tal tipo, es un hecho que, en especial en las nuevas generaciones, en Italia está tomando forma un nuevo tipo humano, reconocible no sólo a nivel de carácter y de actitud interna, sino en los elementos mas jóvenes también en el cuerpo. Y este tipo manifiesta rasgos extremadamente afines con el antiguo tipo ario-romano, no pocas veces dentro de un neto desapego del de sus progenitores. Es una raza -nueva y antigua al mismo tiempo- que se podría muy bien llamar raza del hombre fascista o raza del hombre de Mussolini. Ella no es evidentemente el efecto de medidas de racismo en sentido estricto, puesto que el mismo ha entrado a formar parte de la ideología oficial fascista desde hace apenas dos años; ella es en vez, repitámoslo, el efecto de un clima y de los ideales de la Revolución y de la correlativa evocación de fuerzas profundas que en un primer momento la guerra mundial y luego la Revolución, inconscientemente, bajo el signo romano, han actuado en la sustancia colectiva del hombre italiano.

La persistencia de una tal evocación -pero ahora con más precisa conciencia racial y espiritual- y con ella, el potenciamiento del clima heroico, la tensión propia de una mística fascista, en el sentido más austero, antisentimental, antiretórico, activo del término, son las condiciones para que el proceso tenga ulteriores desarrollos y gane en profundidad, para que esta nueva raza del hombre fascista se afirme en manera siempre más clara y precisa, como tipo superior y *elite* de la "raza italiana" en tanto raza nórdico-aria o ario-romana.

Con referencia a lo que se ha mencionado en lo relativo a las relaciones entre raza y derecho, el establecimiento, por decirlo así, de una tal *elite* menos en la forma que se resiente de la ideología de las expresiones políticas superadas de una "clase dirigente", que de una Orden, en el sentido de las antiguas organizaciones ascético-guerreras, representaría una ulterior condición particularmente propicia para lo obra constructiva. El ideal "clásico" nos invita a concebir como realización máxima a jefes en los cuales la nobleza y la pureza de raza no sean menores que su calificación y que su autoridad espiritual. La antigua idea de "Orden" se encuentra por cierto más arriba que la moderna de "partido": corresponde a una *elite* y a una formación voluntaria juramentada, a la cual no le era ajeno el concepto de una cierta prestancia y perfección física con caraceres sea "ascéticos" como militantes, *elite* que defiende esencialmente una idea, que custodia una tradición y hace de sostén para una determinada comunidad, para personas más numerosas, pero menos calificadas, más entregadas a intereses particulares y contingentes, con un menor sentido de responsabilidad y menor sensibilidad política. Si en cada palabra, como de acuerdo a la concepción antigua, está encerrado un poder, a nosotros no nos resulta dudoso que una designación como la de "Orden Fascista del Imperio italiano" representaría un poderoso acrecentamiento de aquella liturgia de la potencia que en cualquier ordenamiento político autoritario y tradicional tiene un lugar en nada desechable: ella sería la más apta para despertar, recoger y restituir -potencializadas- las fuerzas que más pueden contribuir a la formación nórdico-aria de la nueva Italia. Quedaría en claro el aspecto a su manera sagrado del compromiso que se asume en el momento de entrar a formar parte de este grupo, a través de un juramento "de la sangre", tal de no dejar otra alternativa sino la fidelidad o la traición, que el honor o la deshonra; ello en el propio fuero interno y respecto de un principio, aun antes que frente a una autoridad o a una jerarquía visible.

Por extensión, en tanto que situaciones internacionales más claras lo permitiesen, de aquí se podría llegar hasta al mito de un nuevo frente ario-occidental. En el mismo se encontraría en primer lugar comprendida la idea de una humanidad potencializada biológicamente y defendida de toda mezcla contaminadora; en segundo lugar, pasando de la raza del cuerpo a la del alma, se encontraría la idea de una unidad de actitud interna, de un común estilo ariano de vida, es decir de una unidad en la verdad, en el honor y en la fidelidad; en fin, como coronación, se tendría la raza del espíritu, puesto que con todos los medios, a pesar de las condiciones de una civilización en todo y por todo desfavorable, sería necesario tratar de dar nueva expresión a alguna parte de la antigua herencia hiperbórea, de nuestra común herencia de espiritualidad olímpica y solar, a través de elementos calificados y de una regular transmisión.

Tal sería la concepción-límite de la doctrina tradicional de la raza en su aspecto práctico y constructivo. La misma no objeta el valor y la necesidad de grados parciales y preparatorios. Sólo el futuro podrá decirnos hasta cuál profundidad la acción del nuevo mito podrá llegar, hasta cuál punto la idea aria pueda actuar en modo creativo y decisivo, no sólo en lo interno de una nación, sino en una familia de pueblos de origen común, de manera de hacer en modo tal que dicha comunidad de origen sea más fuerte que los elementos de oposición, de desnaturalización, de deformación, de decadencia "moderna", que en cada una de ellas hasta el día de hoy parecen prevalecer. En el momento en el cual este sentimiento de raza se volviese a despertar también en los términos de un frente ario-occidental ya mencionado, y en la plenitud ya dicha, no habría duda para una solución positiva y definitiva de las luchas y de las crisis que, según el ritmo acelerado de la historia actual, quizás pronto deberán decidir sobre la vida o la muerte de toda la civilización europea.

APÉNDICES

APÉNDICE I

LA SUPERACIÓN DEL RACISMO[24]

Tal como hoy se presenta en el nacionalsocialismo, el racismo tiene mucho menos los caracteres de una doctrina verdadera y propia que de un *mito,* de un centro de cristalización de la oscura necesidad de creer que posee un pueblo. Y así como una pasión no se deja resolver en el conjunto de los diferentes argumentos que la han determinado, del mismo modo el mito mantiene una fuerza propia independientemente de la de los diferentes elementos de carácter filosófico, histórico, antropológico, social, que el mismo arrastra y por los cuales asume forma material. Así pues criticar "objetivamente" al racismo es por lo demás ocioso. Vale en vez considerarlo como un síntoma, captar el significado de tal síntoma y tomar postura ante el mismo.

En general puede decirse que en el racismo se expresa el producto de una desviación, en sentido biológico-naturalista y también colectivista, de un oscuro impulso aristocrático.

La reacción en contra de la concepción democrático-masónica de la igualdad de todos los hombres, en contra del ideal iluminista-racionalista y en gran medida pacifista de "principios inmortales válidos para todos", la reacción en contra

[24] Publicado en *Bibliografía Fascista,* año 1934, n° X.

de la idea de que fuerzas impersonales y deterministas creen la civilización y la historia; en fin, la aspiración a un tipo diferenciado y orgánico de verdad, de moral, de cultura, apto para encontrar correspondencia en las energías más profundas de nuestro ser; éstas son las tendencialidades correspondientes a aquello que en el racismo en tanto exigencia puede haber de positivo. Es correcto poner contra el mito dela masa proletaria sin patria y sin rostro al de la sangre y del derecho de la sangre. Sostener frente a las abstracciones de la cultura laica y profana, a la cual la sociedad burguesa había dedicado un culto supersticioso, el mito de la virtud y de una nobleza que no se "aprenden", sino que se poseen o no se poseen, que son cualidades de estirpe, condicionadas por una tradición y por la fidelidad a la misma, también ello está bien. Pero en esto, más que de "racismo" en sentido estricto se trata de principios que en cualquier gran civilización tuvieron siempre una fuerza y que definieron el derecho de toda aristocracia, en manera tan espontánea, que los mismos casi nunca tuvieron necesidad de traducirse en una ideología. El racismo recaba su nota distintiva de ser -en vez y justamente- una *ideología,* en la medida en que, junto a una siniestra promiscuidad entre cientificismo y misticismo, tendencias de tal tipo llegan a mezclarse con concepciones niveladoras.

El racismo es nivelador en cuanto en el mismo el concepto de raza permanece indiferenciado, naturalista, antiespiritual. "Raza" es una noción que asume significados muy diferentes según la categoría de seres a quienes se la quiera referir. El racismo no se da cuenta de que para el hombre este concepto no puede ser asumido en los mismos términos y sobre el mismo plano que en el caso de un gato o de un caballo y que ello vale aun mucho más, cuando no se habla simplemente del hombre, sino que nos referimos al hombre superior, al hombre como dominador, creador de civilizaciones y dador de luz. Al referir todo ello a un mismo denominador -al término promiscuo de "raza" comprendida naturalmente- y al pensar pues que aquellos criterios de "superioridad" biológicamente condicionada, los cuales son decisivos sólo allí en donde la vida posee simplemente un significado biológico, sean también válidos en igual medida para el hombre y para cualquier estirpe de hombres, el racismo es en tal caso nivelador.

La forma más ingenua de racismo es pues aquella en donde, con una defensa y una cultura de tipo casi zootécnico de la raza humana, se piensa llegar en forma milagrosa a algo decisivo y creativo acerca de lo que más importa para un hombre en cuanto tal y para su civilización. Quien va más allá de este plano crudamente materialista, al cual se inspiran buena parte de las aplicaciones prácticas sociales nacionalsocialistas de las premisas racistas, no sabe sin embargo remitirse más allá de un empirismo en el cual se termina concibiendo como solución lo que es en cambio un problema. En efecto es inútil decir que "en el concepto de raza comprendemos a aquella plenitud de la vida humana, en la cual cuerpo y espíritu, materia y alma se unen en una superior unidad" y que, acerca del problema de si una cosa determina a la otra, es decir, si la forma corpórea es determinada por el alma o viceversa, ello es una cuestión anticientífica, metafísica, que cae afuera de toda consideración (WALTER GROSS). Es inútil tratar de cortar de cuajo este problema, proclamando con ROSENBERG: "No concordamos ni con la proposición de que el espíritu cree al cuerpo, ni a la inversa, es decir que el cuerpo cree al espíritu. Entre mundo espiritual y mundo físico no hay ninguna frontera neta: ambos constituyen un todo inescindible". En vez es justamente éste el punto que debe ser decidido antes que cualquier otro, porque propiamente a partir de este punto el racismo -no tan sólo como teoría, sino también y sobre todo en sus aplicaciones prácticas- puede recabar su significado: significado de concepción subpersonal y precultural por un lado, o suprapersonal y supracultural por el otro; significado de revivificación del espíritu del "totemismo" de los pueblos salvajes, o bien de aspiración -aunque sea desviada- de un ideal "clásico", en el sentido verdadero y tradicional, del término.

La indiferenciación entre lo espiritual y lo corpóreo en efecto es un rasgo característico de la psique de los "primitivos": en los cuales por lo demás se acompaña con un exacto equivalente del mito racista de la sangre. El *totem* es el alma mística de la tribu y de la horda, elevada al rango de un tabú, viviente en la sangre y en la herencia de la sangre de los individuos, concebido como el alma de su alma, como el elemento primario en ellos. Aquí el sujeto, antes que como tal, se siente justamente grupo, raza u horda, y de ello recaba sus rasgos fundamentales distintivos, no sólo biológicos, sino también caracterológicos y, en la medida en que se pueda hablar de ello, culturales. De lo cual se ve que hay un camino para escapar del odiado liberalismo y universalismo y de aquella escisión entre alma y cuerpo, la que los racistas ponen en la cuenta de las concepciones inferiores de los pueblos "desérticos", levantinos o hebraicos, la cual remite simplemente a formas que identifican a los tipos más bajos de sociedad humana; formas en el fondo prepersonales y fatalistas. En efecto la personalidad que todo lo tenga de la raza, todos sus rasgos, todas sus virtudes, incluso cuando es heroica y dominadora, no es tal por efecto de una acción propia de afirmación y por una superación de sí, sino sólo porque ésta es su herencia y, en tanto raza, no puede ser sino esto, así como un perro es perro y un gato es gato. Una tal personalidad no posee evidentemente nada de lo que se debe comprender verdaderamente y que en cualquier civilización normal siempre se comprendió como tal. HITLER, quien posee una similar concepción fatalista y que en la afirmación: "El hombre supera a la naturaleza" ve -literalmente- "a la judaicamente desfachatada, pero también estúpida respuesta de los pacifistas modernos", se ilusiona pues de poder decir que desconocer la raza significa desconocer la personalidad. A tal respecto, es decir sobre un plano de naturalismo en todo caso, casi lo opuesto sería verdadero. Y es singular que mientras ROSENBERG, GÜNTHER, VON LEERS, etc., se indignan y marcan a fuego los caracteres "antiarianos" de la concepción cristiana y católica de la existencia humana como don de Dios, ellos no encuentren nada que decir respecto de concepciones de tal tipo, las cuales concluyen en un determinismo mucho más bajo y oscuro y quitan toda posibilidad de comprender verdaderamente el significado no sólo del ideal "clásico", sino también del "ariano".

Ni más ni menos. "ariano" o "ario" es la consigna del racismo, la que designa a la raza dominadora, la verdadera raza pura en un 100%, la raza que es la anti-masa, la que es portadora de luz, creadora: ello es así a pesar de que prácticamente hoy en Alemania la cualidad "ariana" se reduzca a un simple concepto negativo, es decir al hecho de no ser judío, ni de raza de color. Pero de acuerdo a la concepción originaria, *ârya* queda como sinónimo de *dvija,* que quiere decir en sánscrito, "regenerado" o "nacido dos veces". Un solo nacimiento posee el oscuro siervo, el *çudra,* dos nacimientos tiene en vez el noble, *el ârya,* natural el uno, sobrenatural el otro. Un acto trascendente -la iniciación- se encontraba para definir y consagrar la naturaleza, y el más antiguo código de leyes de los arios, el *Manâvadharmaçastra,* reconoce que cuando el *ârya* deja a un lado tal acto, no tiene más manera de diferenciarse verdaderamente del *çudra,* es decir del tipo que corresponde originariamente a las castas inferiores no-arianas. No profundizaremos aquí lo que -metafísica y tradicionalmente- significaba esta "iniciación": limitémosnos a tomar este término en el significado más general de una acción, con la cual el sujeto se libera del propio elemento natural, reacciona sobre el mismo y le impone una ley más alta. Resaltemos que, a través de este "segundo nacimiento" o "iniciación", y la consiguiente participación en una fuerza de lo alto (y aquí nosotros tenemos la correspondencia también con la concepción iránica, puesto que en ella la raza de los "arios" se identifica con la de los portadores del místico *hvarenô,* "fuego celeste" o "gloria de realeza" creadas por el "Dios de Luz"), y no por mera naturaleza, el sujeto formaba parte de la comunidad de los *ârya,* y nosotros entonces tendremos el justo punto de referencia: *ârya* designaba esencialmente a una "raza del espíritu". Y es en estos términos que, *in primis et ante omnia,* se debe poner el problema de la raza, cuando es del hombre en tanto tal de lo que se habla: no en cuanto animal en mayor o menor medida "superior".

Mientras que en el reino animal y en las formas inferiores,

primitivas o salvajes, la raza es una cosa que pertenece al plano biológico, comienza y termina en ello, apareciendo como un puro "dato", extraño a cualquier iniciativa creativa y predestinado colectivamente, cuando en cambio se habla del hombre en sentido superior la "raza" no se encuentra más sobre este plano, aun manifestándose en el mismo: haciéndose visible a través de un complejo típico bien determinado de cualidades, de actitudes, de inclinaciones, de sensibilidades, es decir a través de un estilo susceptible, si la acción dura, que se traduce en una herencia "sutil" latente en la sangre, pero que sin embargo en última instancia es sólo signo y símbolo de la presencia y de la acción formativa de un elemento de orden meta-biológico, de un hecho de naturaleza espiritual, sólo en referencia al cual el concepto de "personalidad" adquiere su justo sentido y su dignidad. Los racistas habitualmente no saben sino ver en esto el efecto e ignoran su causa. Con ojos miopes, captan sólo los ecos de una grandeza interior, que incluso se tradujo en la sangre y en la "raza": y sustituyen una construcción artificial materialista-zoológica, mezcla de cientificismo y de ideología político-social, con una tradición de aristocrática espiritualidad "clásica". Debe entenderse aquí por tipo "clásico" aquel que en todo y por todo es "sobrenatural", en el sentido de ser aquel en quien la unidad absoluta de espíritu y cuerpo no significa una promiscuidad subpersonal y naturalista, sino la condición en la cual un espíritu se ha adueñado totalmente de su cuerpo, lo ha plasmado, ha dado vuelta toda tosca naturalidad, ha hecho de él su expresión viviente, absoluta, inequívoca, en exacta adecuación de continente con contenido. Comprendido en su valor originario, falsificado por gran parte de las interpretaciones corrientes, el ideal "clásico" es la raza del espíritu formativamente victoriosa sobre la de la sangre.

Por un tal camino se puede dar su valor a una ulterior exigencia, la que en el racismo se encuentra deformada y asociada a adaptaciones políticas suprematistas de carácter extravagante: la exigencia de una comprensión antiigualitaria de las diferentes razas. Se puede en efecto hablar de una oposición fundamental entre civilizaciones en las cuales la raza significa naturaleza y aquellas en las cuales significa espíritu. El verdadero problema es la diferencia entre razas superiores y razas inferiores, telúricas, cerradas en el breve ciclo de aquella vida que, dantescamente, no es sino un ir al encuentro de la muerte; es exactamente en estos términos que hay que formularlo. Así como un hombre es tanto más digno de este nombre en cuanto más él sepa dar una ley y una forma a sus tendencias, a su carácter y a sus acciones -forma y ley que concluyen reflejándose en su misma figura exterior- del mismo modo una raza se encuentra más arriba en cuanto más su tradición étnica esté acompañada de una tradición espiritual dominadora casi como cuerpo y alma y cuanto más la una y la otra cosa se encuentren en una unión inescindible. Pero, repitámoslo, esta unión nunca puede ser un punto de partida, es decir un puro dato de naturaleza, No se puede llegar a este concepto unitario si antes no se reconoce la trascendencia, es decir la realidad de algo suprabiológico, supracorpóreo y supraétnico y si no se crea la facultad para participar de una tal realidad. El dualismo entre cuerpo y espíritu, entre realidad física y realidad metafísica, entre vida y supravida es el presupuesto de la síntesis "clásica". Se desconozca esto; se pongan tales presupuestos en la cuenta de las visiones de la "raza levantina" y "desértica" y de su tipo, el "hombre de la redención" (CLAUSS, GÜNTHER) y entonces toda síntesis será falsa, la raza será sólo "naturaleza", el ideal de fuerza, de salud, de belleza será tan sólo "animal", es decir una vana falsificación privada de cualquier luz interior.

Que el racismo de hoy en día corra el peligro de terminar en esta dirección, ello se encuentra probado por su prejuicio antiascético. Siguiendo al peor NIETZSCHE, la ascesis es aquí puesta en ridículo y concebida como la fuga de quienes son impotentes frente a la vida, la inmanencia es así valorada, y de tal modo todas las consignas del activismo, del heroísmo, de la virilidad y del "honor", son afirmadas sobre esta base, tienen como único efecto potencializar una sensación puramente física y biológica del yo y por ende reforzar la prisión de éste. Crean un endurecimiento, una protervia, una exasperada y materializada percepción de la voluntad, de la individualidad, de la salud, luego del deber, de la raza y de la nación; lo cual equivale a múltiples impedimentos para la liberación interior, para la restauración interior que, como se ha visto, caracteriza a la raza del espíritu, portadora de verdadera superioridad y creadora de auténticas civilizaciones. Así pues los circuitos permanecen cerrados, el neopaganismo, el anticristianismo, el nuevo culto de la vida y el nuevo naturalismo "heroico" enarbolados por el racismo, se hacen sinónimos de mero naturalismo, los cuales se acoplan bien con arranques demagógicos y con una tendencia final de rebelión prevaricadora del poder temporal en contra de la autoridad espiritual.

Las concepciones arriba expuestas nos dan también manera de reconocer el alcance y el límite de las posturas racistas acerca del problema de la herencia y el problema de la caída de las civilizaciones.

Allí donde la raza corresponde a la afinación, a la selección y a la formación actuada sobre la "naturaleza" por una más alta fuerza transmitida como potencialidad a través del vehículo de la herencia biológica y psicológica, es evidente que se trata de preservar y defender a esta misma herencia, pero además y sobre todo es necesario que sea mantenida viva aquella tensión espiritual, aquel superior fuego o interior fuerza formadora, que elevó originariamente a esa materia hasta a aquella determinada forma y tradujo una "raza del espíritu" en una raza de la sangre. La decadencia de una civilización no es el efecto fatal y mecánico de la mezcla de la super raza que originariamente la llamó a la vida, no es su decadencia étnica o biológica la verdadera causa; sino la verdad es más bien que una super raza con su propia civilización decae, cuando su espíritu decae, cuando la íntima tensión que la mantuvo en contacto creativo con la "vida", pero en tanto realidad metafísica, a la cual ella debió su forma y su "tipo", vienen a menos. Es entonces que el núcleo se disuelve, que la super raza se convierte en simple raza y como simple raza cambia y se corrompe o es arrastrada por la fuerza oscura de las cruzas, porque ha sido herida en su más íntima raíz: ella cae presa de las simples fuerzas de la naturaleza y subyace a las leyes sin alma y fatales y a las contingencias propias de tal plano: al cual, en mayor o menor medida, se restringe el horizonte del racismo contemporáneo, sobre todo en sus formas pseudocientíficas.

El racismo en efecto está caracterizado por una consideración unilateral y por una generalización abusiva de las leyes de la herencia y, en particular, por las de MENDEL. El mismo tiene poco en cuenta el hecho de que la investigación científica, en materia de herencia, no conoce sólo el fenómeno de las mixtovariaciones, sino también el de las idiovariaciones. Las idiovariaciones son enigmáticas mutaciones internas que afectan y modifican todo un tronco de herencia, sin que se verifique ninguna causa externa y ninguna mezcla (mixtovariación). Es la correspondencia biológica de la verdad de que, así como el nacimiento, también el ocaso de toda gran raza es un hecho en primer lugar interior. La prueba de ello se la tiene con la constatación del lento desaparecer de razas, de su progresivo morir al valor de portadoras de civilizaciones, sin que siquiera se hayan verificado relevantes alteraciones de la sangre y del tipo. Ello vale para muchas comunidades primitivas que permanecieron en la más estrecha endogamia, y ello vale también para razas, como la holandesa o la sueca, las cuales, aun habiendo mantenido su tipo antropológico hasta el día de hoy, con el mismo no conservan nada de la alta tensión heroica que las hizo grandes hace algún siglo. Del mismo modo que en el sujeto la integridad y la salud del cuerpo son condiciones favorables para la plena eficiencia de las facultades superiores, así se puede también conceder que la preservación de la pureza y de la herencia étnica -en donde sea prácticamente posible- constituye una condición favorable, aun si para nada suficiente, para que también el "espíritu" de una raza se mantenga en su fuerza originaria. Pero este reconocimiento debe ser limitado por el otro, en el sentido de que un obstáculo a vencer, una materia a plasmar que se resiste, llegue a excitar a la fuerza plasmadora; y es por esto que, bajo ciertas condiciones, las cruzas se resuelven no en el sentido de alteración, sino de reintegración de una raza y de una descendencia. Y puesto que un hombre moralmente bien constituido, fuerte en su voluntad, no tiene la propia vida interna a merced de la externa y física, así también, cuando una raza tiene por alma y base una fuerte tradición espiritual, el simple hecho de su apertura y expansión hacia otras sangres se encuentra lejos de significar sin más una ruina, de acuerdo a concepciones ya acariciadas por DE GOBINFAU. ¿Y nosotros no podremos quizás resaltar que en las angustias del racismo, en su obsesión por mantener a la "raza pura", se hace patente un "complejo de inferioridad" con respecto a horizontes demasiado vastos?

Yendo ahora al campo individual y refiriéndonos a las leyes de MENDEL, el concepto de "idiovariación", ya mencionado, relativiza su determinismo, deja siempre pensar en la posibilidad de una intervención metabiológica en el proceso de la herencia. Las leyes de MENDEL han sido recabadas esencialmente del examen de fenómenos propios del reino vegetal y cuanto más zoológico, por lo que es arbitrario suponer que ellas poseen una fuerza absoluta respecto del hombre, casi como si en el hombre no actuasen en manera del mismo modo positivo y orgánicamente eficiente leyes que no se reducen a las de la parte de su ser que es del mismo nivel que el animal o la planta. En segundo lugar, tales leyes han sido verificadas con suficiente exactitud en el proceso de herencias simples, en las cruzas en donde entran en juego cualidades elementales, por ejemplo, las cruzas entre una variedad roja y una blanca de la flor boca de león. Pero en el caso del hombre, el "tipo" o "raza" está compuesto de muchos elementos, espirituales y corporales, y, en primer lugar, sería necesario preguntarse esto: ¿como es que tales elementos se presentan en aquella determinada y específica unidad? ¿Cómo es que en un cierto tipo "puro", y con caracteres de estabilidad, se encuentran unidas justo aquellas cualidades de cuerpo, de carácter y de espíritu? Es evidente que es necesario pensar en una fuerza, en una fuerza unificadora y organizadora, La ley mendeliana de la "dehibridación", es decir del fatal reafloramiento de la herencia introducida por el elemento heterogéneo, en el caso del hombre debe tener que ver con esta fuerza. Ella está en el centro de la "raza" y del "tipo" y nada impide pensar que se proyecte en una mezcla étnica, que reaccione sobre el mismo, que elija y coordine hasta producir tipos, si no idénticos, por lo menos similares. En el fondo, tal es el caso que tenemos adelante en la historia, cuando vemos que un determinado modelo de civilización ha terminado incluso forjando a un tipo étnico correspondiente; y es el ejemplo más reciente del tipo americano, yankee, obtenido con características suficientemente uniformes por la más inverosímil mezcla étnica.

La inestabilidad del tipo mixto, afirmada por las leyes de MENDEL, es puramente abstracta, teórica, condicionada. ¿Cuál raza pura ha mantenido tan establemente las propias características a pesar de su dispersión durante siglos, más que el pueblo hebraico el que, según los racistas, no sería una raza, sino una mezcla, de tipo derivado de la cruza de razas diferentes? Por otro lado, el mendelismo conoce un caso especial de proceso de herencia: aquel en el cual un progenitor posee respecto del otro la denominada cualidad "dominante". Cuando uno de los progenitores es portador de la "cualidad dominante" -es decir, nosotros diríamos, cuando su "tipo" presenta una superioridad en su energía dadora de "forma"- en el producto de la cruza las cualidades o herencias del progenitor de otra raza están, de acuerdo al mendelismo, presentes, pero sofocadas, latentes, inmanifestadas. Se hagan unir a diferentes descendientes siempre con nuevos tipos de la raza superior originaria: nosotros habremos prácticamente anulado casi la reaparición de la herencia heterogénea y, con ella, la alteración. Tal herencia resultará prácticamente reabsorbida, transportada por la otra como por una corriente mas fuerte y rápida. El tipo se mantiene: el mismo permanece dominante, organizador, llevado siempre más arriba por cuanto mayor es la materia que afluye, que se cuadra en contra de él y que el mismo debe dominar. Ello es así hasta que no se verifique una lesión interna, un cese de la tensión, por la cual el tipo deja de tener valor de "dominante". Sólo entonces penetra la disociación y el reafloramiento de los elementos dominados. Pero ello no es otra cosa que el fenómeno general que se verifica en toda muerte, También en el sujeto, al fracturarse con la muerte la energía interna, el haz de los elementos que constituían al organismo se disuelve, tales elementos se convierten en independientes y pasan a seguir las leyes mecánicas e impersonales de la especie natural, al cual pertenecían. En base a tales visiones, todo lo que se refiere a la "higiene", a la "selección" y a la cruza de las razas, sea en el orden de los principios que a nivel técnico, asumiría caracteres sumamente diferentes que los del racismo actual. Pero sobre esto no podemos detenernos. Pasemos más bien a los corolarios políticos.

Justamente en razón de su concepción particularista de la raza, la corriente aludida concluye en un particularismo limitador. Ella no conoce sino la antítesis limitadora: o nación o internacional, o raza o caos étnico; casi como si no pudiese existir un tercer término superior a ambos. Por esto el racismo no comprende a Roma y no comprende el ideal romano del Imperium y va tan lejos como de renegar y de considerar como traidores de la raza a aquellos mismos Príncipes de rama nórdica o germánica que asumieron este ideal: CARLOMAGNO, los HOHENSTAUFEN, los mismos AUSBURGO. Se alimenta la sospecha ante la noción misma de "nación"; se querría que las naciones, descomponiéndose en sus elementos étnicos, dieran lugar a otras naciones, idénticas a otras tantas razas, a ser mantenidas puras y cerradas en sí mismas, con verdades, principios éticos y jurídicos, e incluso cultos, válidos singularmente para cada una de ellas y no para otras. Es la lógica consecuencia de la concepción de la raza como "naturaleza" y de la negación de cualquier principio de carácter verdaderamente supranatural como "forma' de la naturaleza. La naturaleza divide. Sólo como abstracción, o como una violencia que destruyese su modo de ser, podría en efecto existir una ley común a la cual subordinar la de las águilas y de los gatos, de los leones y de las serpientes.

Los puntos de vista son antipódicamente diferentes cuando se parte de la idea de la raza del espíritu. MUSSOLINI tuvo ocasión de escribir: "La tendencia hacia el imperio, es decir a la expansión, es una manifestación de vitalidad; su contrario es un signo de decadencia: pueblos que surgen o resurgen son imperialistas, pueblos que mueren son renunciatarios". Aquello que hace a una raza espiritual es lo que la conduce también fatalmente más allá de ella misma. En primer lugar la lleva al plano y a la forma más alta de nación, absorbiendo y unificando desde lo alto a ramas étnicas afines, en el orden de las cuales ya todo lo que es lengua, historia, comunidad de destino, posee un papel más importante que el simple elemento biológicamente condicionado. Luego la conduce al plano del imperio, cuando ella, al manifestar siempre en modo más puro y completo, por ende universal, el germen metafísico del que ha recabado el nacimiento, llega a constituirse como un punto de referencia supranacional, por el cual otras razas y naciones no son destruidas, niveladas y reducidas a mero desperdicio, sino integradas, espiritualizadas, unificadas de acuerdo a una unidad de civilización, expresada en manera variada en cada una de ellas, sin ser confundidas o alteradas en los cuerpos, es decir en sus aspectos simplemente étnico-nacionales y en cuanto se refiere a tales aspectos.

En base a tal ideal jerárquico toma también forma el verdadero significado de la personalidad superior y dominadora. El racismo, aseverador del principio de la diferencia por lo que se refiere a los distintos troncos étnicos, deja de admitir este principio en el seno de una raza en particular. En una hipotética "raza pura", todos sus representantes serían iguales: paridad de cada sujeto ante la raza y la comunidad nacional-racial, un nuevo "socialismo" que tendiendo, de acuerdo a la palabra de HITLER, "a la unidad indestructible y al seguro instinto del rebaño", termina casi dando nueva vida al misticismo de la "horda primordial", a pesar de cualquier apariencia dictatorial y autoritaria, Desde el punto de vista defendido por nosotros aparece como en verdad absurdo que la "idea" de una raza sea llevada de igual manera por todos sus miembros. En una producción en serie y en una cría racional de ganado puede esperarse un aglomeramiento de individuos todos iguales y "puros". Esto es absurdo en el campo del espíritu, de la conquista, de la ascesis, del dominio. La fuerza metafísica formativa se encarna plenamente sólo en pocos, sólo en pocos se realiza plenamente el ideal clásico, la victoria completa del espíritu sobre la sangre y la reducción del cuerpo a imagen perfecta del espíritu. Y si para nosotros el retorno a la "raza" significa esencialmente el retomar y redespertar de su tradición interna, aparece aquí clara la necesidad de una restauración jerárquica, de una nueva tradición de Jefes. La renovación de la fuerza primordial formativa entorpecida en un ciclo de relajamiento o de mezcla no puede ser prácticamente eficaz sino en personalidades que reproduzcan una "clásica" encarnación y que retomen con manos firmes el poder en el centro de su estirpe. Se trata, por decirlo así, de una "acción de presencia". En tanto eminentes encarnaciones del "tipo" de la raza, como "ideales actuales", los verdaderos Jefes, los verdaderos *Duces,* los verdaderos Monarcas reencienden una fuerza profunda en los sujetos: de allí no sólo la magia del entusiasmo y de la animación que ellos suscitan en el orden de un verdadero reconocimiento y entrega heroica y consciente y no de pasiva sugestión colectiva, sino también de una acción real, aunque invisible, que se impulsa hasta en la zona más misteriosa de las fuerzas biológicas, manifestándose con el hecho tangible, que en todas las épocas históricas, a partir de Grandes Jefes y de Grandes Maestros espirituales, se formó o resurgió, asumió realidad física y se multiplicó en las masas un "tipo" y un estilo común no sólo del pensamiento y de la acción, sino incluso del mismo cuerpo.

A uno diferente orden de ideas se ha remitido hoy MUSSOLINI, al hablar de la estirpe no como cantidad, colectividad o unidad tan sólo material, sino como "una multiplicidad unificada por una idea", idea que "en el pueblo se actualiza como conciencia y voluntad de pocos, es más, de Uno, y que cual ideal tiende a activarse en la conciencia y en la voluntad de todos": habiendo ya indicado, en la referencia a una "realidad permanente y universal", la condición para actuar espiritualmente en el mundo como "voluntad humana dominadora de voluntades". Es entonces que las fuerzas múltiples de una estirpe, las corrientes varias de sus sangres reencuentran un firme y viviente punto de unidad en un contacto galvanizador. Es el elemento inmaterial de la "raza del espíritu" que aquí se despierta y actúa, es aquella raza que no es un puro esquema mental, una cadavérica construcción cientificista, sino la raza viviente, la raza que en verdad se lleva en la sangre, es más, más en lo profundo que en la sangre, y sin la cual cualquier previsión, cualquier disciplina, cualquier mito de tipo racista irá por lo demás a preparar buenas, sanas y racionalizadas bestias de trabajo, viriles quizás en la carne, pero eunucas en el espíritu, presa lista para el momento de aparecerse un puñado de verdaderos dominadores.

Así pues se establece una antítesis concluyente. Super raza contra raza, raza del espíritu contra la de la sangre, Materialismo divinificado en donde, de acuerdo a un retorno del misticismo de la horda primordial, todo permanece sórdidamente subordinado al derecho de una comunidad de sangre, de tierra y de origen. Y una concepción aristocrática de la raza como manifestación de una fuerza, absoluta en tanto espiritual, la cual es diferenciadora, es la base para la dignidad de la personalidad humana y encuentra su culminación en el ideal universal, no internacional, sino supranacional, del imperium. En tales términos puede hoy un mito ser contrapuesto a otro mito, afuera de cualquier motivo polémico y contingente, de acuerdo a una superación romana y fascista de la ideología de la raza.

APÉNDICE II

RELACIÓN SOBRE LOS FUNDAMENTOS DE LA DOCTRINA FASCISTA DE LA RAZA DE JULIOS EVOLA[25]

En la introducción el autor subraya cómo la doctrina de la raza expuesta por él y que es señalada por él como doctrina fascista de la raza, sin que tal definición haya sido hasta ahora autorizada, no es un fuego de artificio atizado por las circunstancias o un artículo de importación del otro lado de los Alpes, sino que representa la expresión de aquel espíritu fascista vinculado con la tradición. Es allí expuesta una doctrina de la raza en una forma tripartita de acuerdo a la cual los tres grupos contemplados representan contemporáneamente a tres grados diferentes de valoración. El autor distingue: la doctrina de la raza de primer grado (raza del cuerpo), la doctrina de la raza de segundo grado (raza del alma) y, como más elevada, la doctrina de la raza de tercer grado (raza del espíritu). La doctrina de la raza de primer grado corresponde aproximadamente a nuestra antropología. Para la doctrina de la raza de segundo grado el autor se funda en la fisiognómica de CLAUSS como método de trabajo más importante. La doctrina de la raza de tercer grado incluye una mezcla de todos los razonamientos más oscuros recabados en parte de la tradición indoaria, en parte de aquellas caricaturas modernas que son las doctrinas esotéricas y antroposóficas. Ellas están unidas con las exactas consecuencias ideológicas de la doctrina de la raza de primero y de segundo grado y con razonamientos típicamente latinos que se asemejan

[25] Extraído de la obra "*Julius Evola nei documenti segreto del Terzo Reich*", Roma, 1986, págs. 129-132.

ampliamente a los de la Iglesia católica, sin que este acercamiento agrade sin embargo al autor. El conocimiento del alemán es fundamentalmente carente. En muchas partes se tiene la impresión de que al autor y al traductor los contenidos espirituales de palaiJras alemanas análogas no le sean para nada claros. Así por ejemplo el término biológico, naturalmente y naturalísticamente es permanentemente usado en forma desordenada. De la misma manera son constantemente confundidos entre sí los métodos exactos y positivos de la investigación. También el contenido del concepto alemán de "gene" no parece estar claro para el autor. Pero principalmente el trabajo se caracteriza por su alto grado de inexactitudes y de imprecisiones, cuando se ocupa de razonamientos relativos a ciencias naturales. Así pues el autor sostiene que la ley de MENDEL no posee validez alguna para el hombre. A continuación se afirma luego que el origen del hombre se encuentra condicionado de manera polifacética. Es incluso hipostasiada una raza antártica que, parece, ya se encontraba en decadencia en el momento de las migraciones nórdicas. Acerca de las migraciones nórdico-germánicas en Italia, el autor escribe en la pág. 55:

> "Estas poblaciones germánicas en movimiento hacia el Sur descendían directamente de las razas hiperbóreas que en último lugar abandonaron los espacios árticos. Por tal causa ellas pudieron conservar con respecto de otras razas similares, en su raza del cuerpo, una más alta pureza y una más cercana correspondencia con el tipo originario. La misma cosa en vez no se puede decir respecto de su raza espiritual. En ellos en cambio, en relación con razas similares, una más larga permanencia en condiciones climáticas particularmente duras e incómodas tenía que producir forzosamente una cierta materialización y el desarrollo exclusivo de algunas propiedades físicas y caracterológicas tales como capacidad de soportación, coraje físico, fuerza de resistencia, espíritu inventivo que debía tener por contrapartida la neutralización de las fuerzas espirituales".

Esta es la excusa por la cual, si a los italianos que desean descender de raíces nórdicas, estas propiedades tales como capacidad de soportación, coraje físico, fuerza de resistencia y espíritu inventivo no son propias de ellos en la medida en que las mismas en cambio son congeniales al pueblo alemán, ellos sin embargo creen poseer una mayor fuerza espiritual. De este modo tenemos la fábula de la barbarie nórdica, pero en otra forma.

En su conjunto el concepto de la raza en Evola se encuentra totalmente diluido. Para él la raza consta de tres principios: espíritu, alma y cuerpo. Para nosotros espíritu, alma y cuerpo no son tres principios distinguibles, sino las diferentes maneras expresivas de la raza en la unidad de lo viviente. De acuerdo a su visión, la doctrina fascista de la raza sostiene una determinada consideración biológica inadecuada de la raza. Para él la tríada humana "Espíritu, Alma y Cuerpo" corresponde a la tríada cósmica "Sol, Luna y Tierra". El pensamiento evolucionista, que a pesar de toda la resistencia posible de parte de todos los ambientes confesionales, se ha afirmado, es rechazado en la doctrina de la raza de Evola. De la latinidad del autor emanan concepciones que constituyen una actitud totalmente extraña a las concepciones alemanas respecto de los contenidos de la experiencia y de lo viviente. Por esta razón impacta en más de un aspecto la sintonía con el catolicismo mediterráneo extraño a la vida, aun si el autor querría presentarse en contra de un acercamiento de su pensamiento con las enseñanzas católicas. Los siguientes ejemplos podrán en efecto demostrarlo:

El espíritu debe estar en condición de modificar los factores hereditarios (la Iglesia dice que una tal modificación se puede determinar a través de la plegaria y de una vida noble). Como tarea de la doctrina de la raza de segundo grado, el autor aspira a indagar si la raza del cuerpo producida por un determinado individuo es la análoga expresión de su raza en el animal y viceversa (de acuerdo al punto de vista católico el cuerpo es sólo el recipiente del alma. el alma se envuelve en él como en una vestimenta). Debe haber segámele sólo dos factores hereditarios, uno biológico y otro suprabiológico. (También esta concepción es sostenida por la Iglesia católica, allí donde lo suprabiológico debe hallarse bajo la influencia católica). Una idea a través de un efecto sobre la disposición de la raza del cuerpo puede producir una nueva raza (en sentido católico: Raza en Cristo). Acerca de la cuestión de las mutaciones se dice en la pág. 69: nosotros hemos ya resaltado que de acuerdo al concepto de la "idiovariación" -referido a las mutaciones independientes del idioplasma- ya la definitividad de tal ley (mendelismo) es limitativa y hace siempre pensar en la posibilidad de una intervención metabiológica en el proceso de la herencia. (En sentido católico: la misma concepción). Estos son sólo algunos ejemplos en los cuales emerge una identidad de posturas entre el autor y la Iglesia católica-romana. Se advierte la falta de cualquier comprensión acerca de la unidad de lo viviente y también el destino de la raza nórdica le resulta extraño al autor.

El escrito se nos presenta como una ingeniosa improvisación sin pretensiones de pureza científica. En la mejor de las hipótesis se trata de un trabajo político. Su confusión espiritual se diferencia de las claras interpretaciones de un CICERÓN o de un SÉNECA que, si se quisiese indicar como doctrina oficial fascista de la raza, podría tan sólo mostrar el bajo nivel espiritual de la Italia de hoy en base a su transformación racial acontecida respecto del tiempo. Reputo sin embargo oportuno y necesario que este escrito sea examinado en Alemania por un seleccionado círculo de lectores. En el caso de que de parte nuestra se quisiese patrocinar el escrito en Italia, se aconseja, si hay interés de parte nuestra, de poner de relieve que la doctrina de la raza del Fascismo es inferior a la nuestra por claridad e inequivocabilidad.

DR. HUTTIG

Oficina política de la raza de la NSDAP

Berlín, 9/9/1942

APÉNDICE III

OPINIÓN DE BENITO MUSSOLINI SOBRE ESTA OBRA

Así como PLATÓN distinguió tres estratos en el cuerpo social: la masa, los guerreros y los sabios, del mismo modo Evola ha distinguido entre un racismo del cuerpo, del alma y el superior del espíritu. En base a tal concepción, la raza no consiste sólo en la identidad biológica de los individuos que la componen, sino en la identidad de disciplina moral, de cultura, de ideales, que, a través de una evolución interna, pueden hacer surgir razas nuevas y fundir a razas biológicamente diferentes en el crisol de una común educación que, a su vez, puede reflejarse en un nuevo y diferente tipo físico.[26]

---

[26] Extractado de la obra de GIORGIO PINI y DUILIO SUSMEL, *Mussolini, l'uomo e l'opera,* Florencia 1958, pág. 145. De acuerdo a tales autores y como el mismo EVOLA lo expresa, en septiembre de 1941, MUSSOLINI autorizó a nuestro autor, tras haber leído su libro, a titularlo en la edición alemana como *Síntesis de la doctrina fascista de la raza.* Las palabras de MUSSOLINI referidas aquí fueron dichas en el curso de la audiencia acordada a EVOLA en esa oportunidad. Como dato anecdótico parece ser que él leyó el libro durante un viaje realizado hacia el frente ruso en el mes anterior.

ORIENTACIONES PARA UNA EDUCACIÓN RACIAL

1. QUE SIGNIFICA LA PALABRA RAZA

¿Qué es la raza? Citemos algunas de entre las más conocidas definiciones-

"La raza es una unidad viviente de individuos de/ mismo origen cuyas características corporales y espirituales son idénticas" (Woltman).

"Es un grupo humano que por el hecho de compartir de un modo que le es propio un cierto número de características físicas y de disposiciones psíquicas se distingue de cualquier otro grupo humano y da nacimiento a individuos siempre semejantes a ellos mismos" (Gunther);

"Es un tipo hereditario" (Topruard);

"es un linaje definido por grupos de genotipos (es decir de potencialidades hereditarias) idénticas y no por hombres exteriormente semejantes morfológicamente" (Fischer, Lenz);

"Es un grupo definido no por el hecho de poseer tales o cuales características espirituales o corporales sino por el estilo que se expresa a través de ella" (Clauss).

No hemos citado estas definiciones al azar. Hemos pasado de una a la otra según una especie de progresión que corresponde a la que durante estos últimos años ha registrado la misma teoría de la raza. Por otra parte, la raza se ha venido definiendo como un concepto antropológico, es decir, como revelador de una disciplina que ha dejado de tener el sentido antiguo y etimológico de "ciencia del hombre" en general, para adoptar el de una ciencia natural particular, considerando al hombre simplemente bajo el ángulo de las características respecto a las cuales no representa sino una especie natural entre otras.

De este modo, al principio no se disponía sino de un

concepto puramente naturalista y descriptivo de la raza, al igual que se describían en su evidente igualdad, las diferentes variedades animales y vegetales, de igual modo se agrupaban los seres humanos en diversas categorías a partir de la verificación de ciertas características recurrentes, las cuales eran esencialmente corporales, semánticas. Criterio puramente estático y cuantitativo, por consecuencia eran las características comunes manifestadas encontradas en la mayoría de los individuos lo que es considerada como definitorio de la raza.

En los orígenes de la antropología moderna, la investigación se centraba en lo inmediatamente más externo: color de la piel, de los cabellos y de los ojos, estatura, rasgos del rostro, proporciones, forma del cráneo. Un primer paso consistía en la adopción de medidas-. se fijan mediante cifras las proporciones del cuerpo, se miden los índices craneales y las ayudas parciales. Las técnicas descriptivas se esfuerzan en convertirse en "positivas ideas de la psicología, se busca identificar las disposiciones que por su carácter repetitivo corresponden -o se hacen corresponder- a los diversos grupos humanos.

La antropología de ayer considera también el elemento hereditario una vez contrastadas las diferencias existentes entre los seres humanos vivos, se vienen naturalmente a suponer las constancias de esas diferencias tanto entre los genitores como entre sus descendientes. Sin embargo, la particular importancia dada al elemento herencia es propio de una antropología más reciente, próxima al racismo propiamente dicho. De aquí, esas definiciones de Spinar, Lenz y Fischer evocadas más arriba. Para el racismo moderno, la teoría de la herencia es fundamental. Se afirma, contrariamente a las concepciones de la vieja antropología, que no son todas las características o disposiciones que se dan en un grupo humano las que deben ser atribuidas a una raza, sino únicamente las aptas para ser transmitidas de modo hereditario.

Pero esto no es todo. Tras haber constatado un cierto número de modificaciones externas (llamadas también paravadaciones) que por diversas razones pueden surgir en un tipo dado sin que por tanto se transmitan hereditariamente, se formula la distinción fundamental entre el genotipo y su fenotipo. El *"genotipo"* es, por así decir, una potencialidad: es la fuerza que da nacimiento a un tipo, o a una sede de tipos, los cuales no pueden variar sino entre ciertos límites bien determinados. La forma exterior (exterior en sentido amplio pues la teoría de la herencia aplicada al hombre considera no solamente las características morfológicas, sino también las disposiciones psíquicas) que nace cada vez del *"genotipo"* puede en realidad ser variable y puede aparentemente alejarse del tipo original hasta el punto de no ser reconocible. Esta forma exterior se llama fenotipo. Entre las especies naturales se ha podido constatar que las modificaciones que conciernen al *"fenotipo"* no tocan la esencia. Bajo las influencias de fenómenos exteriores a él (bien sean subjetivas o bien debidas al medio). La potencialidad del *"genotipo"* se comporta casi como una sustancia elástica: parece perder, -dentro de ciertos límites- su forma propia pero la recupera cuando cesa la solicitación en los tipos a los cuales éste da nacimiento en el curso de las generaciones siguientes. Un ejemplo típico nos lo da el mundo vegetal, la planta primavera china produce a temperatura normal, flores blancas. Pero si al cabo de cierto tiempo decidimos plantar una semilla de esas plantas en su medio a temperatura normal, veremos brotar unas plantas de flores rojas idénticas a su progenitor. La variación del fenotipo no es pues esencial, sino transitoria e ilusoria, la potencialidad subsiste, intacta, conforme al tipo original.

Lo que es hereditario (y según las concepciones mas recientes "de raza") no son pues las formas exteriores en sí mismas, sino las potencialidades, los modos constantes de reaccionar frente a circunstancias diversas, eventualmente de manera diferente, pero siempre en conformidad con ciertas leyes.

Tal es el fundamento de la actual concepción de la raza. Con la definición de Claus evocada más arriba, fundador de lo que se ha dado en llamar psicoantropología, se va aún más lejos y se constata una cierta "espiritualización" del genotipo. La esencia de la raza debe buscarse en un estilo, en su modo de ser. Aquí la raza se convierte en una especie de linaje constante que se expresa no sólo a través de las características físicas (es decir a través de la raza del cuerpo), sino también en el modo de utilizar ciertas disposiciones o aptitudes psíquicas, así como lo demostramos seguidamente a partir de este estilo (hereditario del mismo) se define un grupo humano, grupo que con relación a otros grupos de estilo diferentes corresponde a una raza.

2. SIGNIFICACIÓN INTERIOR DE LA RAZA

Si con este rápido repaso de los trabajos más recientes en la materia hemos podido constatar una evolución del concepto de "raza" no hemos podido liberarla sin embargo del ámbito de las definiciones abstractas. Nos queda por precisar lo que debería hoy significar de un modo viviente la raza para el individuo y consiguientemente, lo que hay que entender por "conciencia de raza" propiamente dicha. Estamos ante un punto fundamental a propósito del cual nos podemos referir a experiencias de todos los días.

La expresión "hombre de raza" no es de ayer. En general, se refería a una idea aristocrática: de la mayoría de individuos comunes y mediocres se destacaban seres de raza, es decir seres superiores, "nobles". Tal nobleza (insistimos sobre este punto) no equivale necesariamente a un significado "heráldico", sino que de un campesino, de un hombre del pueblo que permanezca puro y sano podría emanar esta impresión de raza como de los representantes de una auténtica aristocracia. No era por casualidad si entre la nobleza ciertas tradiciones favorables han conseguido salvaguardar durante mucho tiempo la pureza de sangre, e igualmente ciertas condiciones favorables en el campo, lejos de las ciudades, donde las ocupaciones y los hábitos sanos han podido producir efectos comparables en otros elementos no aristocráticos de un pueblo dado.

Por otra parte, la palabra "raza" como la de "sangre" ha revestido en el pasado una significación precisa y viva bien diferente de la que le han dado hoy y que es sobre todo de orden científico y biológico. Se dice por ejemplo: *"Buena sangre no sabía mentir"*. Se habla de *"instinto de sangre"*. Hay injurias sangrientas, situaciones frente a las cuales la *"sangre forma un charco"*. ¿Qué significa todo esto? En lo más profundo del ser humano, más allá de la raza de los conceptos abstractos, del razonamiento discursivo y de las convenciones nacidas de la vida en sociedad, existen instintos que poseen una forma determinada unida a la posibilidad de reacciones directas y absolutas que en el hombre de "raza" son normales, mientras que en el hombre vulgar todo esto no se manifiesta sino de forma esporádica: en casos extremos y situaciones de excepción.

¿Se trata aquí de impulsos pertenecientes a la pura vida animal y psicológica? Sería temerario afirmado aquí. Las fuerzas a las cuales hacemos alusión, las reacciones instintivas del hombre de "raza", lejos de ser una prolongación de los instintos animales, lo contradicen a menudo imponiendo a la simple vida una norma superior, prescribiéndole obediencia a un cierto "linaje", a un "estilo" hecho de dominio de si, tensión interior, afirmación y que se convierte en él en natural y espontáneo. Las reacciones de la raza no tienen en común con los instintos animales sino la posición y la inmediatez, no proceden del razonamiento o de las consideraciones intelectuales, sino más bien al contrario, manifiestan en su espontaneidad toda la personalidad de un ser. Más eso no es todo; inciden igualmente en el ámbito del intelecto pues se manifiestan según formas específicas y directas de sensibilidad, de juicio y de adhesión a ciertos valores. A través de la raza, mediante la sangre, el hombre llega a evidencias que no se discuten y que a su nivel son tan directas como las de las ideas suministradas por los sentidos sanos y normales. Al igual que nadie se pierde en discusiones sobre la razón por la cual el color rojo es rojo, igualmente es una características propia al hombre de "raza" un cierto número de evidencias naturales y precisa (mientras que en el mismo ámbito, el hombre "moderno" intelectualizado y degenerado está reducido a avanzar a tientas, intentando sustituir la faculta perdida de la vista así como la del tacto, por el sesgo del discurso y del instrumento intelectual, lo que frecuentemente tiene como flaco resultado el permitirle pasar sin advertirlo, de una crisis a otra o adoptar simples criterios conformistas).

Tal es, pues, el plan sobre el cual conviene comprender y vivir la raza. La raza vive en la sangre e incluso más allá, a un nivel aún más profundo, allá donde la vida individual comunica con una vía supraindividual que, no obstante no debe entenderse en sentido naturalista (en tanto que "vida de la especie") sino como un ámbito donde actúan ya fuerzas realmente espirituales.

Los antiguos conocían bien todo esto; los cultos dados a los *lares*, a los *penates*, a los héroes, al *"daimon"* de la gens, entidades que simbolizaban el misterio de la sangre y las fuerzas místicas de la raza.

La ciencia ciertamente está en vías de evidenciar por medio de los resultados obtenidos por la genética, la teoría de la herencia, la demografía, o la patología y la importancia de la raza. Pero esto, puede, todo lo más, favorecer el despertar de un sentimiento de raza, no creado. Así es preciso que una reacción interna se produzca y para esto el "mito" (en tanto que idea-fuerza, que idea animadora) es mucho más eficaz que no importa que orden de consideraciones científicas. ¿Qué es el mito? Ya hemos hecho alusión a él: es la raza, en tanto que confiere a la existencia una plenitud, una superioridad y una rectitud. Hay seres culpables y hay seres de raza. Vengan de la clase social que vengan, constituyen una aristocracia en la cual vive una misteriosa herencia venida del fondo de las edades.

Esta es la razón por la que al nivel mismo de sus definiciones más generales, el racismo posee un valor de reactivo. Las reacciones de los individuos con respecto a las ideas racistas constituyen una especie de barómetro que revela la "cantidad" de raza presente en ellos. *DECIR SI O NO AL RACISMO NO ES UNA SIMPLE ALTERNATIVA INTELECTUAL, NO ES UNA ELECCIÓN SUBJETIVA Y ARBITRARIA.* Dice sí al racismo aquel en el que la raza vive aún; y por el contrario se opone aquel que buscando coartadas en todos los ámbitos a fin de justificar su aversión y desacreditar el racismo, demuestra que ha sido interiormente vencido por la antiraza (aquél en el cual las fuerzas originales han sido reprimidas, ya por el peso de los deshechos étnicos, herederos de cruzamientos y de procesos de degeneración, ya sea por un estilo de vida burgués, afeminado e intelectualizante) habiendo perdido tras numerosas generaciones todo contacto con lo que es auténticamente original.

Esto debe ser puesto en relieve claramente, casi a título de premisa, en toda exposición seria de las ideas racistas.

3. CONSECUENCIAS DEL SENTIMIENTO DE RAZA

El conde de Gobineau que, desde cierto punto de vista, puede ser considerado como el padre del racismo moderno, no ocultó jamás las razones profundas de su opción; lo que le incitó a escribir su famoso: "*Ensayo sobre la desigualdad de las razas humanas*" en 1853 fue una reacción de todo su ser contra la *"ciénaga democrática e igualitaria"* en la que se hundían cada vez más las naciones europeas.

Ahora bien, es precisamente ese *pathos* el que debería acompañar toda actitud racista coherente y, por deducción, producir efectos precisos en el ámbito político- social. Bien entendido, tales deducciones no pueden ir más que en el sentido de las ideas maestras del fascismo, las cuales se encuentran de este modo reforzadas y dinamizadas, por casi decir.

Proclamarse racista significa efectivamente levantarse contra el mito democrático según el cual el valor supremo sería *"la humanidad"* en singular mientras que todos los seres serían por esencia iguales puesta por el evangelio de los *inmortales principios* no existe o representa a nuestros ojos bien poco.

Debe de quedar bien claro que no entra dentro de nuestras intenciones el negar la existencia de un cierto número de elementos que son comunes a la gran mayoría de seres humanos; pero también se plantea la existencia de otros aspectos que presentan diferencias igualmente evidentes e incontestables no menos reales. Ahora bien, si se quiere establecer una escala de valores entre unos y otros, hay que tomar posición: para las vocaciones internas, se trata aquí de una nueva "puesta en acción". El racismo, lo podemos afirmar sin reservas, se define conforme con el espíritu clásico, ese espíritu cuya característica fue la exaltación de todo lo que tiene una forma, un rostro, una indicación por oposición a todo lo que es informe o bueno para todos o indiferenciado. El ideal clásico (y añadiremos nosotros) igualmente "ario", es el del cosmos, es decir de un conjunto de naturalezas y de sustancias bien individualizadas, unidas de modo orgánico y jerárquico a un todo: no tiene nada que ver con el ideal más o menos romántico o panteísta del caos en tanto que principio que, en su indiferenciación se sitúa por debajo de todo lo que tiene una forma.

En esta concepción, la mítica "humanidad" de la fábula democrático aparece desde nuestro punto de vista, simplemente como un denominador común, un substrato colectivo que no tiene para nosotros mayor interés salvo en el marco de las formas vivas, concretas y bien definidas en los cuales se articula. Ahora bien, esas formas son precisamente las razas en tanto que unidades tanto de sangre y de instinto como de espíritu. El racista, consecuentemente, reconoce la diferencia y quiere la diferencia para él: ser diferente, ser cada uno si mismo no es un mal sino un bien.

¿En qué momento existió verdaderamente esa famosa humanidad? Cuando de un mundo bien articulado se involuciona a un mundo caótico, colectivista, indiferenciado, que no se puede concebir sino como el estado final espantoso de un proceso de nivelación y de disgregación social y espiritual. En este momento cuando en la hipótesis en el que cualquier diferencia corporal subsistiría aún cuando se la consideraría como accidental, no esencial, insignificante y despreciable. He aquí lo que se oculta detrás del mito igualitario y detrás la ideología democrática y liberal.

En la visión racista de la vida, por contra, toda diferencia (incluso física) es simbólica lo interior se manifiesta al exterior, lo que es exterior es símbolo signo o síntoma de algo interior tales son los principios fundamentales de un racismo completo. Desde el punto de vista romano y fascista que es el nuestro, es particularmente importante insistir sobre esta vocación clásica, a la cual ya hemos hecho alusión del racismo: firmeza de voluntad, rechazo de todo lo que es indiferenciado, reasumir los principios mismos de nuestra antigua sabiduría: *Conócete y se tú mismo.* Fidelidad a su propia naturaleza, es decir, a su sangre y a su raza tal es la contrapartida interior ética y espiritual de las ideas que la genética, las ciencias de la herencia y la biología suministran a las formulaciones del racismo científico. Y tales son las directivas precisas que se derivan para la educación racial.

4. HERENCIA RACIAL Y TRADICION

¿Cuál es en particular el significado sobre el plano interior de la ley de la herencia, tal y como puede ser vivida?

Este significado es doble. Consiste en primer lugar en una superación de la concepción liberal, individualista y racionalista por la conciencia racista, el individuo no es una especie de átomo, una entidad en sí que vive y tiene sentido solo por sí misma. El racismo concibe y valoriza por el contrario al individuo en función de una comunidad dada ya sea en el espacio (en tanto que raza de individuos vivos) o en el tiempo (en tanto que unidad de un linaje, de una tradición o de una sangre). En lo que concierne al primer aspecto (es decir, el valor del individuo como función orgánica de un todo en el espacio) se constata una convergencia del racismo. En cuanto al segundo aspecto (a saber, la unidad en el tiempo) la conciencia racista atribuye una significación a la vez más viva, más estimulante y más interior que lo que la concepción más consciente de ese término entiende por *"Tradición"*. Pues efectivamente se ha dado muy a menudo a esa palabra un sentido puramente historicista, cultural y "humanista" (cuando no se ha caído claramente en la retórica). Cuando por tradición se entiende la suma de las creaciones, de las adquisiciones y de las creencias heredadas de nuestros predecesores, aun estamos lejos de poner de relieve lo esencial, el substrato más profundo de toda tradición digna de ese nombre. Ese substrato es la sangre, la raza, el sentimiento de estar unida menos a las creencias de nuestros ancestros que a las fuerzas mismas de donde dichas obras precederían (fuerzas que perduran en nuestra sangre, en los pliegues más misteriosos y sagrados de nuestro ser). De este modo, el racismo vivifica y hace palpable el carácter de tradición: habituará al individuo a ver en nuestros conceptos, no a una serie de "muertos" más o menos ilustres, sino la expresión de algo que vive aún en nosotros y a lo cual estamos unido interiormente. Somos portadores de una herencia que nos ha sido transmitida y que nosotros debemos transmitir -y en estas condiciones, hay algo que supera al tiempo, algo que comienza a hacer presentir lo que hemos llamado la "raza externa".

Vayamos no obstante a la segunda significación de la concepción racista, aquella gracias a la cual comprendemos como el racismo es la exacta refutación de las teorías lamarkianas y también en parte de las teorías marxistas concernientes a la influencia del medio. Es falso pretender que el medio determina a los individuos y a las razas. Ya sea natural, histórico, social o cultural, el medio puede únicamente influir sobre el "genotipo" es decir, sobre la manera como, exteriormente y de un modo contingente, se manifiestan en un individuo o en un grupo dado ciertas tendencias hereditarias y de raza que serán siempre el elemento primero, original, esencial e incoercible. Ser racista significa, pues, tener una conciencia y conocimiento preciso del hecho de que son fuerzas arraigadas en lo más profundo de nosotros (y no las influencias mecánicas e impersonales del medio) las que verdaderamente son determinantes para nuestra existencia, nuestro carácter y nuestras vocaciones. Punto de vista que, entre otras, nos lleva a nuevas perspectivas históricas: tomando así la contrapartida de la teoría del medio, se rechazará igualmente la idea según la cual las grandes civilizaciones del pasado habían sido determinadas por su situación geográfica, las condiciones cismáticas e incluso históricas en el estrecho sentido de la palabra, tanto como por la economía. Por el contrario, en el hombre la fuerza decisiva que a veces incluso en su medio hostil, ha dado formas a las diversas civilizaciones (sin embargo, es preciso repetirlo, no el hombre *in abstracto,* sino el hombre en tanto que representante de una raza tanto corporal como espiritual). Esta raza exterior e interior no es solo la causa de que en el conjunto de un pueblo dado, una vocación dada sea el hecho de grupos de individuos dados: es también en función de ella que en un medio y en sus épocas dadas haya nacido una civilización de guerreros más que de comerciantes, de ascetas más que de humanistas etc. Se muestran, una vez más, decisivas esas fuerzas fatales y fatídicas que viven en nosotros, dan forma a nuestra naturaleza propia y están unidas al misterio de los orígenes.

¿Cuales son las relaciones que mantienen el individuo y de un modo general la personalidad humana con tales fuerzas? Algunos podrían creer que con el racismo se cae en una nueva forma aunque interiorizada de determinismo: la raza sería todo y la personalidad en tanto que tal, nada. Es esta la razón por la que a veces se viene a sospechar un vago colectivismo, un retorno al espíritu del Clan, a la promiscuidad de la horda salvaje. Pero la realidad es bien diferente, se puede decir con razón que -si el individuo no existe fuera de la raza, en un cierto modo la raza no existe fuera del individuo o, mejor, de la personalidad-. Si se quiere dar todo su sentido a esta formulación, conviene acordarse del contenido aristocrático de expresiones tales como *"ser de raza" o "tener raza".* De un modo algo paradójico, se podría decir que la raza no existe verdaderamente sino en aquellos de sus representantes que realmente "tienen raza". En otras palabras, la raza es una herencia al mismo tiempo que un substrato colectivo, puesto que tiende a expresarse en todos y de un modo o de otro alcanza en algunos una plena y perfecta realización. Y es justamente aquí donde se afirma la acción y la significación del individuo, de la personalidad. En los hombres verdaderamente superiores, la raza se cumple alcanzando un nivel que es, al mismo tiempo, el de los valores de la verdadera personalidad. La herencia racial puede compararse a un patrimonio recibido de los ancestros y transmitida a los herederos. No hay ningún determinismo, ya que se ha acordado las descendencias una total libertad de usada a su gusto: puede hacerlo todo por conservados y aumentados y hacerlos fructificar.

Así como por el contrario puede escoger el disipada y reducida a la nada. De lo que un ancestro tanto espiritual como biológico le ha transmitido, el individuo puede pues, si permanece fiel a su raza, extraer las fuerzas necesarias para alcanzar una perfección personal y representar la encarnación del ideal íntegro de una raza. Al igual que puede contaminar esa herencia, dilapidaria, ponerla al servicio de determinismos a la que dan lugar mezclas de sangre y mestizajes de tal tipo que ésta, tarde o temprano, será sofocada por influencias paralizantes o disolventes.

Por esta razón, si la conciencia racista reconoce la significación y el papel de la personalidad en la raza, aspira, por otra parte, a despertar en el individuo el sentido exacto de sus responsabilidades en cuanto al uso de su libertad con respecto del patrimonio racial. Tanto biológico como espiritual que una larga cadena de generaciones le ha transmitido.

5. RAZA Y NACION

No hay racista, incluso el más extremista que no esté presto a reconocer que expresiones tales como "raza blanca", "raza alemana", "raza anglosajona", e incluso "raza hebraica", son científicamente incorrectas pues, en este ámbito, conviene hablar de pueblos o de naciones, sabiendo perfectamente que en nuestra época ningún pueblo ni nación pueden pretender corresponder a una raza única, pura y homogénea. Lo demostraremos rápidamente teniendo presente que, hoy cuando se habla de raza, no se recurre a las grandes categorías generales de la antropología de ayer (la cual se contenta con hablar de raza blanca, negra, roja, amarilla, etc.), sino a la unidades étnicas más individualizadas y más originales que de una cierta manera, se podrían comparar a cuerpos simples (o elementos) que son la ideas de base de la química en su estudio de los compuestos. Las naciones y los pueblos serían consecuentemente compuestos (más o menos estables y homogéneos) de tales elementos. Para Deniker, por ejemplo, la palabra "raza" se refiere a un conjunto de características que se encontraban en el origen en un conjunto de individuos, pero que hoy están desparramadas en proporciones variables en diversos grupos étnicos que son precisamente los pueblos y las naciones modernas, grupos que se distinguen unos de los otros principalmente por la lengua, el modo de vida, los hábitos etc.

¿Cuáles son entonces las relaciones que subsisten entre la idea nacional y la idea racial?

¿Dónde reside el elemento preponderante? ¿En la nación o en la raza? Por delicado que sea este problema, debe ser abordado, pues si nuestra posición adoleciera de falta de claridad, sería imposible penetrar en el sentido y el fundamento de todos los aspectos prácticos y "operacionales" del racismo y sobre todo del racismo selectivo. Al igual que los pueblos, las naciones son síntesis. Se puede coincidir en que los elementos que figuran en tal síntesis no son exclusivamente raciales cuando se concibe la raza como una entidad puramente ética y antropológica. Pero esta concepción no es la nuestra. Para nosotros la raza es una entidad que se manifiesta tanto en el cuerpo como en el espíritu. Las diferentes formas de cultura, arte, religión, etc. son manifestaciones de la raza del alma y del espíritu. De este modo los elementos no étnicos, ni antropológicos que permiten definir una nación pueden también convertirse en objetos de investigaciones "racistas".

Ahora conviene decir algunas palabras a cerca de las consecuencias del mestizaje. Revelemos, ante todo, que cuando razas heterogéneas se mezclan el resultado no es solamente la desnaturalización en sus descendientes, de los rasgos característicos propios a los tipos puros correspondientes. En efecto, se observa una hibridación mucho más grave en cuanto a sus efectos, es decir una descendencia en la que la raza del cuerpo de un tipo dado no corresponde con la "raza del alma" ni con la "raza del espíritu" que de modo normal deberían corresponder y a las cuales, en el origen estaban unidas: unas desavenencias e incluso frecuentemente, un desgarramiento interior que se deriva necesariamente.

En segundo lugar, es necesario detenerse sobre la generalización de los conceptos propios a las teorías de Mendel concernientes a la herencia de los caracteres "dominantes" y "recesivos". En un cruce, se puede dar que en los descendientes, durante una o varias generaciones, lleguen a predominar solamente las características de uno de los dos tipos, hasta el punto de hacer nacer la ilusión de que ninguna mezcla, ninguna bastardización o hibridismo tiene lugar. Esto no es más que simple apariencia. Las potencialidades hereditarias (comprendidas las de otro tipo) se transmiten y actúan en los descendientes, pero bajo una forma latente; son por así decirlo, "emboscadas" por el hecho de que durante un ciclo dado, sólo ha predominado la influencia de las potencialidades hereditarias propias al primer tipo. Pero en uno o en otro nacimiento reaparecerán, se afirmarán de modo visible y determinarán una forma correspondiente. Son esas características latentes las que definen la cualidad recesiva en oposición a la otra llamada "dominante".

Mientras que en el ámbito estrictamente biológico y en el de las especies naturales (vegetales o animales) la función "recesiva" y la función "dominante" están en su alternancia, sometidas a leyes objetivas e impersonales, su aplicación a las razas humanas hace de nuevo intervenir el factor espiritual. Una cualidad permanece como "dominante" más allá de los cruzamientos que quedan encerrados en ciertos límites, en tanto que subsiste una cierta tensión, una cierta presencia de sí mismo, por así decir, de la raza. Cuando esta tensión disminuye, la cualidad "dominante" deja de ser tal y las influencias externas (obligadas hasta entonces a permanecer recesivas, es decir presentes únicamente de forma latente) se manifiestan a su alrededor.

Una vez precisadas esas nociones elementales en materia de doctrina de la raza, se puede afrontar el problema de las relaciones existentes entre raza y "nación" y entre raza y "pueblo". Hemos dicho que las naciones como los pueblos son hoy, rigurosamente hablando, entidades étnicas mixtas que, bajo su forma actual proceden de diversas vicisitudes históricas. Las unas y las otras son puntos de succión no sólo de diversas "razas del cuerpo" sino también de diversas "razas de espíritu" las cuales constituyen el substrato más profundamente escondido de los elementos de civilizaciones y de influencias culturales variadas. El punto de vista que prevalece en la era democrática, en lo que concierne a las naciones, era de orden historicista y agnóstico: se evitaba el problema del origen y de la formación de las naciones aceptando la situación como "hechos consumados", de una comunidad dada y esforzado simplemente en mantener según un cierto equilibrio, las diversas fuerzas que actúan en su seno, a veces incluso de forma contradictoria.

Con el racismo, los nuevos conceptos de Estado y de nación

definidos por el fascismo cambian. El problema de los orígenes no pueden ser eludido en la medida en que se reconoce que la línea de conducta política no puede ser un "sistema de equilibrio" sino de firme dirección del Estado y de la nación por una élite, por un núcleo que representa el elemento más válido y más digno en relación a cualquier otro. Es entonces cuando el problema de la formación de las naciones exige que se le replantee en un marco bien diferente del antiguo, y desde una perspectiva exclusivamente historicista. En el origen de toda verdadera tradición nacional, vemos una raza relativamente pura y homogénea al menos en tanto que raza dominadora con respecto a otras razas que se le someten. Se constata así que en el curso de los siglos, esta raza original ha atravesado vicisitudes en las que ha perdido su vigor, o en que influencias extrañas han causado por formar parte de unidades político-sociales creadas por ellas en las que las leyes naturales y espirituales, se manifiesta un mestizaje por ese mismo hecho de haber sido acogidos elementos propios de otras razas -con lo cual lo que había conservado hasta entonces un carácter "dominante" no persistía más que bajo una forma sofocada, "recesiva". Por otra parte, se constatan igualmente resurgimientos esporádicos de la raza y de la tradición originales, una tendencia a mantenerse pese a todo, a liberarse, a dar lugar de nuevo a formas y a creaciones fieles a su propia naturaleza.

Conforme a este nuevo modo de ver debe ser escrita y enseñada toda nuestra "historia nacional", no en vistas a un conocimiento abstracto o de estériles recriminaciones, sino a promover decisiones de orden interior y una formación de la voluntad bien precisa. Es preciso, consecuentemente, impregnarse de esta idea de que en la tal "nación" ha existido y existe siempre una "raza superior'. Todo lo que viniendo del exterior, de razas diferentes, se añade a la tradición nacional unida de esta raza, no tiene, ni tendría en principio, un valor positivo sino en la exacta medida en que los orígenes raciales de los que ésta procede sean similares, y cuando prevalezcan condiciones gracias a las cuales el núcleo original pueda mantener, ante todo en el ámbito espiritual, su cualidad "dominante". Si éste no es el caso, ese añadido es pues algo inútil, paralizante o incluso disolvente.

En lo que concierne al futuro, si evidentemente se debe tender a mantener la cohesión y la integridad de los sistemas correspondientes a un pueblo dado, se debe igualmente ser consciente del peligro consistente en "dejar hacer la historia". Es necesario, por el contrario, actuar a fin de que la parte racialmente más válida de la nación se conserve e, incluso, se desarrolle a lo largo de las generaciones futuras y que universalmente los componentes menos válidas (o simplemente secundarias) no se extiendan y se refuerzan hasta el punto de prevalecer.

Es en las diversas vicisitudes y en las diversas épocas de la historia nacional donde un ojo despierto deberá precisamente habituarse a reconocer los aspectos ocultos y sobre el plano racial, a descubrir la alternativa de influencias de elementos que de recesivas se consienten en "dominantes" (y viceversa), y del cual proceden períodos o ciclos que no son solo las etapas de un proceso homogéneo y continuo sino sistemas y manifestaciones de una u otra de esos componentes que por consentimiento son asociadas al curso de la historia.

Desde este punto de vista, "la raza" significa sin duda alguna, algo más que la simple nación, es el elemento dirigente y formador de la nación y de su civilización dominante. Y esto es perfectamente conforme con las ideas fascistas. El fascismo (diferente en esto del nacional-socialismo y superándolo) rechaza de hecho, el concebir la "nación" fuera del Estado. Para el fascismo es el Estado el que da forma y conciencia a la Nación. Pero el Estado, no es una entidad abstracta e impersonal, según la idea fascista, el Estado es también el instrumento de una élite política de los mejores elementos de la nación. Con el racismo, se da un paso adelante; esta élite está destinada a retomar la antorcha de la raza y de su tradición más elevada, presente en la componente nacional. Y cuando Mussolini decía en 1923: "Roma es siempre, como mañana y en los siglos venideros, el potente corazón de nuestra raza; es el símbolo imperecedero de nuestra vitalidad" indicaba ya sin inequívoco la dirección de una decisión ineluctable: la raza ideal de la nación italiana, es la raza de Roma, esa que hemos justamente calificado de arioromana.

Recordemos igualmente lo que decía Mussolini en 1923 dirigiéndose a la élite fascista: *"Vosotros representáis realmente el prodigio de esta vieja y maravillosa raza que ciertamente conoció horas sombrías, pero jamás las tinieblas de la decadencia. Sí apareció por momentos eclipsada, fue siempre para renacer con más claridad aún".* Todo esto corresponde exactamente, a lo que hace poco habíamos expuesto en términos de "racismo" contemplando la persistencia hereditaria de la raza primordial y de las vicisitudes nacidas de la alternancia de las formas "dominantes" y "recesivas" en el curso del desarrollo de las historias "nacionales".

6. SIGNIFICACION DE LA PROFILAXIS RACIAL

En Alemania como sabe todo el mundo, sobre la base de los resultados obtenidos por la teoría de la herencia aplicada a la raza, a la higiene racial y a la demografía, se han adaptado desde hace un cierto tiempo medidas con el fin de impedir la transmisión de una herencia tarada a los descendientes. No es este el lugar para examinar el fundamento de tales medidas ni de discutidas. Diremos simplemente que: en lo que concierne al límite de validez de las leyes de la herencia, en numerosos casos, este no podría ser fijado de modo absoluto. La idea de una simple probabilidad de riesgo debería ser suficiente para imponer a todo hombre dotado de una conciencia ética, una firme línea de conducta y refrenar todo lo que le puede ser dictado por el instinto ciego o el simple sentimentalismo.

Evidentemente, es preciso decir lo mismo en lo que concierne a las cruces con razas europeas. Una de las circunstancias que han favorecido las tomas de posición "racistas" de Italia ha sido precisamente la necesidad de prevenir el mestizaje de nuestro nuevo imperio colonial. Pero, una vez más, lo que debería ser decisivo, es ante todo, una actitud interior de concierto con la clara conciencia de cumplir una pura y simple traición con respecto de su sangre y de sus ancestros al mismo tiempo que un crimen cara a su descendencia, ya que, para satisfacer un capricho y por pasividad frente a sus propios instintos físicos o sus sentimientos, se favorece una contaminación de la raza. No es necesario, llegado a este punto, suponer la pureza racial en sentido absoluto: si el tipo general es "mixto" es una razón suplementaria para precisamente imponerse su defensa contra todo mestizaje y toda necesidad aún de ser protegido ya que no dispone de caracteres "dominantes" de tipo puro que (en ciertas circunstancias sobre las que volveremos) puede perfectamente absorber y organizar bajo su ley, sin alterarse por tanto, a estos elementos relativamente heterogéneos introducidos tras el cruzamiento.

La defensa contra el mestizaje y el aislamiento de los elementos en los cuales la raza está ya extinguida, tales son los principales aspectos del racismo profiláctico y que deben ser objeto de medidas propias de lo que se ha dado en llamar "higiene racial", el cual no deja de tener estrechas relaciones con la demografía general. Pero nuestro racismo va más lejos; este no sólo comprende el promover una acción no solamente negativa, es decir defensiva, sino también positiva, por esto entiende una acción de reforzamiento y de selección intensivas. En este ámbito está claro que sería vano considerar una legislación en el propio sentido de la palabra, como en el primer caso-. El principal objetivo es aquí, por el contrario, la formación de un instinto, el refinamiento de una sensibilidad. Esto viene a replantear el problema tan delicado de la elección conyugal, entendiendo aquí que se trata de alguien perteneciente al mismo nivel. En materia de selección es el único ámbito en el que se puede pasar de la teoría a la práctica y obrar de forma positiva a fin de que la raza de las generaciones venideras de una nación dada -(una nación en general)- se purifique gradualmente, se eleve y se acerque aun más al tipo propio al núcleo superior (o raza ideal) presente en ese nivel.

7. EL PELIGRO DE LAS CONTRA SELECCIONES

Si se desea seguir en esta dirección, es necesario no sólo tener una conciencia racista de orden general, sino sobre todo un ideal racial bien preciso (no teóricamente, sino en tanto que objeto de una aspiración vivida y sincera, la cual debe ser compartida por el mayor número posible de individuos de ese pueblo). Para llegar a ello, un metódico y paciente trabajo de educación es indispensable. Y es, evidentemente, ante todo, a la juventud a quien debe dirigirse, haciendo llamada a todos los medios posibles para alcanzar este fin, modelos del pasado, literatura especializada, cine incluso. Nadie ignora las sugestiones que ha podido ejercer por ejemplo, un cierto cine americano sobre las masas, confiriendo la calidad de ídolos populares internacionales (a menudo desde el punto de vista racial). Es pues por medio de este tipo que habrá que llegar a revivir en las fuentes, el ideal humano dado, correspondiente a la raza eminente que está presente. Y sí a las "sugestiones" ejercidas por tal tipo humano se añaden una conciencia racial, junto con un sentimiento de dignidad interior y de responsabilidad que hemos evocado con insistencia, se habían reunido las premisas esenciales de una selección interior y de una consolidación de la raza.

En materia de elección conyugal, el de la mujer por el hombre es evidentemente esencial y esto, no sólo porque en la práctica, esta iniciativa se toma sobre todo por el, sino igualmente en conformidad con leyes raciales bien precisas. Según las antiguas enseñanzas arias concernientes a la raza, en un cruce, el heredero masculino tendría en efecto un carácter "dominante" mientras que la heredera femenina tendrá, por el contrario, un carácter "recesivo". De aquí se derivan dos leyes importantes:

1) En los descendientes de la unión de un hombre de raza "inferior" y de una mujer de raza "superior" esta cultura permanece reprimida y contaminada.

2) En los descendientes de la unión de un hombre de raza "superior" y de una mujer de raza "inferior", la raza de esta última puede ser rectificada y prácticamente neutralizada.

Para el problema que nos ocupa aquí, no consideramos más que el caso de una superioridad y de una inferioridad relativas, actuando en el fondo de razas que no están verdaderamente presentes en un mismo pueblo europeo. Esas dos leyes descansan sobre condiciones internas, espirituales, de las que ya hemos hablado en nuestras diversas obras sobre la raza: con su simple enunciado, la importancia que pueden revestir en la cuestión de la elección conyugal y de la selección racial salta a la vista. Una nueva necesidad, un nuevo instinto, la sugestión ejercida por un ideal racial bien preciso deberían ordenar gradualmente las naciones. No en el sentido de racionalizarlas, como podría tener lugar en cualquier establecimiento zootécnico del Estado, sino en el de volverlas conscientes, a fin de que lo que las determine no sea sólo el viejo sentimiento o el deseo (y aún menos una cierta coyuntura económica, utilitaria o conformista) sino que poseen al menos en pie de igualdad los intereses y las inclinaciones propias a ese tipo de hombre que en el sentido superior tiene "raza".

Por esta razón, el racismo debe clarificar y precisar su posición en materia de demografía. Sobre todo en cuanto a lo que se ha dado en llamar "campaña demográfica" guardando el espíritu sobre la base de las leyes de la herencia ya que las contra selecciones son siempre posibles.

Queremos decir con esto que en materia de demografía, no nos podemos contentar con el exclusivo criterio cuantitativo (el nacimiento del mayor número de niños posibles) pues debe considerarse también la calidad, la cual debe interrogarse sobre cuales son los niños que una nación prolífica debe desear. Multiplicando simple e indiscriminadamente el número sin tener ninguna noción del Estado racial del conjunto de una nación, puede finalmente conducir a favorecer una invasión de elementos de la raza menos deseable (puesto que en razón de circunstancias particulares, esta son las que proliferan) en detrimento de la raza superior pero menos numerosas. Es en ese caso, cuando se produce la selección al revés atentamente estudiadas por Vacher de Lapouge, y cuyo resultado es un descenso del nivel racial de una nación. Un peligro semejante (que en un gran número de civilizaciones fue fatal para los organismos políticos creados por diversos núcleos de razas arias dominadoras) puede ser neutralizado cuando el Estado se consagre a la educación de la sensibilidad y de las inclinaciones a la que ya hemos hecho alusión, hasta que todo esto llegue a ejercer una acción precisa y positiva en las elecciones conyugales y de un modo más general en las naciones en el interior de una nación dada.

8. RAZA Y ESPIRITU

Hemos dicho ya que en el ámbito de la concepción "totalitaria" del racismo fascista, la raza no se reduce sólo a una simple entidad biológica. El ser humano no es sólo cuerpo, es también alma y espíritu. Pero la antropología científica o bien partía de una concepción materialista del ser humano, o bien, reconociendo la realidad de principios y de fuerzas no materiales en el hombre, se contentaba, sin embargo, con situar el problema de la raza en el marco del cuerpo.

Incluso en numerosas formas de racistas contemporáneos, las posiciones en cuanto a las relaciones existentes entre la raza, el cuerpo y el espíritu están faltas de claridad: lo que es más, se revelan en ellas incluso peligrosas desviaciones de las que evidentemente, los adversarios del racismo no dejan de extraer la mayor ventaja posible. Desde nuestro punto de vista, *es necesario tomar posición de forma clara contra un racismo que considere toda facultad espiritual y todo valor humano como el simple efecto de la raza en sentido biológico del término* y que operase una constante reducción de lo superior y lo inferior (más o menos según marcha propia al darwínismo y al psicoanálisis). Pero paralelamente conviene tomar posición aquí, contra aquellos que se aprovechan del punto de vista de un racismo detenido en los problemas antropológicos, genéticos y biológicos para sostener que ciertamente existe la raza pero que ésta no tiene nada que ver con los problemas, los valores y las actividades propiamente espirituales y culturales del hombre.

Nuestra posición, afirmando que la raza existe tanto en el cuerpo como en el espíritu supera estos dos puntos de vista. La raza es una fuerza profunda que se manifiesta tanto en el ámbito corporal (raza del cuerpo) como en el anímico y espiritual (raza interior, raza del espíritu). En el amplio sentido de la palabra, la pureza de raza existe cuando esas dos manifestaciones coinciden, es decir, cuando la raza del cuerpo está en consonancia y es conforme con la raza del espíritu o raza interior y apta para servirlas en tanto que órgano de expresión más adecuado.

No hay que dejar de señalar el aspecto revolucionado de tal punto de vista. La afirmación según la cual existe una raza del alma y del espíritu va a contracorriente del mito igualitario y universalista comprendido el plano cultural y ético, hace morder el polvo a la concepción racionalista que afirma la "neutralidad" de los valores y consiste finalmente en afirmar el principio y el valor de la diferencia comprendido el plano espiritual. Es toda una nueva metodología la que se deriva. Antes, frente a una filosofía dada se preguntaba si era "verdadera" o "falsa", frente a una moral dada, se le pedía que precise las nociones de "bien" o de "mal". Pues bien, desde el punto de vista de la mentalidad racista, todo esto aparece como superado: no se plantea el problema de saber lo que es el bien o el mal, se interroga para qué raza puede ser cierta una concepción dada, para qué raza puede ser válida y buena una norma dada. Se puede decir otro tanto de las formas jurídicas, de los criterios estéticos e incluso de los sistemas de conocimiento de la naturaleza. Una "veracidad", un valor o un criterio que, para una raza dada puede comprobarse valida y saludable, puede no serio del todo para otra e incluso conducir a lo contrario una vez aceptada por ello, a la desnaturalización y a la distorsión. Tales son las consecuencias revolucionarias en el ámbito de la cultura, de las artes, del pensamiento, de la sociología, y que derivan de la teoría de las razas del alma y del espíritu más allá de la del cuerpo.

Conviene no obstante precisar; de una parte los límites del punto de vista expuesto aquí y de otra la distinción que es necesario hacer entre raza del alma y raza del espíritu. A la raza del alma concierne todo lo que esté formado de carácter, sensibilidad, inclinación natural, "estilo" de acción y de reacción, actitud frente a sus propias experiencias. Aquí entramos en el ámbito de la psicología y de la tipología, esta ciencia de los tipos que se ha desarrollado bajo la forma de racismo tipológico (o tipología racista) disciplina a la cual L. F. Claus ha dado el nombre de psicoantropología. Desde este punto de vista, la raza no es un conjunto que posee tales o cuales características psíquicas y corporales sino por el estilo que se manifiesta a través de ellas".

Se constata inmediatamente la diferencia que separa la concepción puramente psicológica de la racista, la cual pretende ir más adelante. Lo que la psicología define y estudia son ciertas disposiciones y ciertas facultades in abstracto. Algunos racistas han buscado distribuir esas disposiciones entre las diversas razas. Por su parte, el racismo de segundo grado, o psico- antropología como se le ha llamado, procede de forma diferente; sostiene que todas esas disposiciones, aunque de modo diferente, están presentes en las diferentes razas: pero en cada una ellas tienen una significación y una función diferente. De tal modo que, por ejemplo, no sostendrá que una raza tenga como característica el heroísmo y otra inversamente el espíritu mercantil. En todas las razas humanas se encuentran hombres con disposiciones para el heroísmo o el espíritu mercantil. Pero si esas disposiciones están presentes en el hombre de una raza diferente. Podemos decir que hay diferentes modos condicionados por la raza interna de ser un héroe, un investigador, un comerciante, un asceta, etc. El sentimiento del honor, tal y como aparece por ejemplo en el hombre de raza nórdica, no es el mismo que en el hombre "occidental" o levantino. Se podría decir otro tanto de la fidelidad, etc.

Todo esto tiene pues, como fin el precisar la significación del concepto de "raza del alma". El de "raza del espíritu" se distingue porque no concierne a los diferentes tipos de reacción del hombre frente al medio y los contenidos de la experiencia normal de todos los días sino a sus diferentes actitudes con respecto al mundo espiritual, suprahumano y divino, tal como se manifiesta bajo la forma propia a los sistemas especulativos a los mitos y a los símbolos, así como a la diversidad de la experiencia religiosa misma. Existen igualmente en este ámbito denominadores comunes o, si se prefiere, similitudes de inspiración y de actitud que reconducen a una causa interna diferenciadora la cual es, precisamente, la "raza del espíritu".

No obstante, es necesario considerar aquí hasta donde puede ir la norma racista de la "diferencia y del determinismo de los valores de la raza. Ese determinismo es real y decisivo incluso en el ámbito de las manifestaciones espirituales, cuando se trata de creaciones propias a un tipo "humanista" de civilización, es decir, de civilizaciones en las que el hombre se ha cerrado el paso a toda posibilidad de un contacto efectivo con el mundo de la trascendencia, ha perdido toda verdadera comprensión de los conocimientos relativos a tal mundo y propios de una tradición verdaderamente digna de ese nombre. Cuando sin embargo, no es tal el caso, cuando se trata de civilizaciones verdaderamente tradicionales, la eficiencia de las "razas del espíritu" no sobrepasa ciertos límites: no concierne al contenido sino únicamente a las diversas formas de expresión que, en uno o en otro pueblo, en un ciclo de civilización o en otro han asumido experiencias y conocimientos idénticos y objetivos en su esencia, porque se refieren efectivamente a un plano suprahumano.

9. IMPORTANCIA DE LA TEORIA DE LAS "RAZAS INTERIORES".

La doctrina totalitaria de la raza precisa las relaciones existentes entre la raza y el espíritu sobre la base de principios que ya hemos anunciado-. Lo exterior es función de lo interior, la forma corporal es a la vez el instrumento, la expresión y el símbolo de una forma psíquica. De la concepción del tipo racial verdaderamente puro, tal y como lo hemos esbozado se deriva: es un tipo *"de una pieza"*, un tipo armonioso, coherente, unitario. Es aquel en el cual las supremas aspiraciones espirituales de una especie dada no encuentran obstáculo ni contradicción en los rasgos de carácter y el "estilo" del alma, mientras que el alma de esta raza se encuentra a su vez en un cuerpo apto para expresada y hacerla manifestar.

Es evidente que no se puede encontrar tal tipo "puro" masivamente representado en los pueblos existentes hoy que, como se ha visto, corresponden esencialmente a "componentes" étnicos. Por lo demás, no podría serlo mas que en una raza que hubiese permanecido suficientemente aislada de toda influencia heterogénea, lo que corresponde solo a un concepto ideal, es decir, a una culminación y a una realización teóricas perfectas de la raza en sentido general. Se trata, efectivamente, de esas culminaciones a propósito de las cuales hemos dicho que los valores supremas de la personalidad se identifican con los de la raza.

Esta es la razón por la que en este ámbito, las investigaciones racistas no pueden ser simplemente cuantitativas: sin ignorar, no obstante, los elementos exteriores comunes que predominan numéricamente, aquellas deben proceder a una elección, buscar qué representante de una raza dada es el más apto para encarnar el ejemplo más completo y el mas puro de un estilo particular, de modo que pueda asumir y comprender lo que expresa y anima (es decir, su raza interior) y hacer sensible el sentido de la unidad original en la cual convergen las diferentes elementos de una raza. Una vez hecho esto, se puede también considerar el caso de tipos raciales menos puros, es decir, aquellos en los que la correspondencia entre los diferentes elementos, exteriores e interiores, no es completa ni perfecta, en los cuales se constata, por así decir, una distorsión del "estilo" de esta raza. Se trata pues de una gestión cualitativa, de una búsqueda basada sobre el examen interior sobre una facultad intuitiva e introspectiva. Naturalmente, la fisiognomía o ciencia de la fisonomía, juega aquí un gran papel: decir que "el *rostro es la expresión del alma"* es enunciar un lugar común, pues el cuerpo (formas del cráneo, proporciones de los miembros, etc.) tiene para el que sabe comprenderlo un lenguaje lleno de enseñanzas. De aquí, la significación precisa de ciencias tales como la craneología, el estudio del esqueleto, etc., que a primera vista pueden parecer técnicas.

En esta óptica, el racismo favorece pues una nueva sensibilidad con respecto del cuerpo, y, de forma más general, de la forma física del ser humano. No es indiferente que un cuerpo tenga una u otra forma; no es algo fortuito y neutro. Cualquiera que sea sensible al tipo en el que todos los elementos del ser humano están realmente unificados no puede sino sentir igualmente todo el aspecto trágico y negativo de los casos en los que tal unidad ha desaparecido. Un alma que vive el mundo como algo frente a lo que hay que tomar posición, como el objeto de un combate y de una conquista, debería normalmente poseer un rostro en el que los rasgos enérgicos y ardientes reflejasen esta experiencia interior, junto con un cuerpo esbelto, grande, enérgico y recto, un cuerpo "ario" o "nórdico-ario. Imaginemos ahora el caso en que tal alma tenga inversamente por instrumento un rostro relleno y regordete, un cuerpo rechoncho y lento (una raza física en suma) que parece hecha para expresar una interioridad de un tipo muy diferente. Ciertamente la raza interior entrará en contradicción, de algún modo, con ese cuerpo heterogéneo y dará a los mismos rasgos otra expresión- encontrará pese a todo el medio de expresarse. Pero para utilizar una imagen de L. F. Claus, será como si se tratase de interpretar con una ocarina una partitura escrita para un violón.

Lo que una educación racial debe evidenciar, es el hecho de que en ese ámbito igualmente el racismo está animado de un espíritu clásico y propone un ideal humano conforme con este espíritu. Quiere una exacta correspondencia entre lo interior y lo exterior, entre el contenido y el continente. Quiere seres de una pieza, en tanto que fuerzas coherentes y unitarias. Detesta y se opone a toda promiscuidad, a todo dualismo destructor y también consecuentemente, a esta ideología romántica que se complace en una interpretación trágica de la espiritualidad y supone que es únicamente a través de una eterna oposición, un sufrimiento, un incesante anhelo y una lucha confusa como se puede llegar a los valores extremos. La verdadera superioridad de las razas arias es, por el contrario, olímpica: esta se traduce por el sereno dominio del espíritu sobre el cuerpo y sobre el alma que para reflejar (según su estilo y las leyes que le son propias) la raza, se presentan a nosotros como adecuados medios de expresión. La teoría de la raza interior es importante, pues pone en evidencia el aspecto más deletéreo de los cruzamientos y mestizajes: estos conducen a una dislocación y a una contradicción interiores a una ruptura de la íntima unidad de un ser humano de una raza dada. Tienen por efecto que las almas de una raza se encuentren en el cuerpo de otras razas, lo que provoca la alteración tanto de la una como de la otra. Crean verdaderos inadaptados en el amplio sentido de la palabra, hasta que habiéndose agotado la fuerza interna en combates y en fricciones de todo tipo (y la que haya permanecido en un cierto límite aún "dominante" pierde así su cualidad) la raza interior se difumina para ser reemplazada por una sustancia informe y dislocada que llevan los cuerpos en los que las características raciales iniciales eventualmente subsistentes no son mas que lejanos recuerdos, formas vacías de su significación profunda. Es en este momento cuando los mitos internacionalistas y cosmopolitas, hijos de la susodicha ideología de la igualdad espiritual fundamental del género humano, comienzan a convertirse en realidad.

Es pues en la dirección opuesta donde convendrá actuar. El punto de partida es un examen interior destinado a descubrir cual es verdaderamente en nosotros el elemento fundamental, la "naturaleza propia" (o raza espiritual) a la cual es necesario ajustar nuestra vida y sede fieles ante todo. Es preciso obrar a fin de confedr a nuestro ser el máximo de cohesión y de unidad o, por lo menos, obrar de forma que en los descendientes se reúnan las condiciones más favorables sobre la base de lo ya obtenido- pues la influencia plástica formadora que una idea ejerce hasta en el plano somático y biológico (en la hipótesis en que ella tuviera una cierta relación con el elemento interior primordial de la raza), es una realidad positiva que atestiguan ejemplos históricos bien precisos, tanto a nivel colectivo como a nivel individual.

En materia de política cultural, las consecuencias de la ciencia racial son igualmente claras. Como escribe L. F. Claus: "En la medida en que un conocimiento científico ejerce una influencia sobre la historia, el objetivo que se impone en ese ámbito a la psico-antropología es el siguiente: debe indicar las fronteras que ningún pueblo, ninguna comunidad de sangre y de cultura pueda franquear o abrir sin correr el riesgo de su propia destrucción. La búsqueda de las fronteras del alma constituye consecuentemente en la hora actual una tarea histórica". Hace esto alusión esencialmente a la tarea de defender y de favorecer (no solo entre los individuos, sino también en las naciones) la misma cohesión y la misma unidad, la misma correspondencia entre el elemento exterior y el elemento interior del que ya hemos hablado a propósito del individuo. Con esto, el tema central de las consideraciones desarrolladas hasta aquí a propósito de las relaciones entre raza y nación aparecen claramente.

Lo que es igualmente básico para una doctrina exhaustiva de la raza, es el superar los peligros de un relativismo y de un particularismo estrechos que pueden dar lugar cuando son expuestos de modo unilateral y extremistas. Es sobre todo en el ámbito de la cultura y de la "raza del alma", estado intermedio entre corporeidad y pura espiritualidad cuando aparece la necesidad imperativa de definir y de defender ciertas fronteras interiores, de las que se deriva, según la fórmula de Goethe, un "límite creador" y no paralizador (un límite no para la vía hacia lo alto, sino hacia lo bajo, hacia una promiscuidad sub-racial e incluso en el fondo subpersonal, la cual deja el campo libre a procesos de desnaturalización, de disgregación y de rompimiento interiores.

10. FISIONOMIA DE LAS DIVERSAS RAZAS

Lo hemos dicho ya con insistencia, una de las características del racismo moderno es la búsqueda de núcleos étnicos primitivos. La antropología de ayer se limitaba a una clasificación sumada de las razas conocidas-. Blanca, negra, amarilla, roja, etc. tal y como lo hemos estudiado todos en la escuela. Pero el racismo moderno ha situado mucho más lejos el análisis y la clasificación, sobre todo en lo que concierne a la raza blanca que nos interesa más particularmente. En materia de razas físicas las investigaciones contemporáneos distinguen, así, en el interior de lo que de modo general se entiende por "raza blanca" o "caucásica", una serie de razas, en el sentido particular según el cual las razas poseen una fisonomía y una "constancia" propias, si bien se le pueden aplicar las leyes de la herencia y de los cruzamientos.

Dirigimos aquí al lector a la clasificación establecida en nuestra obra: *Il mito del sangue* limitándonos aquí a recordar los punto esenciales. Conviene distinguir en el mundo blanco seis razas principales. En primer lugar, la raza nórdica y la raza occidental, calificada igualmente de mediterránea por ciertos autores: en cada una predomina la dolicocefalia, el tipo rubio en la primera, el tipo castaño en la segunda, pero la proporción de los miembros es idéntica; en general, los tipos occidentales son de menor estatura pero poseen algo más de finura siendo de rasgos menos abruptos. Tenemos seguidamente la raza fálica calificada por Günther de "raza rubia pesada", la cual, teniendo numerosos rasgos comunes con la raza nórdica, se diferencia al ser más pesada, rechonchos y de más elevada talla. Hace gala de una cierta lentitud tanto física como intelectual, siendo más introvertido, eventualmente braquicéfala, tiene disposiciones particulares para la constancia, la cual degenera a menudo en obstinación. Sigue a ésta la raza dinámica en la cual parecen fundirse elementos de las razas nórdicas y occidental, junto con un elemento que se encuentra en ciertas razas no europeas tales como la raza armenia o levantina: esto aparece al menos en los rasgos físicos (nariz, labios, etc.) sin que tenga por tanto resonancias tal componente heterogéneo, sobre el plano espiritual: el hombre dinámico es un tipo activo, tiene disposiciones para la guerra, el orden y el "estilo" propio al hombre nórdico pero da prueba de menos concentración y de más ligereza (gusto particular por los colores, inclinación a la alegría, etc.) Tenemos seguidamente la raza alpina, o según otra nomenclatura, "del este" *(ostíche),* que se distingue por una fisonomía más marcada: el tipo es más redondo y entrado en carnes, más frecuentemente braquicéfalo, castaño con ojos pequeños un poco redondos, de pequeña estatura de piel amarillenta. Finalmente la raza báltico oriental que predomina entre los pueblos cercanos a Rusia, es de rostro alargado, rubio, de ojos grises, los pómulos y la forma de los ojos recuerda el tipo mongol de frente baja y nariz chata. Parece que también aquí en esta raza los elementos de tronco común nórdico occidental hayan absorbido ciertos elementos de una raza no europea correspondientes a la de los primeros pobladores eslavo asiáticos.

Tales son las principales "razas del cuerpo" presentes en los pueblos europeos en proporciones y según combinaciones variadas y que se pueden calificar de constitutivas o esenciales. Pues en esos mismos pueblos, las infiltraciones de razas extranjeras no han faltado: razas levantina, "desértico", mongoloide, negroide, mediterráneo africana, a las cuales se añade el elemento hebraico que a despecho de la persistencia de tipos generales específicos, no debe, no obstante, ser considerada como una raza propiamente dicha sino como una cierta mezcla étnica que se define ante todo a partir de una "raza de alma" común.

Si se pasa ahora al "racismo de segundo grado" se trata de ver qué contenido, qué almas (o raza del alma) encuentran, en las formas físicas y las disposiciones de cada una de esas "razas del cuerpo", el instrumento que les permita expresarse de forma fiel. El que ha ido más lejos en este tipo de investigaciones es, una vez más, L.F. Clauss. Remitimos de nuevo al lector al resumen de sus teorías que se hallan en nuestra obra El mito de la sangre, limitándonos aquí a su simple mención.

El tipo de alma más adecuada al tipo físico nórdico es la de la raza del "hombre activo", del hombre que siente el mundo como algo que se despliega ante el, en tanto que objeto de conquista o de ataque. Normalmente, al tipo "occidental" le es propio por el contrario, el estilo de un alma más exteriorizada, predispuesta al juego, al gesto y a la exhibición, un alma que se siente en el mundo como un actor que debe ejercitar su papel ante un público. La raza "alpina", se presta a un modo de expresión intimista del alma. Le gusta reflejarse sobre si misma, substraerse a la amplitud de los problemas del mundo gracias a actividades dirigidas hacia la realización de una calma y un seguro bienestar. La raza "fálica" expresa el estilo de un alma que es testaruda y tenaz en los fines que se fija, pero con torpeza, sin la chispa de una libertad interior. Claus evoca luego las dos últimas razas del alma que corresponderían respectivamente, según él, a la raza orientaloide o "desértica" y a la raza "levantina". En cuanto a la primera, se trata de la raza del "hombre de la revelación", inclinada a vivir el mundo como un perpetuo milagro, una continua manifestación del azar, amante de lo cambiante y lo imprevisible, como el nómada- en cuanto al segundo, se trata de la raza del "hombre de la redención" caracterizado por un sentimiento de esclavitud con respecto al cuerpo y a la carne, junto con un turbio deseo de liberarse y de rescatarse, sobre la base de un infranqueable dualismo entre la carne y la espiritualidad (o lo sagrado).

Sin embargo, los vínculos establecidos por Claus entre raza del cuerpo y raza del alma deben ser considerados en esas dos últimos casos como muy aproximativos, pues las mismas disposiciones internas pueden también caracterizan a otros elementos raciales; de tal modo que la raza del hombre de la revelación, como lo muestran diversas observaciones de Claus se encuentra también en la raza báltico oriental del cuerpo, mientras que la del hombre de la redención, refleja sobre todo algunos aspectos característicos del "estilo" propio de la componente hebraica. Claus no ha aplicado su teoría concerniente a la raza interior a la última raza del cuerpo, la "dinámica": se puede no obstante suponer sin riesgo de equivocarse que el estilo que le es propio comprende ciertos elementos del alma "activa" a los cuales se añaden algo del elemento occidental-mediterráneo (gusto de un cierto "teatro" para la acción, aun cuando menos exteriorizado) así como la influencia de inestabilidad propia al "hombre de la revelación".

Aquí el lector se encuentra, no obstante, confrontado a una sede de apelativos, útiles tan solo en tanto que pasen al estado práctico, es decir, en tanto el lector se esfuerce en sentir lo que verdaderamente significan para el examen de los rasgos de los diversos tipos característicos de una u otra raza, buscando hacer el análisis espectral de las fisonomías para descubrir en los tipos más "puros" (el término indica en sentido exhaustivo el elemento interior, la "raza del alma"). Convendría para ello, tener acceso a una documentación fotográfica que se encontrará sin dificultad en las principales obras aparecidas sobre la cuestión (El autor hace referencias aquí a obras y a autores cuyas obras eran asequibles en los años treinta pero que hoy por razones obvias son prácticamente imposibles de conseguir). Citemos entre otras las nuestras obras *El mito de la sangre* y *Síntesis de doctrina de la raza*, las de Gunther, von Eiekstedt, Fischer, el mismo Clauss, etc. En un segundo tiempo, habrá que pasar de los libros, a la realidad, a la vida, es decir, habituarse a descubrir las influencias y las interferencias de una raza o de otra sobre las fisonomías particularmente marcadas, de hombres vivos en la actualidad, a fin de ejercitar el ojo no solo del antropólogo sino también del psicólogo, en ver las concordancias o discordancias entre el elemento interior y los elementos somáticos y fisiognómicos.

Seguidamente, nos aplicaremos en particular a tener un agudo sentido de las interferencias raciales (entre razas similares) que son aptas para producir resultados favorables- esto gracias al examen y al análisis, no solo del linaje físico, sino también por el estilo de acción, de comportamiento y de pensamiento propios a los diferentes tipos. De un modo general, si se admite que los cruces entre elementos nórdicos y occidentales, entre elementos fálicos y dinámicos son favorables, los realizados entre esos mismos elementos y la alpina o báltico oriental son por contra, considerados como desfavorables, así como lo son igualmente las mezclas de estas últimas razas entre ellas así como con la occidental. No es desfavorable sin embargo la unión de elementos fálicos mediterráneos y dinámicos occidentales.

Al elemento más puro y más válido que guardan todas estas razas gracias a una lejana unidad de origen, es posible hacer corresponder el nombre de loraza aria" o "nórdico aria" cuyo sentido nos reservamos en precisar en páginas posteriores.

11. EL PROBLEMA DE LAS RAZAS DEL ESPIRITU

Hemos dicho que más allá del alma y del cuerpo, la raza se manifiesta igualmente en el espíritu. Ahora bien, la búsqueda de las "razas del espíritu es una disciplina muy particular que aún hoy está en estado embrionario excepción hecha de nuestra contribución personal, pocas son las cosas que se han realizado en este ámbito, capital si se quiere llevar a cabo una acción verdaderamente completa sobre el plano racial. En Alemania forma parte de lo que se ha dado en llamar *Kampf um die Weltanschamg, es* decir, "la lucha por la visión del mundo" (se trata aquí de una visión conforme la raza. Cada concepción general del mundo puede ser considerada efectivamente como la expresión de diversas razas del espíritu).

La ciencia de las razas del espíritu remite a los orígenes y se desarrolla paralelamente a una morfología de tradiciones, símbolos y mitos primordiales. A este respecto, restringiese al mundo moderno e intentar orientarse en él, sería una empresa condenada de antemano: en el mundo y la cultura modernos, no existen más que lejanos reflejos de equivocas supervivencia, simples derivaciones de las "razas del espíritu. En materia de raza del alma, aun es posible acceder a ciertos conocimientos a cierta experiencia directa: basta con referirse a las cualidades del carácter, a reacciones internas inmediatas, a estilos de comportamiento, a inclinaciones que no se aprenden ni se fabrican, sino que son innatos.

Consecuentemente, las cualidades que se poseen o no, unidas íntimamente a la misma sangre, como decíamos, tienen algo más profundo que la sangre y que nada puede reemplazar. La "raza del alma" surge de la vida, si bien cuando existe en estado latente puede obligar a revelarse y a conocer los rasgos y la intensidad en cada uno de los casos de excepción de las pruebas y de las crisis.

En el ámbito de las "razas del espíritu", la tarea es mucho más ardua. Lo que en nuestros días y durante muchos siglos se ha conocido por espíritu, no tiene gran cosa que ver con lo que nosotros entendemos, propiamente hablando, por "espíritu". En realidad, nos encontramos en la hora actual, confrontados a un mundo profundamente estandarizado y desarticulado en el que es difícil encontrar lo que puede ser un justo instinto en sentido superior. Sobre el plano del conocimiento, el conjunto de las ciencias modernas tiene como punto de partida el racionalismo y el experimentalismo; sus formulaciones y las evidencias en todos los seres humanos, tales conocimientos son en la opinión general, útiles "positivos" y "científicos" y pueden ser adquiridos, reconocidos, aceptados y aplicados por no importa quien: sea cual sea su raza y su vocación. Sobre el plano de la cultura, se limita en el ámbito del arte y del pensamiento a posiciones más o menos subjetivistas, a creaciones que muy frecuentemente tienen el carácter de "fuegos de artificios, son tan brillantes por su lirismo y su habilidad crítico-dialéctica como carentes de toda raíz profunda.

En un mundo y una cultura que a partir de tales premisas han perdido casi todo contacto con la realidad en sentido trascendente, es por fuerza muy difícil el proseguir una investigación que aspire a definir tanto el "estilo" de la experiencia trascendente, como la "forma" de las diversas actitudes posibles del hombre frente a ella: esto es precisamente el objeto de las investigaciones dirigidas sobre las "razas del espíritu".

Conviene pues volver a un mundo en el que la verdadera espiritualidad y la realidad metafísica eran indudablemente las fuerzas formadoras que servían de eje a la civilización bajo todas sus formas-. Desde el plano mitológico religioso al jurídico- social (lo que significa volver a un mundo de civilizaciones premodernas y "tradicionales"). Una vez obtenida, gracias a tal gestión puntos de referencia, se puede entonces pasar al mundo contemporáneo a fin de descubrir las diversas influencias que, casi a título de ecos, provienen aún de una u otra "raza del espíritu", incluso en este mundo extenuado, en esta cultura esencialmente "humanista", es decir, determinada exclusivamente por lo humano, demasiado humano.

No haremos aquí más que una rápida alusión a la tipología de las razas del espíritu: para aquellos que deseen disponer de otros elementos utilizables para la formación de una conciencia racial recomendamos dos de nuestras obras: Síntesis de la doctrina de la raza y, más especialmente, Revuelta contra el mundo moderno, así como fragmentos escogidos de los escritos de J. J. Bachofen traducidos por nosotros bajo el título La raza solar, estudio sobre la historia secreta del antiguo mundo mediterráneo.

Un antiguo autor griego ha dicho: *"Existen raza que situadas a igual distancia de las dos, oscilan entre la divinidad y la humanidad".* Unas han acabado por girar sobre el primer elemento, otras sobre el segundo, es decir, sobre la humanidad.

La primera actitud define a la *"raza solar"* del espíritu. Llamada también *"raza olímpica".* Para ella, es el elemento sobrehumano el que le parece natural al igual que para las otras es el elemento humano De lo que se deduce en este primer caso, en sus relaciones con el mundo metafísico, un sentimiento de trascendencia: es más bien un elemento humano el que aparece como extraño y lejano. De donde deriva también un sentimiento de *"centralidad"* (justificando precisamente su nombre de raza solar) un estilo hecho de serenidad, de poder, de soberanía indomable y de intangibilidad que por otra parte expresa la otra apelación, la de "raza olímpica".

Frente a la "raza solar" del espíritu, se encuentra la "telúrica", o "ctónica". En ella el hombre extrae su propia significación de una oscura y salvaje relación con las fuerzas de la tierra y de la vida, bajo su aspecto inferior y privado de luz: en esta raza subsisten una confusa relación con el suelo (cultos antiguos de los "daimons" de la vegetación y de las fuerzas elementales), sentimiento de fatalismo (sobre todo con respecto a la muerte), sentido de la caducidad del individuo que se disuelve en la sustancia colectiva del linaje y el devenir.

Aparece seguidamente la "raza lunar" o "demetríaca": al igual que la Luna es un sol apagado, igualmente no corresponde a esta raza ningún sentimiento de centralidad espiritual, porque esta raza vive de forma pasiva la espiritualidad, como un reflejo-extraña a todo estilo de afirmación y de serena virilidad, es la forma propia de la experiencia contemplativo con base esencialmente panteísta. El término "demetríaco" tiene por origen los antiguos cultos de las Grandes Madres de la naturaleza que expresaron de forma característica esta raza y la espiritualidad que le era propia, situadas bajo el signo "femenino" en tanto que serena luz difusa, así como sentimiento de un orden eterno a la vez espiritual y natural, en el cual se borra toda la angustia del devenir, junto con la misma individualidad. Sobre el plano social es frecuentemente la raza lunar la que da nacimiento al sistema matriarcal mientras que el derecho paterno fue siempre propio de una raza solar o de razas derivadas de esta.

La "raza titánica", posee el mismo vínculo con las fuerzas elementales con el aspecto abisal, intenso e irracional de la vida que la raza "telúrica" pero no según un estilo hecho de identificación neutra y pasiva sino por el contrario, de afirmación, de voluntad y de virilidad, adoleciendo, no obstante, de la misma ausencia de una luminosa liberación interior-. De modo que solo el héroe Herakles podrá liberar al titán Prometeo (más adelante veremos el significado de todo esto).

"Raza Amazónica", cuya curiosa denominación alude al estilo propio de una experiencia que es en su esencia "lunar" (y por analogía femenina, pero que hace suyas las formas de expresión afirmativas y viriles (del mismo modo que la amazona adopta la forma de ser propia del guerrero).

La "Raza Afrodítica" del espíritu no hay que referida únicamente al ámbito erótico- sexual, sino más bien al estilo "epicúreo" que reviste tal experiencia. Caracterizada por el refinamiento de las diversas formas de la vida material de la cultura en el sentido estético de las palabras: una espiritualidad en suma, que oscila entre el amor a la belleza y a la forma y a los placeres de los sentidos.

En cuanto al "estilo" propio a una experiencia en la que la exaltación de los instintos y la intensidad de la vida están unidos a la sensación, no plantea sino soluciones confusamente extáticas (es decir, lunares por su pasividad y su ausencia de formas), si bien no se produce ninguna verdadera liberación interior, sino tan solo algunos breves instantes de evasión; tal es el estilo que define a la "raza dionisíaca".

La última raza del espíritu es la de los "Héroes", no en sentido corriente, sino tal y como se deriva de la enseñanza expuesta por Hesiodo a propósito de las cuatro edades de la humanidad: en el héroe subsiste una naturaleza "solar' u "olímpica", pero en estado latente o como una posibilidad de realizarse a través de una superación activa de sí cuyos rasgos pueden encontrarse también en el estilo del hombre "titánico" o "dionisiaco", aun cuando sus funciones sean completamente diferentes.

Naturalmente, todo lo que precede no es sino un rápido repaso a la cuestión. Ahora bien, cualquiera que profundice en tal tipología, hasta el punto de adquirir cierta facultad de discernimiento, no podrá ver la historia, en lo sucesivo (tanto la de las civilizaciones como la de las religiones), sino bajo un aspecto radicalmente diferente. Lo que hasta aquí aparecía como unitario, le mostrará sus componentes efectivos. Recorrerá la continuidad a través de la historia de venas profundas que son otras tantas fuentes comunes a conjuntos de manifestaciones individuales y colectivas, en apariencias distintas o esparcidas en el tiempo y en el espacio. E incluso en las formas más anodinas de la cultura moderna podrá orientarse y presentir, aquí y allí, resurgimientos o adaptaciones de esas formas originales de "razas del espíritu".

En un segundo tiempo, el problema consistirá en mostrar que correspondencias debían establecerse entre la raza del espíritu, la del alma y la del cuerpo. Qué elementos, de raza "solar" y raza "heroica" están predispuestos al estilo propio del "hombre activo" y al hombre dolicocéfalo nórdico-ario y ario-occidental sobre el plano físico. La raza "luna" poseería su mejor expresión en las características físicas y somáticas de la raza "alpina" y de lo que subsista de esa antigua raza "mediterránea" que de modo general puede denominarse con el término de "pelásgica". Las razas "afrodítica" y "dionisíaca" podrían armonizarse bastante bien con ciertas ramas de 1a raza occidental, sobre todo célticas; la raza "dionisíaca" podría incluso armonizarse con la desértico" "báltico oriental" y en sus aspectos más inquietante con la "levantina". Por el contrario, un elemento "titánico" podría perfectamente expresarse en el alma en el cuerpo de un hombre de raza "fálica". El elemento telúrico reclamaría componentes raciales físicas derivadas de las ramas no arias o pre-arias tales como las que presentan por ejemplo, el tipo africano mediterráneo y parcialmente el elemento semítico (orientaloide), etc.

Es este un campo de investigación tan virgen como amplio, cuyas investigaciones suscitarán sin duda el interés que merecen en las nuevas generaciones: con lo conseguido hasta aquí se podrá da lugar a adecuados desarrollos que permitan adquirir una conciencia racial verdaderamente completa y "totalitaria".

12. LA RAZA Y LOS ORIGENES

La importancia que revista para nuestra doctrina el estudio de los orígenes y, consecuentemente, la ciencia de la prehistoria, aparece con toda claridad en las investigaciones relativas al racismo "en tercer grado". Pero es necesario introducir en esa disciplina criterios revolucionarios y descartar resueltamente un cierto número de prejuicios propios a la mentalidad cientificista y positivista que, favorecidas por una escuela histórica superada ya, persisten en las formas más extendidas de la enseñanza general. No mostraremos más que dos ejemplos.

Conviene ante todo superar el prejuicio evolucionista en nombre del cual, en estrecha relación con principios progresistas e historicistas, se ha interpretado el mundo de los orígenes y de la prehistoria como el mundo oscuro y salvaje de una humanidad semi-bestial que, poco a poco, dificultosamente se habría "civilizado" y sido capaz de poseer una cultura. El racismo afirma, contrariamente, que existieron ya en la época prehistórica pueblos que además de una pureza racial que luego perdieron, poseían una vasta inteligencia del mundo espiritual. Ciertamente no eran "civilizados" en el sentido moderno de la palabra (en relación con el desarrollo de los conocimientos experimentales de la técnica, del sistema jurídico-político, etc.) pero poseían cualidades de carácter y una visión espiritual del mundo, la cual procedía de contactos reales con las fuerzas suprahumanas de la naturaleza; visión no "pensada", sino vivida, concretizada por tradiciones, y expresada y desarrollada mediante símbolos, altos y mitos.

En relación con esto, conviene igualmente atravesar las nuevas fronteras de la investigación prehistórica: las hipótesis racistas más recientes relativas a la cuestión de los orígenes del hombre nos llevan en torno al año 10.000 a. de J.C. mientras que hasta hace poco, parecía difícil evocar civilizaciones que se remontasen a dos o tres mil años antes de Cristo. En lo que concierne ahora al cuadro general del problema que se ha dado en llamar "descendencia", es necesario tomar resueltamente posición contra el darwinismo. El tronco original de la humanidad, a la cual las razas superiores (sean antiguas o contemporáneas) pertenecen, no proviene del mono, ni del hombre mono de la era glaciar (el hombre musteriense o de Neanderthal y el hombre de Grimaldi), hecho que los especialistas no racistas tienden a reconocer cada vez más. El hombre simiesco no corresponde a una rama humana en particular, más que por aquellos elementos que se han incorporado de otras razas humanas superiores bien precisas (elementos que aparecen como más recientes que él, haciendo así nacer la ilusión de que han sufrido más evolución), por la única razón de que aparece más tarde sobre los mismos territorios, procedentes de regiones en gran parte destruidas o devastadas por cataclismos y modificaciones cismáticas.

Es absolutamente vital comprender el significado de este cambio de perspectiva propio de las concepciones racistas: lo superior no deriva de lo inferior. En el misterio de nuestra sangre, en la profundidad más abisal de nuestra era, permanece inefable la herencia de tiempos primordiales: pero no se trata de una herencia de brutalidad, instintos bestiales y salvajes abandonados a sí mismos, como pretende un cierto psicoanálisis y como se puede concluir lógicamente a partir del evolucionismo y del darwinismo. Esta herencia de los orígenes, está herencia que procede del fondo de las edades es, por el contrario, una herencia de luz. La fuerza de los atavismos, en tanto que expresión de los instintos inferiores no pertenece a esta herencia fundamental: es algo que, ya sea originándose y desarrollándose según un proceso de degradación, de involución o de caída (cuyo recuerdo permanece bajo forma de mitos diversos en las tradiciones de casi todos los pueblos) procede de una contaminación, de una hibridación debida al aporte extranjero, a los avatares del hombre de la era glaciar, es la voz de otra sangre, de otra raza, de otra naturaleza y de la cual no se puede decir que sea humana sino por puro tomar partido. Sea por la razón que sea, cuando intuimos el acierto de la fórmula platónico: "dos almas luchan en mi seno", hay que analizarla a la luz de lo que acabamos de exponer para comprender su sentido exacto. Solo puede adherirse al mito evolucionista y darwinista el hombre en el que habla la otra herencia, (introducida a través de un hibridismo) pues ha conseguido hacerse suficientemente fuerte como para imponer y sofocar toda sensación de la presencia de la primera.

Otro prejuicio combatido por el racismo es el encerrado en la bien conocida fórmula "Ex Oriente lux". En muchos persisten aún hoy las ideas según la cual las más antiguas civilizaciones habrían nacida en la cuenca mediterránea oriental o en Asia Occidental: sería de ellas y después de la religión hebraica de donde Occidente habría sacado su luz.

Occidente hasta una época más tardía, sobre todo, en las regiones septentrionales, habría permanecido en estado salvaje y bárbaro. Con el racismo hay aquí igualmente un cambio total de perspectiva. Las civilizaciones asiáticas no tienen nada de original y menos aun de puro. El origen de la más alta civilización propia a las razas blancas y de un modo general indoeuropeas no es oriental sino occidental y nórdico- occidental. Así que como ya hemos dicho se encuentran en este ámbito unidos a una prehistoria que aun ayer se hubiese podido creer fabulosa. Frente al esplendor de la prehistoria nórdico occidental y aria, las civilizaciones asiático orientales aparecen como crepusculares e híbridas, tanto espiritual como étnicamente. Lo que ocultan, verdaderamente grande y luminoso, procede, en realidad, de la acción inicial civilizadora del núcleo perteneciente a las razas dominadoras nórdico-occidentales.

13. LAS MIGRACIONES NORDICO OCCIDENTALES

La "Luz del Norte", el "misterio hiperbóreo", tal es el motivo central de nuestra doctrina de la raza (lo que no dejará de parecer paradójico, a algunos, por no decir sospechoso y casi difamatorio con respecto a nuestras tradiciones, consideradas como mediterráneas [el autor hace aquí referencia al caso concreto de Italia y a las teorías en boga en la época sobre los orígenes]. Se imponen algunas aclaraciones.

En primer lugar, cuando hablamos del Norte no es del área germánica de la que hablamos. La cuna primordial de la raza aria debe ser identificada por el contrario con una región que corresponde con el actual Artico, en una época prehistórica muy lejana evocada anteriormente.

Ulteriormente, siempre en la época prehistórica, el centro de irradiación parece estar fijado en una región nórdico occidental. En otras obras hemos indicado las referencias que justifican una tesis semejante (la cual corresponde por otra parte a reminiscencias y a enseñanzas tradicionales concordantes en todas las civilizaciones). Incluso desde el punto de vista positivo, geográfico, es posible admitir que el Artico (o si se prefiere Hiperbórea) no se ha convertido en una región inhabitable por los hielos eternos sino poco a poco y a partir de una época dada; en cuanto a la segunda raza (la nórdico occidental), según parece, desapareció tras un cataclismo submarino.

La inquietud suscitada por la tesis nórdicoaria descansa sobre un equívoco. Sostener tal tesis no significa en modo alguno adherirse al mito pangermanista, el cual, tras haber hecho de los términos "nórdico", "germánico", "ario" y "alemán" sinónimos, pretende sostener ahora que todo lo que hay de superior en las diversas naciones y civilizaciones de nuestro continente procedería de elementos germánicos, mientras que todo lo que no se ligase a ellos sería claramente inferior y subalterno.

Es precisamente para disipar este tipo de equívocos que aparecen con respecto a la raza aria primordial, que utilizamos habitualmente el término "hiperbóreo", forjado en Grecia en una época en la que se ignoraba todo sobre los germanos. Sea como fuere, tenemos que precisar sin la menor ambigüedad que ario, nórdico ario, nórdico occidental, etc. jamás significan, en el marco de una doctrina racial seria, "alemán" o "germánico": son términos que designan una realidad mucho más amplia. Aluden a un tronco en el que los pueblos germánicos del período llamado "de las invasiones" no son sino una de sus numerosas ramificaciones, pues las mas grandes razas creadoras de civilización, tanto en Oriente como en Occidente (la antigua Persia, la India antigua al igual que la Hélade de los orígenes o la misma Roma), pueden legítimamente asumir el título de "hiperbóreas". Entre todas esas razas, lo que puede existir es una relación de consanguinidad pero en ningún caso de derivación. No se puede hablar de derivación, sino por relación con este común tronco hiperbóreo evocado anteriormente (el cual remite no obstante a una prehistoria tan alejada que toda pretensión de querer hacer pasar a un pueblo histórico sea cual fuere por su descendiente exclusivo, es pura y simplemente un absurdo.

La expansión de razas nórdico-arias toma dos direcciones fundamentales: una horizontal (venida de Occidente a través del Mediterráneo, Baleares, Cerdeña, Creta, y Egipto), otra transversal (direcciones nor-oeste, sur-este, desde Irlanda hasta la India, con centros localizados en la región danubiana y el Cáucaso, el cual, lejos de ser como se creía, la "cuna" de la raza blanca, fue un lugar de expansión sobre el itinerario tomado por una de las corrientes nórdicoarias). En cuanto a la migración de los pueblos propiamente germánicos, con relación a los dos precedentes, se remonta a una época incomparablemente más reciente (varios milenios). Es a lo largo de este eje horizontal y parcialmente con encuentros con el eje transversal sobre el continente euroasiático, como nacen las más grandes civilizaciones de la cuenca mediterránea (aquellas que conocemos tan bien que nada de las anteriores nos ha llegado excepto residuos degenerados). Con relación a tales civilizaciones y respecto a estos horizontes prehistóricos totalmente nuevos, hay que ver en los pueblos nórdico-germánicos del período de las invasiones a simples epígonos, gentes que, surgidos de una familia común, han sido solo los últimos en aparecer sobre la escena de la historia. Desde todos los puntos de vista, en ningún caso se trataba ya de "razas puras". No teniendo tras de sí todo el pasado de los otros grupos de la misma familia, no estuvieron expuestos al peligro de los mestizajes y, física y biológicamente, estaban más "en orden". Su vida en regiones en las que las condiciones cismáticas como las del medio eran muy duras no hizo sino reforzar el proceso de selección-. De este modo se confirmaron y se reforzaron disposiciones de carácter como la tenacidad, el ingenio y la osadía, mientras que la ausencia de todo contacto con formas exteriores y urbanas de civilización mantuvieron vivas en esos pueblos germánicos relaciones de hombre a hombre, cimentadas por las virtudes guerreras y el sentimiento de honor y fidelidad.

Las cosas fueron de otro modo en lo que conviene al ámbito propiamente espiritual de estos descendientes de la raza nórdico aria primordial, el cual sufrió una involución cierta. Las tradiciones vieron su contenido metafísico y "solar' primordial oscurecerse: se hicieron fragmentadas, periclitaron en folklore, en sagas y supersticiones populares. Por otra parte, más que el recuerdo de los orígenes, vino a predominar en esas tradiciones mitologizadas, las trágicas vicisitudes atravesadas por uno de los centros de la civilización hiperbóreo: la de los Ases o héroes divinos del *"Mitgard"* de donde viene el bien conocido tema del *"ragna-rókk"* comúnmente traducido por "crepúsculo de los dioses". De forma que para orientarse entre las tradiciones nórdico-germánicas de los pueblos del período llamado de las invasiones y para comprender la verdadera significación de los principales símbolos y de las reminiscencias que contiene, conviene extraer puntos de referencia del estudio profundo de las tradiciones arias más antiguas, en las cuales se conserva bajo una forma más pura y más completa, esas mismas enseñanzas; tradiciones que, repetimos una vez más, no son jerárquicas, sino que revelan civilizaciones arias mas antiguas como las de India y Persia, de la Hélade de los orígenes y de la misma Roma. Y algunos racistas alemanes, entre los Gunther, son los primeros en reconocernos sin discusión.

El marco general del problema de los orígenes tal como venimos exponiendo no debe, pues, en ningún caso, suscitar un sentimiento de inferioridad o de subordinación de nuestra parte en tanto que italianos con relación a los pueblos germánicos más recientes. Más bien al contrario: al igual que los mejores elementos del pueblo italiano corresponden, desde el punto de vista de la "raza del cuerpo" a un tipo que debe ser considerado como una derivación del de la raza nórdica, igualmente se puede reencontrar en el patrimonio de nuestras tradiciones más elevadas (los cuales se remontan lo más a menudo a las tierras primordiales) los mismos elementos propios a la raza del alma (en términos de estilo de vida, ética, etc.) y a la visión del mundo común a todas las grandes civilizaciones arias y nórdico arias. Con la tesis nórdico-aria que defiende nuestro racismo, lo que contestamos es el derecho de cualquier pueblo sea cual sea a emparentarse y monopolizar la nobleza de un origen que es común. Lo que significa que nosotros en la medida en que somos y queremos ser herederos de la romanidad antigua y aria, tanto como de la civilización romano-germánica que le sucede, nos reconocemos de hecho y de espíritu, de vocación y de tradición, como nórdico-arios.

Tal posición comporta un tránsito del racismo teórico, al racismo activo y creador, consistente en extraer y afirmar, de forma sustancial y precisa, del tipo general italiano diferenciado de hoy en día, el tipo a la vez físico y espiritual de la raza de los orígenes (la cual está tan presente hoy en el pueblo italiano como puede estado en el pueblo alemán, si bien sofocadas en ambos casos bajo el peso de los deshechos étnicos, de otras componentes raciales y como efecto de procesos anteriores de degeneración biológica y cultural.

La importancia de situar convenientemente el problema de los orígenes para la formación de la voluntad y de la conciencia de si de un nuevo tipo de italiano salta a la vista. Se deriva efectivamente una idea fuerza, un sentimiento de dignidad y de superioridad que nada tiene que ver con la arrogancia y que se funda no sobre mitos confusos de uso simplemente político, sino sobre conocimientos tradicionales bien precisos.

14. EL PROBLEMA DE LA LATINIDAD

No obstante se podría objetar: "Todo esto es bueno, pero ¿como encuadrar el concepto de latinidad en este orden de ideas? ¿El origen de nuestro pueblo y la inspiración de nuestra civilización no son como se admite universalmente latinas?". El mito latino conserva aun vigor en numerosos medios, sobre todo entre los profesionales de las letras y los intelectuales y no es ajeno a la inspiración de buena parte de las enseñanzas tal y como aun se da en las escuelas. Al reivindicar tal mito se insiste sobre todo en la antítesis que existiría entre nuestros pueblos y el resto y en consecuencia, la imposibilidad de una entente que no fuese dictada simplemente por comunes intereses políticos.

Ahora bien, aquí estamos aun enfrentados a un grosero equívoco nacido de la utilización pasiva de frases hechas y de fórmulas sobre las que no se ha profundizado. Pues a fin de cuentas ¿qué se entiende exactamente por Latino? ¿Y a qué ámbito se refiere cuando se emplea tal expresión?

No es por azar si hemos subrayado que el mito latino es el niño querido de hombres de letras e intelectuales. En realidad, tal y como es utilizado cordentemente el término de "latino" (al mismo nivel que el de la civilización latina) no tiene sentido sino a condición de referirse a un plano estético, humanista y literario -es decir, al mundo de las artes y de la cultura en el sentido más extenso del término. Aquí la "legitimidad" es más o menos sinónimo del elemento "romano", en otras palabras, se trata de reflejo que algunos pueblos pertenecientes antiguamente al Imperio Romano, conservaron sobre el plano cultural de la acción formadora de la Roma antigua, hasta el punto de adoptar su lengua, la lengua latina.

Si se quisiera, no obstante, examinar un poco más

detenidamente las cosas, percibiríamos rápidamente que esta latinidad, simple eco de las antiguas civilización greco-romana, es algo superficial. Casi diríamos que se trata de un barniz que se esfuerza vanamente en recubrir las diferencias tanto étnicas como espirituales que, como la historia nos ha mostrado, pueden incluso ser antagónicas. Como decíamos, esta unidad no subsiste sino en el mundo de las letras y las artes, al menos en virtud de una concepción típicamente "humanista" referida a un mundo por el cual la Roma antigua, heroica y olímpica, no disimulada su desprecio.

La filología es otro ámbito en donde subsiste esta unidad aun cuando esta sea cuestionada desde el momento en que se ha establecido de forma indiscutible la pertenencia de la lengua latina al tronco general de las leyendas arias e indogermánicas; es, por otra parte, un hecho establecido que a nivel, sino de vocablos, si al menos de articulación y de sintaxis (sobre todo las declinaciones) la antigua lengua latina está mas cercana al alemán que las lenguas latinas romances. De forma que para hablar sin inútiles florituras, esta "latinidad" tan jactancioso demuestra no corresponder a ninguna de las formas realmente creadoras y originales propias a los pueblos llamados a revelarse. No se trataría sino de una fachada. Pero esto no es todo: convendría también revisar de una vez por todas desde un punto de vista racista, la significación de ese mundo clásico "greco-romano" del que deriva la llamada latinidad y por el cual muestran los "humanistas" un culto casi supersticioso.

No es este lugar para tratar este problema: diremos simplemente que ese "clasicismo" es un mito del mismo nivel que el de la "filosofía de las luces" la cual nos quiere hacer creer que es con las "conquistas" del Renacimiento y sus consecuencias, el enciclopedismo y la Revolución Francesa como habría nacido, tras las tinieblas de la Edad Media, la "verdadera" civilización. En el mito "clásico" también se nota la misma mentalidad estetizante y racionalista. Ya se trate de Grecia o de Roma lo que la mayoría de la gente consideran como "clásico" es de hecho una civilización que, en más de un aspecto (a pesar de su aparente esplendor hecha para seducir a una raza "afrodítica") se nos aparece como decadente: se trata de la civilización que nace cuando el ciclo precedente (la civilización heroica, sacra, viril y propiamente aria de la Hélade y de la Roma de los orígenes) había emprendido ya su curva descendente.

Lo que contrariamente conviene señalar es que si se refiere a este mundo de los orígenes construido por razas "solares" y "heroicas", el término "latino" revista una significación diferente (significación que invierte claramente el mito al cual hacíamos alusión al principio). Nos limitaremos aquí a evocar algunos resultados de las investigaciones en curso en la actualidad a propósito de las tradiciones de la Italia prehistórica y prerromana. Originalmente, la palabra *"latinos"* designaba a una etnia cuyo parentesco racial y espiritual con el grupo de los pueblos nórdicoario no ha sido rebatido por ningún autor serio. Los latinos constituían una rama de esta raza que alcanza la Italia central, practicaban el rito de la cremación de los muertos opuesto al de la civilización osco-sabelia caracterizada por el rito funerario de la inhumación (ahora bien, la relación entre las civilizaciones "inhumadoras" y las civilizaciones mediterráneas y asiático-mediterráneas (pre y no indoeuropeas) es incontestable. Estos latinos ocuparon algunas regiones de Italia mucho antes de la aparición de los Etruscos y de los primeros celtas.

Entre las huellas dejadas, casi como una estela por las razas de las de las que derivaron los latinos se puede citar los descubrimientos recientes del Valle de Camonica. Esas huellas corresponden de modo significativo a las huellas prehistóricas de las razas arias primordiales tanto nórdico-atlánticas (civilización franco-cantábrica de Cromagnon) como nórdico- escandinavas (civilización de Fosum). Encontramos en ellas los mismos símbolos de una espiritualidad "solar", el mismo estilo, la misma ausencia de huellas de una religiosidad demetríaca que están presentes por el contrario en las civilizaciones mediterráneas no arias o en la decadencia aria (pelasgos, cretenses, etc. y en Italia: etruscos, civilización de la Meieila, etc.).

Pero eso no es todo, se constatan igualmente afinidades entre esas huellas dejadas en Camonica y la civilización doria propia a las razas que venidas del Norte se establecieron en Grecia y crearon Esparta, caracterizadas por el culto de Apolo concebido como dios solar hiperbóreo. En realidad, tal como establecen los trabajos de Altheim y Trautmann, esa migración de pueblos de los que derivan los latinos y cuya conclusión en Italia debería ser la fundación de Roma, esta migración recuerda en todo a la migración doria que, en Grecia da nacimiento a Esparta. Roma y Esparta son pues manifestaciones correspondientes a razas del cuerpo y del espíritu semejantes, emparentadas en todo a las específicamente nórdico-arias.

Pero cuando se crean la primera romanidad y Esparta, se trata de un mundo de fuerzas en estado puro, de una etnia sin debilidad, de un dominio de sí incontestablemente vida y dominador, mundo que difícilmente se encontrará en la llamada "civilización clásica" que le sucederá y de la que se querrá hacer derivar la "latinidad" y la "unidad de la gran familia latina".

Si por el contrario se emplea el término "latino" para referirse a los orígenes, se constata una transformación completa de la tesis de la "latinidad". Originalmente, esta última (que corresponde a lo que la grandeza romana oculta de verdaderamente ario) se refiere a las formas de vida y de civilización no opuestas, sino por el contrario semejantes a las que las razas nórdico germánicas deberían más tarde manifestar frente a un mundo en decadencia que más que latino, era "romano" y más o menos bizantinizado.

15. LA RAZA, LA ROMANIDAD Y LA HISTORIA ITALIANA

Como hemos dicho, para pasar de la teoría a la práctica en materia de racismo, una de las primeras condiciones consiste en tener claro el sentido del ideal humano correspondiente a la raza más eminente entre las que comparten una nación dada. Ya que la totalidad de los pueblos se presentan como mezclas raciales, es necesario tomar posición con respecto a sus diversos componentes: toma de posición que debe ser tanto interior e individual como política y colectiva. Desde este punto de vista, la raza aparece esencialmente como el objeto de una elección, de una opción, de una decisión.

Hemos citado las palabras de Mussolini, el cual ha indicado como núcleo central del imperecedero "corazón" de la raza italiana al elemento romano. Se puede decir sin ambages pues que la italianidad fascista se identifica con la romanidad. Resta tan solo profundizar sobre la base de una conciencia racial aria bien precisa el sentido de una fórmula semejante.

Desgraciadamente, la romanidad se reduce muy a menudo entre nosotros a una simple retórica, a una expresión de contenido excesivamente fluctuante. La grave es que nunca se ha utilizado tanto como hoy al mismo tiempo que hay que constatar la ausencia de todo estudio serio destinado a dar a "lo romano" un significado realmente vivo que dejaría lejos detrás suyo a los polvorientos trabajos arqueológicos, Biológicos y áridamente historicistas propios de los universitarios especializados. Curiosamente, no es a italianos sino a extranjeros, a quienes se deben las contribuciones más válidas en materia de estudios verdaderamente vivos sobre la romanidad-. a un Bachofen (suizo) a un W. Otto, un F. Altheím y a un Gunther (alemanes) a un

Kesenfi (húngaro) a un Etrein (noruego) a los que se puede añadir un Macchioro que aunque ciudadano italiano no es sin embargo de origen "ario"...

Nos limitaremos aquí a decir que no es solo con respecto a las tradiciones italianas sino también a las tradiciones romanas a las que conviene hacer una elección. La romanidad nos presenta múltiples rostros. Existe una romanidad propiamente aria caracterizada por los símbolos del hacha, del águila, del lobo, etc. los cuales pertenecen finalmente a la herencia hiperbórea y existe una romanidad compuesta que se resiente de influencias heterogéneas, ya de estratos itálicos pre-arios ya de civilizaciones arias degeneradas. En el marco de una educación racial, es de una importancia capital establecer tales divergencias, manifestadas en hábitos, cultos, ritos, e incluso por las instituciones mismas de la Roma antigua. Igualmente, es muy importante comprender el sentido de las luchas a través de las cuales el elemento ario romano consigue prevalecer en el curso de un cierto ciclo, emancipándose de las influencias extranjeras (principalmente etruscas) o convirtiéndolas a su ideal superior de civilización. Nos encontramos una vez más frente a una historia secreta que en gran medida está sin escribir. Cualquiera que desease disponer de elementos en este ámbito podría recurrir a la consulta de nuestro "*Revuelta contra el mundo moderno*" donde encontraría los temas de *la "romanidad nórdica"*, de la obra de Bachofen "*Die Sage von Tanaquil*" y de otros autores igualmente citados.

En la época imperial, la romanidad aria se tambalea: y si de las provincias asiáticas le llegan elementos de una antigua espiritualidad solar (tales como el mitraismo o la concepción "divina" de la realeza) que le dieron vigor llegaron igualmente fermentos de descomposición étnico y espiritual particularmente virulentos, habida cuenta de la decadencia ética, demográfica y racial de la antigua cepa ario-romana. Para la Italia Fascista que ejerce desde hace poco su propia misión imperial, las consideraciones raciales concernientes al destino del antiguo imperio romano, al igual que las del símbolo imperial de la Edad

Media son particularmente instructivas.

Es una élite (de la que el estilo viril y ario, así como el exclusivismo original son conocidos de todos) la que hizo la grandeza de Roma. Ahora bien, había parecido lógico que a medida que Roma federaba bajo su imperio y en un "espacio" a un conjunto cada vez más complejo y diverso de pueblos, esto desembocase paralelamente en una consolidación, una defensa y un acrecentamiento del núcleo dominador original ario-romano. Sin embargo se produce justamente lo contrario: cuando más se extiende el antiguo imperio más se debilita la "raza de Roma" se abre de modo irresponsable a todo tipo de influencias así como a las clases subalternas: eleva a la dignidad de ciudadanos romanos a elementos étnicamente discutibles, acoge cultos y hábitos cuyo total contraste con la mentalidad original romana los hacía, como señala Tito Livio, completamente incompatibles.

Por su parte, los Césares muy a menudo crean el vacío en torno suyo en lugar de apoyarse sobre la élite, rodearse de gentes fieles a la antigua romanidad y capaces aun de "mantenerse firmes" tanto sobre el plano racial como sobre el ético, hicieron por el contrario del absolutismo su símbolo, cegados por el poder mágico de su función divinizada, pero convertida en abstracta, aislada y desarraigada. Es absurdo pensar que caído tan bajo, el Imperio habría podido continuar imponiendo aun durante mucho tiempo su autoridad a las diversas razas que, políticamente, gravitaban en su órbita. Puras contingencias junto con los primeros choques serios en las fronteras debían provocar el hundimiento de este enorme organismo privado en lo sucesivo de espina dorsal.

En lo que concierne a la Edad Media, sabemos que la Iglesia se esfuerza en resucitar el símbolo supranacional de Roma, añadiendo los ideales del catolicismo a una nueva concepción de la idea del Imperio la del *Sacrum Imperíum.* Desgraciadamente el pueblo italiano, por así decir, fue extraño a la elaboración de ese nuevo símbolo: en modo alguno se fija por tarea extraer de la sustancia misma de nuestra raza una élite que racial y espiritualmente hubiese estado a la altura de un tal símbolo. Fue, por el contrario la componente mediterránea (anarquizante, individualista, particularista y fuente de contestaciones y antagonismos sin fin) la que prevaleció, por no hablar de una caída del nivel general sobre el plano ético. De aquí la célebre frase de Barbarroja y que señalase despreciativamente a esas gentes que se jactaban de ser romanas solo de nombre. La consecuencia de todo esto fue que la función imperial medieval fue esencialmente asumida a pesar de calificarse de sagrada, por representantes de otras razas: sobre todo germánicas, donde se habían conservado mejor un cierto número de cualidades de raza. De forma que en tanto que tal, Italia juega solo un papel menor en la construcción de la civilización imperial romano-germánica medieval.

Tenemos pues aquí dos ejemplos elocuentes de los peligros a los que toda formación o idea de tipo imperial se encuentra expuesta cuando no le corresponden sólidas bases raciales. En lo que concierne a la "selección de tradiciones" que impone una conciencia racial aria en el ámbito de la historia italiana moderna, es preciso acostumbrarse a cambios radicales de perspectiva. Nosotros nos limitaremos a señalar que está fuera de lugar considerar como verdaderamente nuestra -contrariamente a las sugestiones de una cierta "historia de la patria" de inspiración masónica- a la Italia de las comunas reveladas contra la autoridad imperial: pues aquí no actúa una simple lucha contra el extranjero sino una lucha entre los mantenedores de dos tipos de civilización opuestas- es con el emperador (y contra las comunas, por el cual se batieron igualmente príncipes como los Savoya y los Montferrat) con quien se encuentra la civilización aristocrática feudal, conservando aun en amplia medida el estilo de vida ario y nórdico-ario. La Italia que es nueva Italia, es la gibelina, la de Dante y no la del gueifismo y las Comunas.

Igualmente aun a riesgo de pasar por iconoclasta, conviene no atribuir una excesiva gloria a la contribución italiana a la civilización humanista y, de modo general, a lo que se ha dado en llamar Renacimiento. A pesar de su aparente esplendor, esta civilización humanista y "afrodítica" de las letras y de las artes significa sobre todo un descenso de nivel y un abandono de una tradición más profunda y válida. Sin contar la parte individualista que se encuentra en el estilo propio de los señores y en las continuas luchas entre las ciudades y sus *condottieri*, es precisamente en el seno de esta civilización donde se desarrollan los gérmenes que debían desembocar en la filosofía de las luces y otros fenómenos característicos de la decadencia moderna. De otra parte, la pretendida continuación de la antigüedad clásica por el Humanismo descansa sobre un equívoco fundamental-. No son sino los aspectos más exteriores del mundo antiguo los que fueron recuperados (no los más antiguos, propiamente arios, es decir, heroicos, sagrados, tradicionales).

Idéntico proceso conduce a una necesaria revisión de los valores "italianos" concernientes al *Risorgimento* e incluso a la Primera Guerra Mundial. Es incuestionable y reconocido por todos que, excepción hecha de la pureza de intención de numerosos patriotas, las corrientes que jugaron un papel preponderante en el *Rísorgímento* pertenecen, ya a la franc-masonería, ya al jacobinismo francés y de un modo general a ideologías que como el liberalismo la democracia son fundamentalmente antirracistas anti-arias. Otro tanto se puede decir en lo que con cierne a nuestra intervención de 1915: escogimos nuestro campo por reivindicaciones nacionales ciertamente, oeri oir debajo de esto se hallaba también la ideología democrático/masónica de los aliados, los cuáles pusieron todo de su parte para acabar definitivamente con los estados que conservan una estructura jerárquica y aristocrática junto con un sentimiento racial y tradicional. Sin embargo, la intervención tuvo también para nosotros el sentido de una prueba heroica: permitió la restauración de esas mismas fuerzas que acto seguido debían conducir a la Italia fascista y romana gracias a un cambio radical.

Lo que tratamos aquí son simples aproximaciones que sería necesario desarrollar de forma adecuada y generalizadora. Esta nueva forma de considerar la historia italiana debe ser la exacta expresión de nuestra conciencia racial y de nuestra arianidad.

16. EL ARQUETIPO DE NUESTRA "RAZA IDEAL"

¿Cuáles son las características de nuestro arquetipo? Exteriormente es de elevada estatura y con anchas espaldas en los hombres- sus miembros están bien proporcionados, es delgado, enérgico, dolicocéfalo (aun cuando menos que el tipo propiamente nórdico). Sus cabellos son morenos; a diferencia de algunos tipos menos puros mediterráneos, sus cabello no son rizados sino ondulados; los labios son finos y las cejas no son gruesas. La nariz es fina y alargada, recta o ligeramente aguileña. El maxilar inferior es bastante desarrollado aunque menos pronunciado que en el tipo nórdico, expresa un tipo activo y pronto para el ataque.

Los ojos pueden ser castaños, azules o grises. Mientras que en los tipos mediterráneo-itálicos de extracción menos noble, la mirada es a menudo inquieta, apagada o melancólica, en él la mirada tiene movimientos precisos y decididos (aquel que "mira a la cara", recto frente a él: una mirada penetrante que no pestañea sin comparación con aquella otra oblicua o llena de malicia de los mediterráneos mezclados con elementos levantaos). La costumbre de gesticular (que muchos creen una característica italiana) le es extraña: ciertamente sus gestos son expresivos pero no tiene nada de impulsivo o de desordenado; son gestos que, lejos de indicar el predominio de la parte instintiva de sí mismo son la prolongación de un pensamiento consciente. Sus capacidades de reacción son mayores que en el tipo nórdico del mismo origen, así como su dinamismo (el cual no obstante permanece siempre lúcido y controlado, a cien leguas de la febrilidad o de la vulgar exuberancia).

Tales son, según algunos autores racistas, las virtudes cardinales del antiguo tipo romano de raza nórdico-aria: la audacia consciente, el dominio de sí mismo, el gesto conciso y ordenado, la resolución tranquila y meditada, el sentido del mando audaz. Cultiva una *virtus* que no significa "virtud" en el sentido moralizante y estereotipado de la palabra, sino como virilidad intrépida y fuerza; la *fortítudo* y la constancia, es decir, la fuerza del alma- la *sapiencia,* es decir, la sabia reflexión; la *humanítas* y la disciplina en tanto que severa formación de sí mismo sabiendo valorar la riqueza interior de cada uno; la *gravitas o dignitas,* dignidad y serenidad interior que en la aristocracia se subliman en *solemnitas,* en más solemnidad mesurada. La fieles, la fidelidad, virtud aria, era igualmente la virtud romana por excelencia. Tan romana como así mismo eran: el gusto por la acción precisa y sin ostentación; el realismo que como ha sido justamente señalado no tiene nada que ver con el materialismo- el ideal de la claridad, el cual, incluso reducido, se debilita en racionalismo, es un eco de la mentalidad llama *"latina"*- eco más fiel en este ámbito a la esencia original que el alma romántica de ciertos tipos humanos físicamente más "nórdicos". En el hombre antiguo ario romano, la pie*tas* y la religio no tenían gran cosa que ver con la mayoría de formas ulteriores de religiosidad: era un sentido de respeto y de unión con las fuerzas divinas y de una manera general, suprasensibles y de las cuales tenían intuición de que formaban parte de su vida individual o colectiva. El tipo ario romano ha desconfiado siempre de todo abandono del alma y del misticismo confuso, de igual modo ignoraba toda servidumbre respecto de al divinidad. Sentía que no era solo en tanto que individuo desgarrado y manchado por el sentido del pecado y la carne como podía rendir a la divinidad un culto digno de ella, sino en tanto que hombre íntegro (el alma en paz, capaz de presentir las direcciones en las cuales una acción consciente y determinadora podía ser la prolongación de la misma voluntad divina).

En cuanto al mundo y la sociedad *(res publica), el* hombre ario y ario romano de los orígenes los concebía como *census,* es decir, como un conjunto de naturalezas distintas unidas entre ellas, no por la promiscuidad sino por una ley superior, como ocurría igualmente con el ideal de la jerarquía, en el cual el sentido de la personalidad y de la libertad se concilia con el de una unidad superior. Ni liberalismo, ni consecuentemente, socialismo o colectivismo: a cada cual lo suyo, *sumum unique.* La mujer situada ni muy abajo (como en ciertas sociedades asiáticas), ni muy arriba (como en otras sociedades en las cuales prevalecen las razas lunares y demetríacas). Existe no obstante cierta distancia, tanto de la mujer, como de las preocupaciones por los asuntos sexuales y una clara afirmación del derecho paterno, de la autoridad viril del jefe de familia o de la gens sentimiento en fin casi *"feudal"* de responsabilidad y de fidelidad de este último con respeto al Estado.

Tales son pues los elementos propios del estilo romano y ario romano del alma y del espíritu: se trata no obstante de ver, poco a poco, cuales son sus correspondencias orgánicas con la forma física de tipo ario-italiano superior evocado anteriormente, a fin de incorporar esos elementos en el ideal vivido de nuestra "raza ideal".

Contra más convierta en realidad tangible tal tipo, más se difundirá un ambiente espiritual colectivo particular. En la medida en que precisamente los tipos raciales sean híbridos y consecuentemente actúen diversas componentes raciales en el interior de los individuos, el papel jugado por el medio gana importancia (no en el sentido de crear artificialmente y del exterior a lo que no existe sino favoreciendo la manifestación y la preeminencia de una de esas componentes e incluso de varias. Imaginemos una civilización en la que predominan concepciones de tipo levantino y antirracistas: fatalmente llegara la hora en que incluso entre los pueblos en que la sangre aria y nórdica es mayoritaria (excepción hecha de los casos de reacción debidas a un brusco despertar) aparecerá en la superficie y prevalecerá lo que (en cada uno y en cada pueblo de modo más general) corresponde a la antiraza y a las escorias dejadas por una sangre inferior y contaminada. Igualmente, allí donde el afroditismo, el dionisismo u otro tipo de *"raza del espíritu"* dieron el tono a toda una civilización, en virtud de la ley que dice que "lo *semejante llama a lo semejante"* se constatará una neta evolución sobre el plano racial: la herencia correspondiente se volverá "dominante" mientras que inversamente se volverá "recesiva" y reducida a la impotencia la herencia también presente de los elementos de raza aria (razas solar y heroica, por ejemplo).

Es preciso, pues, ser perfectamente consciente de que en un medio saturado de fuerzas espirituales y de vocaciones heroicas es donde se encuentra e clima que exige nuestra "raza ideal" para elevarse jugar un papel decisivo en el futuro de nuestra nación.

17. CAMPO HISTORICO DEL RACISMO FASCISTA

De cara a suministrar a las ideas expuestas hasta aquí un marco verdaderamente completo, conviene, para finalizar, decir algunas palabras sobre el "campo histórico" del racismo.

El valor de toda idea verdaderamente creadora y renovadora no depende de circunstancias contingentes sino que procede del hecho de que se injerte sobre un conjunto de exigencias históricas confusas, organizándolo de modo positivo en una dirección precisa. Poseer consecuentemente el sentido del "campo histórico" de una idea es una condición imprescindible para que pueda manifestar plenamente sus efectos.

En lo que concierne al racismo conviene recordar brevemente las grandes líneas de una interpretación general de la historia basada sobre la cuatripartición social propia a todas las antiguas civilizaciones de tipo tradicional desde las de origen ario- oriental hasta el Imperio Romano Germánico medieval.

Según esta cuatripartición se encuentran en la cima de la jerarquía los jefes espirituales; seguidamente viene la aristocracia guerrera a la que está subordinada la burguesía, después viene la casta servil.

Es sobre todo a René Guenon a quien se debe el haber evidenciado que el sentido de lo que se llama "progreso" no ha sido otra cosa sino la decadencia sucesiva del poder y del tipo de civilización que le estaba unido; decadencia que se ha extendido de una a otra de las cuatro castas a través de las cuales la jerarquía evocada más arriba se definía. La época en que los jefes espirituales (bajo una u otra forma, por ejemplo, como reyes sagrados) detentaban la autoridad suprema, se remonta casi a la prehistoria. El poder desciende después un grado, es decir que pasa a manos de las aristocracias guerreras: esto desemboca en un ciclo de civilización en la que los reyes son esencialmente jefes guerreros. Este es el cuadro que presentaba aun ayer la Europa con las diversas dinastías tradicionales.

Las revoluciones (liberales y democráticas) producen una nueva caída: el poder efectivo pasa a manos de la burguesía bajo las diversas formas de oligarquías plutocráticas con sus "reyes" del orden, del petróleo, del oro, del acero, etc. Finalmente, la revolución socialista y el movimiento comunista parecen ser el preludio [recordemos que este texto fue escrito en 1938] de la fase final, de la caída, pues la dictadura del proletariado habría significado el paso del poder al equivalente moderno de la última de las antiguas castas arias: la de los sudras, las masas informes y materializadas de los siervos. En varias de nuestras obras hemos desarrollado este tipo de concepción.

Conviene revelar que la jerarquía evocada antes, lejos de haber sido el fruto de circunstancias constituyentes, procede por el contrario de razones de orden "analógico" bien precisas. Esto refleja la misma diferenciación y la misma jerarquización existente entre los elementos de un organismo humano normal, por analogía, el estado aparece como un "hombre en grande". A este respecto, los jefes espirituales correspondían a las funciones pertenecientes en el organismo humano al espíritu, al núcleo sobrenatural de la personalidad; la burguesía a los procesos propios a la economía orgánica; los siervos a todo lo que en el ser humano designa el determinismo inherente a la pura corporeidad.

De esta analogía se deriva una importante consecuencia: todo ser humano tiene un rostro, una cualidad y una personalidad propias que están en función de dos principios superiores: el espíritu y la voluntad. Cuando estas últimas no prevalecen se cae en lo indiferenciado y subpersonal. Ahora bien, la exactitud de la analogía evocada más arriba se encuentra confirmada por el hecho de que las épocas abiertas con el advenimiento de las dos últimas castas presentan exactamente las características propias a las fuerzas que, en el ser humano corresponden por analogía: cuando el poder no es detentado ni por los jefes espirituales ni por una élite aristocrática sino usurpado por el tercer estado, por las oligarquía plutocráticas y por el mundo de masas materializadas, acaba por oscurecer todo lo que es sentimiento natural de pertenecer a una nación, a una sangre, a una raza, a una casta: lo que desaparece consecuentemente es pues todo aquello a lo que las diversas sociedades humanas debían sus diferencias cualitativas, su personalidad, su dignidad. Inversamente, lo que las reemplaza es el cosmopolitismo, el internacionalismo, la nivelación colectivista, la estandarización; todo esto situándose en virtud de una necesidad lógica; bajo el signo de una mezcla de racionalismo y materialismo. De forma que en esos tipos crepusculares de civilización se ha podido concebir seriamente que la economía sea la suprema ley histórica (Karl Marx) y que esas últimas hayan creado en el lugar de las antiguas leyes "superadas" una supersticiosa religión de la ciencia y la técnica y junto con el mito colectivista hayan favorecido el advenimiento de una civilización y una cultura mecanicista primitivista, obscuramente irracionalista y sin alma.

Aun tratándose de un simple acercamiento al tema, el marco histórico que acabamos de dibujar es suficiente para hacer comprender de modo definitivo, en materia de educación racial, la legitimidad de las reivindicaciones de la sangre y la raza. El fascismo y los otros movimientos políticos de inspiración análoga se han afirmado como una rebelión y una voluntad de reconstrucción más allá del crepúsculo de la civilización occidental. Están pues destinadas a dar un relieve creciente a los valores y a los principios referidos a los dos primeras funciones de la anteriormente citada cuatripartición. Es pues una necesidad lógica que además de unirse al rechazo fascista del internacionalismo y del cosmopolitismo, reaparezcan en el primer plano las ideas absolutamente irreductibles a todo lo que sea mecanicista, determinista y sin duda ya se trata en el plano puramente material de la economía como en el plano del mito racionalista-. Y esos valores no pueden ser otros que los de la sangre y la raza; grupos humanos bien diferenciados por las fuerzas profundas de los orígenes, fuerzas que prevalecen y se afirman sobre todo lo que no es puro determinismo económico, materialismo masificador, cultura burguesa y disgregación individualista. Pues es precisamente de tales fuerzas de donde proceden esas "cualidades de raza" que como hemos visto implican, siempre algo de aristocrático y paralelamente trascienden el restringido horizonte del individuo, cualidades que no se fabrican, que no son intercambiables sino que están unidas a una dignidad bien precisa y a una tradición.

Todo esto basta ampliamente para un primer acercamiento al "campo histórico" de la doctrina de la raza y de la significación que debe revestir para el fascismo implícitamente podemos deducir que este es el eje sobre el que convendría que desarrollásemos interiormente esta doctrina.

Allá donde el fascismo ha tomado posición claramente (sea contra el mundo de las masas colectivizadas y mecanizadas, sea contra el racionalismo surgido de la filosofía de las luces, la civilización burguesa en general y la plutocracia en particular) las formas correspondientes a las dos últimas fases de la decadencia europea (la de las castas inferiores de la antigua jerarquía aria: la de los siervos y la de los comerciantes, *sudras* y *vaishas,* tercer y cuarto estado) esas formas han sido en principio superadas. Pero es preciso ir más lejos, es decir, obrar de forma que en esta civilización en gestación sean de nuevo determinantes los valores así como los modos de ser y de sentir propios a las dos primeras castas, la aristocracia guerrera y la soberanía espiritual.

En conformidad con esto conviene pues desarrollar en dos direcciones la doctrina fascista y consecuentemente concebirla como un todo al cual hemos intentado dar sentido en las páginas precedentes. Ante todo está la raza, ésta, además de su aspecto biológico y antropológico, reviste de forma cada vez mas clara, un significado igualmente heroico y aristocrático. La comunidad de sangre o de raza será la premisa de base. Pero en el interior de tal comunidad, un proceso de selección adecuada fijará ulteriores jerarquías en función de las cuales podrá nacer algo semejante a una nueva aristocracia: un grupo que (no solo sobre el plano físico, sino en términos de alma heroica, de estilo hecho de honor y fidelidad) testimoniará la raza "pura", es decir, la verdadera raza o raza ideal.

Se abre así ante nosotros un vasto y fecundo campo para diversas síntesis entre los principios racistas y los leitmotivs de la de la "mística" y de la ética fascistas que permiten permanecer fieles a lo mejor de nuestras tradiciones y también prevenir ciertos "virajes" colectivistas y socializantes que la equivocada utilización hecha del racismo en otros países ha permitido verificar. El racismo en segundo grado (o racismo de las razas del alma) tiende por su parte a precisar las principales líneas de fuerza de una acción en este sentido.

Para la última fase de reconstrucción, es decir, el problema de los jefes espirituales, es aun en el "mito ario" comprendido tal y como fue en los orígenes donde se podrán encontrar las mejores puntos de referencia. Forzado es desgraciadamente constatar que en cierta medida "ario" tiene casi el significado de "antisemita" y que incluso en el ámbito legislativo esa palabra tiene solo una significación negativa ya que indica únicamente lo que no se puede ser, siendo calificado de ario, uno no es de sangre judía o de color y punto, eso es todo. Convendría reaccionar contra la banalización de ese concepto. En su integridad, el término ario deberá por el contrario significar para las nuevas generaciones, así como para sus educadores, una "raza del espíritu" y más precisamente de tipo "solar" o "heroico" en el sentido particular que hemos dado a este segundo término.

Sobre esta vía, el racismo fascista acabara por liquidar definitivamente toda sospecha de "materialismo" o de "zoologismo" que algunos alimenta al respecto. Lejos de excluirlo, es por el contrario en el ámbito propio a una realidad supramundana y supratemporal donde acabara por encontrar su coronación natural y por concretizar, refiriéndose a una tradición original bien precisa profundamente enraizada, esta aspiración fascista de dar igualmente a la Revolución un significado "religioso" y de hacer un verdadero renacimiento en el ámbito de los valores supremos.

Otros títulos

OMNIA VERITAS
OMNIA VERITAS LTD PRESENTA:
JULIUS EVOLA
REVUELTA CONTRA EL MUNDO MODERNO
«Por todas partes, en el mundo de la Tradición, este conocimiento ha estado siempre presente como un eje inquebrantable en torno al cual todo lo demás estaba jerárquicamente organizado.»
Hay un orden físico y un orden metafísico

OMNIA VERITAS
OMNIA VERITAS LTD PRESENTA:
JULIUS EVOLA
CABALGAR EL TIGRE
«Lo que se va a leer afecta al hombre que no pertenece interiormente a este mundo, y se siente de una raza diferente a la de la mayor parte de los hombres.»
El lugar natural de un hombre así, es el mundo de la Tradición

OMNIA VERITAS
OMNIA VERITAS LTD PRESENTA:
JULIUS EVOLA
METAFÍSICA DEL SEXO
«Todo lo que en la experiencia del sexo y del amor comporta un cambio de nivel de la conciencia ordinaria...»
La investigación de los principios y de las significaciones últimas...

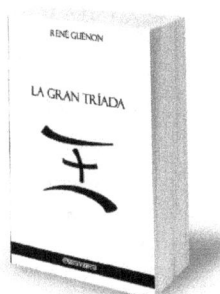

OMNIA VERITAS
Omnia Veritas Ltd presenta:
LA FINANZA, EL PODER
Y
EL ENIGMA CAPITALISTA
por
Joaquín Bochaca
"La gran paradoja de la actual crisis económica es que los hombres no pueden adquirir los bienes que efectivamente han producido..."
Joaquín Bochaca
LA FINANZA, EL PODER Y EL ENIGMA CAPITALISTA
Los beneficiarios de la demencial situación que padece el mundo

OMNIA VERITAS
Omnia Veritas Ltd presenta:
LA HISTORIA DE
LOS VENCIDOS
por
Joaquín Bochaca
"Este no es un libro en defensa de Alemania. Es un libro en defensa de la Verdad."
Joaquín Bochaca
LA HISTORIA DE LOS VENCIDOS
El suicidio de Occidente
En este libro se sostiene una opinión basada en el principio de causalidad

OMNIA VERITAS
Omnia Veritas Ltd presenta:
LOS CRÍMENES DE
LOS "BUENOS"
por
Joaquín Bochaca
"Pero yo creo, tozudamente, estúpidamente, en la Verdad. Quiero creer en la Verdad."
Joaquín Bochaca
LOS CRÍMENES DE LOS "BUENOS"
Vivimos en plena falsificación histórica

OMNIA VERITAS
OMNIA VERITAS LTD PRESENTA:
WALL $TREET
Y EL ASCENSO DE HITLER
"La historia que usted está por leer es verdadera, contrariamente a lo que pueda suponerse..." ANTONY SUTTON
Un área de investigación histórica totalmente inexplorada...

OMNIA VERITAS
OMNIA VERITAS LTD PRESENTA:
WALL $TREET
Y LOS
BOLCHEVIQUES
"No pretendo hacerle creer a nadie que he descubierto una novedad – los políticos mienten..." ANTONY SUTTON
Anthony Sutton tiene una gran virtud: se atiene a la documentación concreta, verificable y confirmada

OMNIA VERITAS
OMNIA VERITAS LTD PRESENTA:
HE
AQUÍ
UN
CABALLO
PÁLIDO
MILTON WILLIAM COOPER
Creo, pues, que se está jugando una gran partida de ajedrez a unos niveles que apenas podemos imaginar, y nosotros somos los peones.
Se nos han enseñado mentiras. La realidad no es en absoluto lo que percibimos.

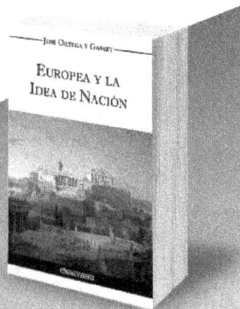

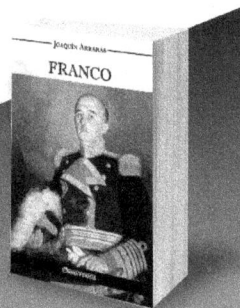

OMNIA VERITAS
Omnia Veritas Ltd presenta:
LA CONTROVERSIA DE SIÓN
de
Douglas Reed
Los siglos de raíces y la agenda oculta del sionismo revelado
El libro-clave sin censura
ya está disponible en español!

OMNIA VERITAS
Omnia Veritas Ltd presenta:
MASONERÍA
de
FRANCISCO FRANCO
FRANCISCO FRANCO
MASONERÍA
Son muchos los españoles que, dentro y fuera del país, anhelan conocer la verdad de la masonería...
Uno de los secretos menos investigados de la Edad Moderna...

www.ingramcontent.com/pod-product-compliance
Lightning Source LLC
Chambersburg PA
CBHW061716270326
41928CB00011B/1999

* 9 7 8 1 9 1 3 0 5 7 3 4 3 *